塔湖·書
TOWER LAKE BOOK

主　编　潞　潞　孙俊峰

编　著　骆冰兰　李　桃

编　委　潞　潞　孙俊峰　朱晋平　刘新华　孙铭浛　赵　锋　仝十一妹　骆冰兰　韩沛奇
苏　婧　何　欢　杜　萌　张　霞　张　璇　张芳莲　张建军　张　月　董　娟
董　霞　董树萍　董润泽　陈继东　范永慧　刘　昕　刘一豪　刘　颖　刘明星
刘　芳　钱　芳　韩　炜　王　沅　王娜娜　王永清　王玉萍　高　燕　翟惟一
赵春梅　杨霞芬　杨秀萍　李彦琪　李春花　李文荣　许艳秋　黄瑞霞　贾杨玉
李媛媛　宋献惠　王少霞　王桂平　裴志彬　焦天兰　孙素斌　冯素红　李　静
陈立伟

07

Reading plan

一生读书计划

经济书架

主　编 - 潞　潞　孙俊峰

编　著 - 骆冰兰　李　桃

山西出版传媒集团　山西教育出版社

目 录

经济学原理

_通俗经济学

_经济学经典著作

_经济学其他分支

经济脉络

_经济史

_经济思想史

经济学应用

_经济问题分析

_中国问题

再 序 |

阅读，感受喜悦

潞潞

听编辑说这套丛书即将再版，这真是一个好消息，甚至多少让我有些意外。四年前，《一生读书计划》问世之际，正是电子书及各种线上阅读对传统纸媒大举倾覆之时，形势不可谓不严峻。作为主编，我知道这套丛书的编撰和运行已然跨过四个寒暑，团队集中了各个学科的优秀学者和编辑，他们日复一日为这套丛书贡献着思想和体力。我担心这么好的一个选题能否实现，更隐隐担忧它问世以后的命运。幸运的是出版者毅然决然坚守初衷，这套丛书如期和读者们见了面。

编辑当初，我们即预想到这套书不会“大红大紫”，因为这不是为市场流行制作的，并不企图为此赚个“盆满钵满”，这应该是为读书人和爱书人准备的一份礼品，符合他们的心意就好，是他们心头一条长久流淌的清澈的溪水。让人欣慰的是，尽管互联网时代大潮凶猛，阅读平台和阅读方式呈现种种演变，但万变不离其宗，纸媒阅读说到底还是阅读的“根儿”，不可能被不断翻新的花样所取代。《一生读书计划》能够再版，表明了读者的认可，表明了这套丛书的生命力。读者的不离不弃，是对我们最大的厚爱和奖赏。

《一生读书计划》到读者手里已经四年了，其间不断有一些反馈，比如，一些重要的作家或作品漏选了，一些新的更有时代感的作品需要补充，一些观点不够严谨需要商榷，等等。为此，再版时梳理了这些反馈，并做了补充和修订，以便尽可能使其完美，尽可能让读者满意。

既是作者又是读者的最著名爱书人博尔赫斯说：“身为读者的喜悦是超乎作者之上的，因为读者不需要体验种种烦恼焦虑：读者只要感受喜悦就好了。”作为编者，此时，我们的喜悦也是不言而喻。

2016 年 5 月

总 序

阅读，一种可能的生活？

潞潞

四年前，这套书的策划者孙轶女士跟我探讨是否有这种可能，像搞一个图书超市或图书馆那样，里面分门别类摆放着若干书架，读者可以根据自己的需求想看什么看什么，广告语似乎可以是：只要抽出你想看的，其余由我们来做。当然这是戏说，后来的广告语那要精彩得多。

开始，我觉得这个想法有点像读书指南，好像别人有搞过的。但是孙女士坚持她的想法，且让我听来和以往那些读书指南很是不同，尤其她把这套丛书命名为“一生读书计划”，不仅仅是读书，还涉及人生、涉及人的一生该如何度过。这可不是一个读书范畴的问题了。

想想，人生和读书还真是一个越来越掰不开的事儿。现代人如果从七岁读书算起，这是晚的，许多孩子两三岁读书都不稀奇。幼儿园、小学、中学、大学、硕士、博士、博士后，成人教育，个人爱好，一直到七老八十老眼昏花，皓首穷经、手不释卷，人之一生何其短暂，而读书生涯又何其漫长。说一生读书，一点都不夸张，孙女士要把一生读书做个规划，不是件容易的事。

转眼间，这套丛书已然堂皇矗之，付梓而出。对此让人不禁肃然起敬。当初孙女士热情邀请我做主编，我很是惶然，因为我只是个褊狭的读者，最多能在有限范围内说点话。好在有诸位学者和专家的参与，他们以专业眼光和判断力遴选出各类佳作，毫不吝惜贡献出自己的学识和睿见。

这是一个庞大的工程，大致分为两大系列，纵向看有“小学生书架”“中学生书架”“大学生书架”“女性书架”等，横向看有“经济书架”“国学书架”“法律书架”“文学书架”等，且可以一直繁衍下去。其纵横交错，编织细密，既像一张大网，把茫茫书海里有价值的真金白银捞取上来，又像一张巨细无遗的地图，古今中外、东西南北无不覆盖，给读书人以路标和方向，亦使胃口不同的读者拥有了可选择的佳肴。

中国古代有成语曰：“汗牛充栋”“学富五车”，以谓书之多，其实就是一堆刻了字的竹片儿，放到现在，大概连一个小芯片也存不满。多即是少，少即是多，少有少的难处，多有多的麻烦。“文化大革命”期间书遭劫难，我曾连夜手抄一本借来的诗集，不知东方之既白。现在多少人却在书市中四顾茫然，面对滚滚书海不知所措。套用莎士比亚的话，选择，还是选择，是个问题。

我是一个褊狭的读者，谁都可能是褊狭的读者，这是人的个性使然。书也有书的个性。把这么多的个性统一起来，然后各取所需其乐融融，难于蜀道之难。比如有人喜欢“经典”、有人为了“实用”、有人贪图“好看”，怎样在三者上找到平衡点，始终让编者们颇费踟蹰。有本书给了编者很好的启示，这本书叫《苏菲的世界》，你可以说它是小说，也可以说是哲学。人们想象中，哲学该是多么枯燥乏味，许多读者为此却步。但这本书里，从古希腊哲学到西方的中世纪、文艺复兴、浪漫主义、弗洛伊德等等，都通过一个小女孩爱丽丝漫游仙境般的故事娓娓道来。作者乔斯坦·贾德是挪威一个高中哲学教师，大概他对中学生讲授哲学之难有深切体会，所以写出这样一部融艺术与哲学、通俗与深奥为一体的书来，他也因此成为一位知名作家。此书自 1986 年出版以来，销量达几百万册，成为全世界的畅销书。

比如，在“文学书架”里，人们耳熟能详的《红楼梦》等未选入，而入选了一些不那么艰深、名气也不够大的书，它们可能是一般读者更感兴趣的。按照法国符号学家罗兰·巴特的观点，供市场消费的通俗小说应该排除文学之列，我个人同意罗兰·巴特的说法，但在编这本书的过程中，我还是赞同那种更宽泛的做法，即将很多通俗小说之类也摆进了文学书架。我们最终还是要相信读者，经典不会因为通俗而消失，阳春白雪和市场并非不能共存。

我的一位朋友曾在文章里问：阅读是一种生活吗？他说不知道。其实很多人愿意在书斋里度过一生，只是没有这种幸运而已。阿根廷作家博尔赫斯八岁时写出第一篇神话故事，此后一生都在读书和写书中度过，当他成为国家图书馆馆长时已经双目失明，这是他的宿命。尽管如此，他仍然继续买书，充实他的私人书架。他甚至断言：世界就是一本书。

我个人觉得，阅读起码是一种生活方式。人生虽然短暂，但消磨起来，也有许多空虚，读书不失为一种好的选择。再者，中国人一向注重传统，书本中尽是前人的经验和智慧；中国人注重人际关系，读书恰恰可以调整和疏离过于亲密和庸俗的人际来往；中国人向往城市化和现代化，岂不知在行囊里夹带一本书正是一个现代人和都市人所必备的。读书往小里说是一种个人生活方式，但连锁起来就可能成为一个民族的生活方式，而且可能内化为民族性格和精神。

阅读为什么不能成为一种生活呢？虽然它可能是奢侈的。

2011 年 8 月

前　言

“一生读书计划”丛书之《经济书架》为经济学研究者和广大对财经感兴趣的读者重点推介了80本最适合他们阅读的古今中外优秀经典经济读物以及大量的参考阅读书目。

在如今的商业社会中，经济学无处不在。小到我们每个人的衣食住行、投资理财，大到国家治理、整个社会的发展，都离不开经济学的指导。经济学作为一门只有两百多年历史的新兴学科正日益彰显出它的重要性。

读者对经济学知识的渴望也是近年来的一个大趋势。每年的畅销书榜上，经管类书籍总是占据着很大一部分。然而，经济学是一门庞杂的学科，分支很多，理论多样，再加上不长的历史带来的系统性欠缺，经济学总是给人繁杂多变的感觉。很多读者想要了解经济学方面的知识，却苦于不知从何处下手。

鉴于此，本书精心挑选的经济类书目，都是经济学领域不可多得的好书。希望读者在看了书目介绍之后，能够阅读它们，从而对经济学有一个全面的把握。

书中篇目分为经济学原理、经济脉络、经济学应用三个方面。在经济学原理篇中，我们首先介绍了很多关于经济学知识的通俗读物，像《大家的经济学》《快乐上班的经济学》之类。这些轻松的读物能激发大家对经济学的兴趣，也让大家对经济学有一个直观的认识。随后，我们介绍了一些学术经典，涉及经济学的各个领域，让大家对经济学有一个深入的了解。

第二部分是经济脉络篇，分为经济史和经济思想史两部分。经济史中都是一些介绍经济发展历史的著名作品；经济思想史则推荐了诸多梳理经济学科思想的经典巨作。这一部分将史实与理论相结合，系统全面地介绍了经济的发展脉络，让大家对经济学有一个整体而深入的把握。

最后是经济学应用篇，这一部分的作品都是运用经济学知识解答现实问题的成功之作。内容涉及金融危机、粮食问题、国家兴衰等诸多饶有趣味的话题。为了让读者对我国的经济问题有一个深入了解，这一部分还单列一章，专门介绍分析中国经济问题的书目。阅读完这一篇的书目，读者也许能对诸多社会现象有一个全新的认识。

本书的编排体例，从经济学原理到思想发展脉络，再到经济知识的现实应用，由浅入深，实现通俗与学术相结合的意图。

希望本书能够给读者带来一次丰富的经济学盛宴，让大家领略到经济学的魅力。

经济学原理

《牛奶可乐经济学：最妙趣横生的经济学课堂》

〔美〕罗伯特·弗兰克 著

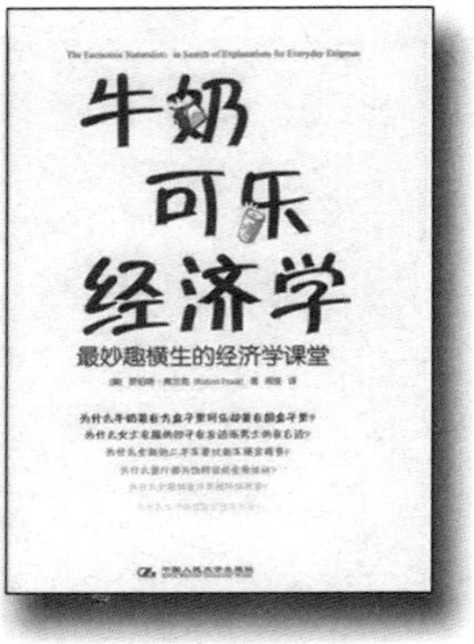

关于作者

罗伯特·弗兰克是最畅销的中级经济学教材《微观经济学和行为》的作者。弗兰克教授1966年毕业于美国乔治亚理工学院，1972年获得加州大学伯克利分校统计学硕士学位和经济学博士学位。随后就在康奈尔大学任教，担任约翰逊管理学院的管理系教授和经济系教授。六年后，他离开了康奈尔大学，先后担任过民用航空委员会的首席经济学家、行为科学高等研究中心的研究员等。

弗兰克的研究主要集中于经济、社会行为中的对抗与合作。他发表了很多文章，涉及价格与工资歧视、公共事业定价、失业持续时间的度量以及外国直接投资所造成的分配结果等领域。相关出版物有《选择正确的池塘》《理智中的激情》《如何定价道德制高点》等。他与菲利普·库克1995年合著的《赢家通吃的社会》一书获得了批评家协会选择奖，同时荣登纽约《时代》杂志知名书籍排行榜和《商业周刊》十大最佳书籍排行榜。而他1999年发表的《奢侈的热潮》一书在当时也被提名为骑士最佳书籍。

在教育领域，弗兰克也备受推崇，他开设的微观经济学入门教程每年都会吸引6000多名学生。而弗兰克教授本人也先后获得过诸多荣誉，例如安德鲁·W. 梅隆教授称号、美林学者项目杰出教育者称号、卡南事业奖、里昂夫奖等等。

荐读理由

《牛奶可乐经济学：最妙趣横生的经济学课堂》一书是美国康奈尔大学管理学学院教授弗兰克根据学生的作业汇编而成。弗兰克在教授“博物经济学”课程时，喜欢给学生布置小作业，主要内容是从经济学的角度解答生活中的问题。

众人的智慧是无穷的，更不用说这些学生都是经济学科班出身。翻开此书，你会看到千奇百怪的例子和妙趣横生的分析。你会发现生活的方方面面都是由经济学编织而成的。诸如为什么牛奶的盒子是方的，可乐的瓶子是圆的？为什么酒吧中不值钱的水要收费而花生米却免费？为什么女模特的收入要高于男模特？为什么全新的二手车比新车便宜得多？……书中提出了100多个诸如此类的问题，全部都是司空见惯的日常经验，涉及产品设计、供求关系、公用品、心理学、职场风云等各个方面。面对这些问题，作者告诉我们“请不要急于去书中寻找答案。这些生活中的问题不是公式和概念，它们并没有标准确切的答案，每个人都有可能给出更多更合理的解释。虽说，不是每一个人都是经济学家，但至少，我们可以更积极地去思考，并把思考用于生活。这样，我们每一个人，都可以成为一名‘博物经济学家’”。

该书的核心是教会读者去发现问题，思考问题。该书不是学术大部头，而是生活小智慧，然而正是这样看似琐碎的生活小智慧，能够让你发现经济学的乐趣，能够让你在轻松愉悦的阅读过程中掌握看似深奥的经济学理论，并学会运用这些理论去解释更多的生活现象。该书主要介绍微观经济学知识。与普通教材不同，该书每章围绕一个中心展开，介绍一个重要的经济学理论。例如第 1 章介绍成本效益原则，第 2 章介绍供求定理，第 3 章讲述收入与贡献之间的关系……通过现实例子的引入，让读者像学说一门新语言一样开始学习经济学，理解不同概念在不同环境下的不同应用。

该书虽是一本经济学入门读物，但却受到了专业和非专业经济学人士的一致好评。因为对专业的经济学者来说，该书提供了丰富的案例，也能够加深他们对经济学深奥理论的理解。对一般读者而言，该书将带领他们走进经济学的殿堂，学会用经济学的方式思考问题，理解社会。《牛奶可乐经济学：最妙趣横生的经济学课堂》一书是 2008 年度畅销书，其中译本获得 2008 年第四届国家图书馆“文津奖”。

先睹为快

为什么不同的产品有着不同的形状呢？对此问题，若不稍微考虑成本效益原则，再聪明的回答也算不得圆满。比方说，对高速公路旁取款机按键上的点字盲文，比尔·托亚的解释即是建立在此原理之上的。厂商留下了高速路取款机上的点字盲文，是因为生产两种不同取款机的成本，远远大于合理的预期收益。

一般而言，生产商并没有什么动力给产品增加新功能，除非这种功能所带来的产品价值（也就是收益）大于其成本。几乎所有的实例都表明，产品设计既要包含最符合消费者心意的功能，又要满足卖方保持低价、便于竞争的需求。这也就是说，产品设计必须在两者之间实现平衡。

可时至今日，人们意识到——其实当时也应该意识到，一家电子商务公司的最大价值，并不在于它可能在多大程度上提高生产率，而在于它到底创造了多少利润。率先采纳新技术的公司，会继续借此获取大量利润。可是，和过去一样，一旦竞争者也采用了同样的技术，那么，从长远的角度来看，新技术所节省下来的成本，并不会给生产者带来更高的利润，而是降低了产品的价格，使消费者受惠。所以，抢先使用牛生长激素（能使牛的产奶量提高20%）的奶牛场，在短期内获利颇丰。但随着激素的广泛使用，提高的产量带动牛奶价格不断下挫，从而降低了利润率。

为什么有不少快餐厅承诺，要是你付钱时没拿到收银条，可以享用一顿免费餐点？

大多数到快餐店就餐的人并不需要报销餐饮账单，因此付款的时候很少想到要索取收银条。那么，为什么不少快餐店都在收款台前张贴着告示，提醒就餐者没收到收银条的话可以享用一顿免费餐点？

为防止员工偷窃行为，餐厅和其他零售商店的业主要求收银员做到现金和收银机上显示的总额相符。如果现金短少，收银员一般需要自掏腰包，弥补差额。

想要避开这一控制措施，收银员可以在一部分交易中不使用收银机。这种做法很管用，是因为餐厅很难监控每一台收银机上发生的交易次数。所以，倘若顾客点了20美元的饭菜，收银员不使用收银机，直接把钱装进自己的腰包，那么当天收工结账时，收银机里的现金和统计数据肯定是相符的。

店主可以聘用监工，确保收银员每笔交易都用了收银机。但这么做太费钱。谁没拿到收银条，谁就能获得免费餐点，通过这一经济刺激，店主就能让顾客免费帮自己监督收银员。

延展阅读

作者还有下列精品：

《牛奶可乐经济学 2（行为经济学版）》

该书是《牛奶可乐经济学》的续篇，作者从更专业的角度，通过消费者行为和组织行为学来阐释生活中的博物经济学案例。

《牛奶可乐经济学 3（国计民生版）》

该书是《牛奶可乐经济学》的第 2 部续篇，该书带领读者走出日常琐细，关注社会环境、经济政策，从宏观经济学的角度为我们解读了种种社会现象。

《魔鬼经济学》

〔美〕史蒂芬·列维特、史蒂芬·都伯纳 著

关于作者

2003年，一位年轻的学者荣获全球瞩目的约翰·贝茨·克拉克奖。克拉克奖专门颁发给美国40岁以下最优秀的经济学者，被美国学术界誉为诺贝尔经济学奖的摇篮。而2003年的这一荣誉得主就是经济学畅销书《魔鬼经济学》的作者史蒂芬·列维特。

史蒂芬·列维特1994年在麻省理工大学获得经济学博士学位，1997年进入芝加哥大学任教，并在短短两年间就被芝加哥大学经济学院聘为终身教授。芝加哥大学经济系是全球经济学的重镇，是诺贝尔经济学奖的摇篮，能够在此任教的都须是顶尖的学术精英。而列维特能在不到40岁的年纪就担任该校经济系的终身教授，在历史上是极为罕见的。

2002年，列维特被选为美国科学院经济学部委员。他还担任了《政治经济学杂志》和《经济学季刊》的编辑。出色的学术成就曾令克林顿政府力邀他加入自己的智囊团，而美国前一任总统小布什在大选的时候也把“请到列维特作为犯罪专家”作为拉选票的一个资本。

2003年获得美国克拉克奖后，史蒂芬·列维特更是得到了整个经

济学界的认可，被誉为“当今美国四十岁以下最负盛名的经济学家”。

《华尔街日报》曾如此评价他：“史蒂芬·列维特就像是经济学家里的印第安纳·琼斯……这位克拉克奖获得者并没有把自己的眼光局限在经济理论上，他更像是一位另类的寻宝者，总是在试图帮助人们打破传统智慧的束缚，发现事物的本来面目……”

的确，正如《纽约时报》所言，史蒂芬·列维特的风格是“当一台机器出现故障，所有的工程师都在忙着寻找各种原因的时候，只有列维特意识到，原来电源没有插上”。

而《魔鬼经济学》一书，则是他这一风格的典型代表。

该书的另一作者史蒂芬·都伯纳则是著名的畅销书作家。他是《纽约时报》和《纽约客》的长期撰稿人。自《骚动的灵魂》和《一个英雄崇拜者的自白》之后，《魔鬼经济学》是他推出的第三本畅销书。

荐读理由

一个苹果，用经济学的剖刀切开，里面竟然是橘子。雪白的羊毛下，竟然长着狼的身躯。英文版与中文版这两个封面就预示着《魔鬼经济学》的与众不同。它是一种全新的经济学——用最有趣的问题剖解所有事物隐藏的一面。

《引爆流行》的作者马尔科姆·格拉威尔曾这样评价这本书：“史蒂芬·列维特有着美国当今最有趣的大脑，阅读《魔鬼经济学》就像是跟他在一个阳光明媚的夏日去散步，只见他一边在空中挥动手指，一边向你揭示所有事物隐藏的一面。一本会让你头晕目眩的书！”

在这本书里，史蒂芬·列维特一改经济学严肃枯燥的特点，提出并解答了许多看似幽默怪诞，却与日常生活息息相关的“经济问题”：

堕胎合法化与15年后犯罪率的降低有何关系？

小学老师和相扑选手为何有喜欢作弊的通性？

“三 K”党和房地产业务员有何相同的特质？

贩毒既然好赚钱，为何毒贩还是穷得只能和他的母亲住在一起？

……

翻开《魔鬼经济学》，史蒂芬·列维特将运用他奇思妙想又逻辑严谨的证据，向您娓娓解答这些看似荒诞的问题背后的玄机。

虽然这是一本畅销书，但事实上，它首先是一本严肃的经济学著作。史蒂芬·列维特令人佩服之处不仅仅在于他的学术成就，更在于他对经济学的诠释方式。他善于运用独特的思维分析日常生活现象，他突破了经济学的研究领域，将经济学的分析方法运用到犯罪学、社会学以及更广阔的领域，从而收获了意想不到的成果。这本书的目的实际上在于探寻每件事物背后隐藏的一面，剥去现代生活的表皮，观察其内部的运作机制。史蒂芬·列维特写作这本书的重点在于对“传统智慧”的批判。《魔鬼经济学》整本书，基本上就是对一组基本互不相干的“传统智慧”的颠覆。史蒂芬·列维特能够用轻松的文字使这一颠覆过程趣味盎然，通俗易懂，甚而显得有些轻描淡写。但事实上每一个结论的背后，列维特都付出了大量的精力来收集资料，并进行高度严谨的推演。

2005 年 4 月《魔鬼经济学》在美国上市，仅一个月就荣登《纽约时报》畅销书排行榜。从此在美国一路狂销 90 万册，持续 47 周高居《纽约时报》畅销书排行前十名，被《纽约时报》评为“2005 年度 100 本最有影响力图书”之一。从 2005 年上市至今，《魔鬼经济学》一直占据亚马逊畅销书排行榜，魅力经久不衰。

先睹为快

真正导致美国犯罪率下降的并不是枪支控制，也不是强劲的经济增长率，更不是新的巡管政策，而是潜在的罪犯数量的急剧减少。

伦理道德代表了人们希望这个社会运行的方式，而经济学则勾画出了它的实际运行方式。经济学是一门特别讲究分析的科学，它为人们提供了一套强大而灵活的工具，可以让人们对大量的信息进行分析评估，从中找出每个因素可能对其他因素，甚至是整体所产生的影响。这也正是“经济”的真正要义，也就是大量关于工作、不动产、银行业以及投资等方面的信息。但经济学为人们提供的工具也可以被轻松地应用到其他更有趣的学科当中。

动机是现代生活的基石。理解动机或者找出人们真正的动机，几乎是解决所有问题（包括暴力犯罪、体育赛事作弊、网上约会等）的关键。

传统智慧（即通常的说法，美国著名经济学家加尔布雷思提出的一个概念，通常指那些虽然没有确凿的证据，但却因为有钱有势的人普遍使用，结果就为公众所接受为真理的说法。——译者注）常常是错误的。犯罪率在20世纪90年代并没有持续上升，金钱本身并不能帮助候选人赢得选举，每天喝八杯水也不会对你的健康有任何积极影响。传统智慧的形成往往没有实际的证据，虽然通常很难看透，但它们仍然可以被推翻。

知道去衡量什么以及如何衡量，可以使我们这个复杂的世界变得简单。如果你知道如何通过正确的方式来分析这些数据的话，你就可以解释那些平时根本无法破解的谜。毕竟，对于那些希望能够彻底了解这个世界的人来说，没有什么比数据更有威力了。

所有的专家都在利用他们所掌握的信息做一些对你不利的事情。专家的价值就在于：他们拥有一些你们所没有的信息；或者你会觉得他们的整个操作过程非常复杂，即使掌握了必要的信息，你也不知道该怎么办；或者你对他们的专业知识充满敬畏，根本不敢挑战他们的权威性。如果你的医生说你必须进行血管成形手术，即使当今一些医学研究表明血管成形手术根本不能防止心脏病，你也不会觉得医生是在利用信息优势来为自己或自己的同事牟取暴利。

有了信息这种武器之后，专家们就可以使用一个强大的工具：恐惧。要是不进行血管成形手术的话，你就会担心你的孩子会突然发现你死在卫生间的地板上。要是你不买一套漂亮的骨灰盒，你会发现自己的祖母在天国受难。一辆 2.5 万美元的汽车会在发生车祸时像玩具一样被挤扁，而一辆价值 5 万美元的汽车却可以用坚钢硬铁把你最爱的人保护起来。当然，商业专家带来的恐惧跟“三 K”党组织制造的恐惧根本无法同日而语，可原理是相同的。

延展阅读

《魔鬼投资学》：〔美〕莫布森著，刘寅龙译，广东经济出版社，2007 年。

本书是与《魔鬼经济学》齐名的又一部颠覆传统智慧的著作。作者是享誉华尔街和金融界的创新投资大师、“华尔街最有影响力的人之一”。在该书中，作者与大家分享了他多年来的投资经验和他获得深刻投资洞察力的秘诀，并提供了更好地理解投资中两个核心概念“选择”与“风险”的宝贵工具。阅读《魔鬼投资学》，你将领略到莫布森独树一帜的投资艺术。

《经济学：新兴古典与新古典框架》

杨小凯　著

关于作者

杨小凯（1948—2004），原名杨曦光，澳大利亚经济学家，是曾被两次提名诺贝尔经济学奖的华人。他提出的新兴古典经济学与超边际分析方法和理论，使他获得了世界级的成就和同行的推崇。

杨小凯出生于吉林敦化，在湖南长沙长大。高中时期，正值“文化大革命”的高潮，年仅19岁的他因为一篇《中国向何处去》的文章而被判十年牢狱。其间经历家庭的破碎和屡次的死亡威胁。十年牢灾，杨小凯不但没有委顿，而且还在牢里学数学、工程设计，充满激情地写作剧本和小说。从牢里出来后，工作不好找，只好将本名改为杨小凯。一个高中都没读完的人，在当时还有成绩之外的许多限制的情况下，凭着自己的刻苦努力，终于在1982年获得数量经济学硕士学位。后来在武汉大学担任讲师的杨小凯被美国著名的华裔经济学家邹至庄选中，赴美留学，于1986年获美国普林斯顿大学经济学博士，并在耶鲁大学进行了一年的博士后研究。

杨小凯毕业后，在黄有光教授的推荐下，任职于澳大利亚莫纳什大学。

然而，好景不长，2001 年底，杨小凯完成在哈佛大学的两年研究回到澳大利亚之际，被诊断出患肺癌三度晚期。2004 年 7 月 7 日，杨小凯逝世。

杨小凯从博士毕业到去世，不到 20 年的时间，可他留下来的文章，却是有些学者一辈子都无法完成的：近百篇的经济学论文、三本厚厚的英文经济学专著、一本英文的《囹圄中的精灵》（Captive Spirits）、一本中文的《牛鬼蛇神录》；再有诸多的谈话录、读书笔记、读史心得，如《百年中国经济史读书笔记》等。

杨小凯的努力是非常人所能为的。正如范金在回忆他的文章中所写的：“小凯是个伟人、巨匠，其神奇的经历，其所表现出的勇于创新、百折不挠、实事求是和关心国事的优良品格，足以让我们后生引为楷模。”

荐读理由

《经济学：新兴古典与新古典框架》是一本新型的经济学原理教科书，作者是澳大利亚著名华人经济学家杨小凯。杨小凯曾与世界顶尖的经济学家合作，包括黄有光和杰佛瑞·萨克斯，后者曾评价杨小凯道：“杨是世界上最有洞察力、最严谨的经济学理论者，他也是经济学界最具创造力的人之一。”2002 年，诺贝尔经济学奖获奖者詹姆斯·M. 布坎南说过：“我认为现在全世界最重要的经济研究就在莫纳什大学，是杨小凯所作的。”本书是其代表作品。作者用一个全新的经济学分析框架和超边际分析方法，使被新古典经济学所遗弃的古典经济学灵魂在一个现代躯体中复活。

《经济学：新兴古典与新古典框架》成书于 2003 年，一经出版就引起了广泛的重视，成为这一领域的一本重要的书目。

它不同于马歇尔的第一代经济学教科书中将供求分析与对个人专业化决策的分析分割开来的方法，也不同于纯消费者和厂商截然两分的新古典供求边际分析，而是从消费者—生产者选择专业化水平的决策出发，用超边际分析法（每个角点解的边际分析和不同角点解之间的总收益—成本分析）分析社会分工网络规模是如何由市场来决定的。此书不仅系统地讲授新兴古典经济学的内容，同时也全面地介绍了新古典经济学的内容。

新兴古典理论分析框架的一大特色在于使用专业化经济和网络效应的概念描述生产条件，纯消费者和企业之间没有事前的绝对分离，交易成本对经济组织均衡的拓扑性质有着重要的含义。在工具上，新兴古典经济学采用角点解。杨小凯的理论核心在于分工与专业化。针对主流经济学漏掉分工与专业化理论的发展这一现象，在该书中杨小凯适时地把握住机会，结合近年来经济学对于线性、非线性规划，控制论，博弈论等工具应用的成果，发展了分工基础上的新兴古典理论分析框架，从而将微观及宏观经济学、国际经济学、城市经济学、产业组织、发展经济学、贸易理论、增长理论、制度与合约经济学、交易成本、产权等多门学科内容，统统纳入了这一新兴古典框架予以解释。

该书并不仅仅强调新兴古典方法，而是重视在新古典理论的基础上通过理论比较，过渡到新兴古典理论的阐释。

书中涉及大量两种理论模型的比较与对照分析，易于学习理解。阅读完此书，读者对于新古典经济学理论会有一个更为全面和深刻的认识。

作为新兴学派的开创者之一，杨小凯教授这一力作在国际上已经达到学科前沿水准。书中提供的大量各学派相关的国内外代表性前沿文献，为国内致力于经济学研究的人士提供了十分有益的帮助。

先睹为快

经济学就是这样一种学问，它研究上面讨论过的所有类型的两难冲突。它不仅分析个体决策中的两难冲突，而且研究这些自利决策在各种制度安排下的交互作用如何折中相互冲突的利益，以产生个体决策者不得不接受的结果。因此，经济学有别于管理学和其他商业科目，后者关注的是决策的两难冲突。

但是，马歇尔对资源分配问题的形式化，却为主流经济学建立起了一个系统的结构。在这个结构中，不仅不同代的经济学家和学生能共享一个共同的经济学，而且使老师可以在课堂上出答案唯一的问题和试题。老师在黑板上教的内容，学生可以在课后准确地重复演算。但不幸的是，正如我们观察到的，这个主流经济学却并不包括作为古典经济思想之核心的专业化和分工问题。正如布坎南（Buchanan，1994，P.6）指出，“马歇尔头脑中始终存在的古典教义使他认识到，这个地道的美妙的新古典结构，要求抛弃斯密关于劳动专业化的命题”。在马歇尔对资源分配问题形式化取得成功的同时，古典经济学关注的专业化和分工问题则出人意料地被遗忘了。

许多经济学家，诸如波舍拉浦（Boserup，1975），已经注意到随着人口密度的增加，运河系统、铁路网络、高速公路网络、机场系统和其他基础设施的人均投资成本减少，因此高人口密度有利于分工的演进。朱和蔡（Chu and Tsai，1996）和朱（Chu，1997）发展了两个新兴古典一般均衡模型来形式化这个思想。在他们的模型里，交易效率、相对于市场网络规模的分工水平和一个专业的基础设施行业的存在被同时内生。交易效率由专业的基础设施行业的存在和规模决定，专业的基础设施行业的存在和规模由分工的网络规模决定，分工的网络规模反过来又由交易效率决定。一般均衡的提法是分析同时决定所有相互依赖的变量机制的一个有力工具。在这一节里，我们使用朱模型（Chu，1997）来研究那种机制。

延展阅读

作者还有下列精品：

《新兴古典经济学与超边际分析》：杨小凯、张永生著。

该书运用极其精练而具有说服力的通俗直观的经济学事例与图表，将一门具有深厚理论基础与经过严格论证的新兴学科知识缓缓呈现在众人面前，告诉读者："新兴古典经济学"较之新古典经济学更能描述我们的环境。

《专业化与经济组织——一种新兴古典微观经济学框架》：杨小凯、黄有光著。

该书利用现代经济学的研究方法，以分工、专业化为主线，系统回顾了专业化分工与产业演进的已有的理论成果，深入研究了不同的农业产业化分工协调机制及其相应的组织形态，实证考察了纵向契约、横向合作两种主要农业产业组织的制度效率，并且在借鉴发达国家和地区有益经验的基础上，提出了完善我国农业产业组织制度安排和能力建设的思路与对策。

《快乐上班的经济学》

〔日〕吉本佳生　著

关于作者

吉本佳生是日本著名经济学家，1963 年出生于日本三重县纪伊长岛町，专门从事生活经济学、国际金融学等研究工作。曾在住友银行工作，在名古屋市立大学研究所经济学研究科修完课程。主要著作有《买汽车要到家电城!》、《在星巴克要买大杯咖啡!》、《不要当金融机构的冤大头!》、《读懂金融广告》（光文社出版）、《金融工学的恶魔》（日本评论社出版）、《金融工学——金钱游戏的魔术》（讲谈社出版）等等。

荐读理由

经济学是一门既有趣又实用的学问，但是很多年轻人在没有学习它的基础上就开始了工作，因此往往被经济活动中的惊涛骇浪所吞没。

现在，吉本佳生的《快乐上班的经济学》一书将帮助我们抵御这些风浪。它用通俗易懂的语言，为我们揭开经济规律的面纱，教会我们如何在日常生活中将经济学为我所用。

手机的收费方式为什么复杂难懂？是否应该和投资了五年的女友分手？酒吧间的午餐为什么便宜？优惠券为什么做得小巧玲珑？为什么受欢迎的人会越来越受欢迎？在什么情况下可以选择乘坐出租车？摔坏了的照相机应该拿去修理吗？吃自助餐时能赚回本钱吗？看到“保本投资”的字样就可以真的放心吗？无能员工的生存之道是什么？判断跳槽是否成功的标准是什么？……生活中一系列的烦人琐事，在听了吉本佳生的经济学分析之后，你都会豁然开朗，作出正确的抉择。

《快乐上班的经济学》是一本能让读者找到自己工作和生活价值的书。它以非“他”的视角，即站在消费者的立场来介绍身边的经济现象，教会人们有趣又实用的经济学知识。正如吉本佳生所言：“学习经济学有十分广泛的社会意义！应该让更多人，特别是刚刚步入社会开始工作的年轻人了解经济学的基础知识。”该书在日本面世后，一直高居日本纪伊国屋书店畅销榜和日本亚马逊书店畅销榜榜首，在日本掀起了“吉本佳生热”！并且，日本的 NHK 教育台于 2009 年以同名节目播出，收视率甚高！翻开《快乐上班的经济学》，你将在日常琐细中体会到经济学的妙处。

先睹为快

我有一个交往了五年的女友。其间有过几次分手危机，不过我都用昂贵的礼物挽留住了她的心。但这次与以往不同，她好像真的下定决心要和我分手……我应该怎么办呢？是否应该继续用礼物挽回我们这五年的感情呢？

从经济学的角度来看，我应该停止在她身上投资。以往给她买礼物时花的钱和这五年的时间是一去不复返的，所以我们应该彻底忘掉它，把今后的时间和金钱投资在更有用的地方。

各种各样的机会成本

在活用这个概念时，我们首先会想到的是自己的机会成本。当然这并没有错！但是吉本老师却反复向我们强调，“在现实生活中它还有更重要的意义，那就是要重视他人的机会成本”。比如说，就连打电话，虽然你想向对方倾诉，但是人家可能工作缠身，或是正在处理什么棘手的事情。还有，即使你认为请客吃饭会让对方高兴，如果人家有更加重要的安排的话，也不会领你的情。总之，无论是在工作上，还是在日常生活中，你都应该养成在行动之前先考虑一下对方的机会成本的良好习惯。

在制定政策时，如果错误地运用了激励理论，反而会给社会带来巨大的浪费。

例如，为了让“经济困难户”也能租到房子，政府决定限制房租价格，禁止房东任意提价。在这个制度下，看起来低收入阶层的住房条件能够得到改善，但实际却造成了相反的结果。

美国纽约市就曾长期采用类似的限制房租的制度，结果出现了严重的弊端。和刚才给大家介绍的变动式房租相反，在此制度下，无论房东如何努力改善居住环境，都无法提高房租收入，所以激励理论产生的正面作用就荡然无存了。

什么是道德风险?

假设为了实行街头问卷调查，雇了几名打工的大学生，然而由于时间关系，本人无法到场监督他们的工作。在这种情况下，如何才能让学生认真负责地进行问卷调查呢?

当雇主无法直接监督员工的工作状况时，他们想办法偷懒是理所当然的事情，所以想要防止这种状况的出现是难上加难。这是利用经济学的知识得出的结论，并称之为道德风险的问题。

“道德风险”这个词经常在电视和报纸中出现，但大多数都是表现“缺乏道德”的意思。在经济学中，道德风险有着不同于此的另外一层含义，它主要研究的是，人们在“签约后”进行某种“隐蔽行为”时所带来的问题。

延展阅读

作者还有下列精品：

《在星巴克要买大杯咖啡!》

该书同样站在“消费者”的视角，来剖析身边的“商品和服务价格”现象。关于星巴克咖啡价格的讨论，只是本书探讨的众多话题中的一个。在深入探讨众多商品和服务价格的过程中，读者也会加深对生活和社会的理解。

《超级购物经济学》

该书是《在星巴克要买大杯咖啡!》的姐妹篇，在“消费购物经济学”热潮兴盛的今天，吉本佳生在深入调查世界各地名企之后，继续为读者揭开星巴克、麦当劳、大超市、“意大利制造”等背后的价格秘密。让读者透过经济学的慧眼，把准价格涨跌的脉搏，实现实惠与乐趣并存的购物。

《不要当金融机构的冤大头!（第2版）》

这是一本介绍个人理财投资知识、剖析金融机构运作规律的经济学书籍。作者力图在介绍这些知识的同时，帮助读者在个人理财投资时看清楚金融机构的作为，防止掉入金融机构的圈套。

《大家的经济学》

〔日〕竹中平藏　著

关于作者

竹中平藏是日本著名学者，国际知名经济学家，也是前庆应大学的经济学教授，从小渊惠三政权开始，竹中连续担任政府经济智囊。

竹中平藏生于1951年，是一个乡下杂货店老板的儿子，凭借着自己的努力，竹中平藏考上了一桥大学经济部，成为经济学博士，担任庆应义塾大学的经济学教授。

竹中平藏是小泉纯一郎经济改革的重要推动者。2001年4月小泉纯一郎上台之后，他以学者身份出任主管宏观经济运行和改革的经济财政大臣。在日本的经济、财政、金融等研究领域提出了颇有建树的改革方案，得到小泉的青睐，也颇受美国重视，被称为“小泉改革的总设计师”。2004年6月，竹中受小泉重托，作为自民党无派系候选人竞选参议员，借选举宣传车来传播改革的“火种”，最终获得了选区最高票数，在国内外引起轰动。9月28日小泉内阁第三次改组，竹中留任经济财政大臣兼邮政改革大臣，成为小泉实施邮政民营化改革的“前线总指挥”。在小泉历任日本首相期间，竹中平藏一直是他的得力助手，也是同僚中少见的“永久阁僚”。2006 年，随着小泉内阁时代的结束，竹中也离开了政坛。

荐读理由

小泉纯一郎历来不受中国人喜爱，但他的确引导了日本经济的复兴。而本书作者竹中平藏则是小泉经济改革的重要推动者，在经济、财政、金融等研究领域均提出了颇有建树的改革方案，被称为“小泉改革的总设计师”。从政期间，竹中平藏对日本的经济改革作出了巨大贡献。他亲手解决了日本银行的不良信贷问题，并按照小泉首相的决定，对日本邮政系统进行了私有化改革。骄人的成绩加上活跃的现代风度，竹中平藏在小泉时代是日本自民党中最受欢迎的政治家之一，被称为“最了解日本经济的人”。

《大家的经济学》一书是一本经济学入门的通俗读物。该书呈现了普通百姓在日常生活中对经济的关注与思考，分别从每个家庭成员的不同角度谈论了普通人生活的各种经济现象，以及由此带来的社会或人类问题。

与市场上充斥书店的经济学入门书籍不同，《大家的经济学》一书虽然追求通俗易懂，却也不忘演绎经济学深入的分析模式。作者希望通过家庭的话题，深入浅出地探讨经济问题。

作者指出，经济学天天都有，经济就是我们社会生活的本身，它伴随着我们的一生。在这样的信念下，你会发现身边到处都是经济学素材，经济学并不难以把握。阅读《大家的经济学》，你会发现在身边的家庭成员爸爸、妈妈、姐姐、哥哥身上，到处都存在着经济学的知识，只要乐于细细考量，生活就是经济学最好的大教科书。从爸爸公司的重组可以看到日本式经营方式的优点和不足，从奶奶热衷的股票信托可以联系到姐姐的海外购物，而妈妈关注的房贷房价则与资产处置、养老金等问题息息相关。

经济学原本就和我们的社会生活是一体的，它伴随着我们生活的方方面面，因而要想享受人生，就来亲近经济学吧。

先睹为快

根据需求层次理论，我们就不难理解为什么利他行为会在少数人和少数场合中出现。由于人们具有受人尊重和自我实现的需要，而利他行为又可以满足这样的需要，因此人们就会产生不同程度的利他主义行为。但是导致利他行为的这两种需要都属于高层次需要，而人们在大多数情况下首先要考虑的是满足自己的低层次需要，况且很多人根本没有机会发展出高层次的需要，所以与一般的自利行为相比，利他行为只会在少数情况下出现。马斯洛的需求层次学说是一种非常有用的理论。它不仅能解释利他主义的原因和本质，而且能解释几乎所有的人类社会行为。这说明利他行为是一种特殊的自利行为，人的一切行为都是为了满足自己的某种需要。从这个角度理解，所有人，除了那些神智不健全的人，都是追求自利的。

囚犯难题具有非常典型的社会意义。它表明，在社会交往中，如果人们短视地追求自己的利益，将会导致对双方都不利的结果。如果双方都能暂时克制自己的利益，就能得到对双方都更好的结果。但如果一方克制自己的利益，而另一方不克制，又会出现一方吃亏、另一方占便宜的局面。

在现实生活中，有很多跟囚犯难题类似的情况。例如，在没有红绿灯的十字路口开车，如果别人抢行，你不抢行，你就永远也过不去。但如果人人都抢行，就会造成交通堵塞，结果谁都走不了。只有大家都懂得克制，按一定的顺序行车，才能让每个人都尽快地通过。再如，在剧院看演出的时候，如果某个人从座位上站起来，就能比别人看得更清楚，但如果每个人都站起来，不但没有人能看得更清楚，反而会站得腰酸背疼，不如坐着的时候舒服。

因为社会上一切财富都是由于投入了生产要素而创造的，所以产出的价值应该百分之百地按各自的贡献分配给提供要素的个人或集体，这就是要素分配理论。这个理论在经济学上具有特别重要的意义。按照劳动价值理论，我们不承认劳动之外的要素也可以创造财富，就无法解释印度、中国的经济落后，也无法解释瑞士、科威特的富裕。再假设一个社会中没有利息和租金作为资本和资源的使用代价，结果必定导致资金浪费和滥用资源。只有按要素贡献分配财富，才能鼓励大家多劳动、多投资、多开发资源，同时按照最经济的原则使用要素，这样可以鼓励改善要素的质量，提高社会生产效率。

延展阅读

《方法不对，学什么都没用》

这是作者的另一部精品。

该书是竹中平藏总结的有效学习方法。书中提出了他个人独创的矩阵学习架构，将学习分为“有范围的学习”和“没有范围的学习”，以及“工作的学习”和“生活的学习”，分门别类地介绍了有关英语、经济、记忆、生活等各方面的学习诀窍。

《弗里德曼的生活经济学》

〔美〕戴维·弗里德曼　著

关于作者

戴维·弗里德曼是著名经济学家，诺贝尔经济学奖获得者米尔顿·弗里德曼的儿子。戴维·弗里德曼本是一位物理学家。他在芝加哥大学获得物理学博士学位，最初他并不想子承父业，然而，社会经济学的诱惑太大了，他无法抵挡。戴维最终选择进入“无政府资本主义”领域，对经济学作深入研究。

虽然戴维没有受过正规的经济学教育，但是凭借着优良的家学传承和渊博的经济学知识，他先后在加州大学洛杉矶分校、芝加哥大学、杜兰大学、康奈尔大学和圣克拉拉大学讲授经济学课程。

荐读理由

在生活中，我们经常需要思考和选择。在超市里，面对着收款台前的一条条长队，我们需要判断哪一支队伍速度较快。在选举时，我们需要决定投票给谁。为了争取一份满意的雇佣合同，我们需要与对方讨价还价。为了获得理想的婚姻，我们需要在茫茫人海中千挑万选……翻开《弗里德曼的生活经济学》，他将告诉我们这种种日常现象背后的经济学原理。《弗里德曼的生活经济学》是一本经济学通俗读物，它利用经济学的分析方法，揭示了日常生活的必备知识，为我们的理性生活提供了基本指南。

戴维同他的父亲米尔顿一样，坚信天下没有免费的午餐，他认为经济学应该遵循亚当·斯密“看不见的手”的指导。书中处处蕴含着自由主义的经济学思潮。因而该书也可看作是主流经济学的另类教材—— 一本由生活事例构筑成的经济学理论图景。

戴维深受加里·贝克尔的影响。他将经济分析扩展到非经济问题领域，将博弈论、价格理论、均衡等概念通过“终结日机器”、移民、婚姻等例子娓娓道来，让人耳目一新。在这里，经济学的分析方法既实用又好玩。戴维还是一个语言高手，他一直信奉马歇尔的话语：“用数学算出结果，然后通俗地表述出来，如果第二步不可行，那么就不要用数学。”戴维成功地完成了这两步。《弗里德曼的生活经济学》通俗易懂，睿智幽默，连“为什么不是每个人都幸福、富有”“为什么宝宝会哭”这些生活常识，也被他信手拈来，深入浅出地分析并进行解释。生活的乐趣与经济分析的巨大解释力交相辉映，让读者沉浸其中，爱不释手。

正如《纽约时报》评论的那样：“戴维·弗里德曼的著作为我们打开了一扇观察大千世界的窗户，通过它，我们了解到自由市场的倡导者是如何思考的。作者无疑是一位有才华的教师，他有本事从杂货铺的油盐酱醋说起，然后层层深入，最后使读者的认识上升到价格理论的高度；他能够用简单明了的语言论述有效市场的作用。由此，我们看到他驾驭理论、揭示复杂事物本质的能力，如同遇到了交通堵塞却可以毫不费力地抽身一样。”

先睹为快

经济学是基于这样的假设：人们都有一些适度的目标，而且还会选择正确的方式来实现这些目标。这两种假设虽然未必正确，但是很有用。

假设某人的行为有一半次数是理性的。由于通常只有一种正确的做事方法，但错误的方法却有许多种，因此，理性的行为是可以预期的，而非理性行为则是无法预期的。如果假设人们是理性的，我们就可以有一半次数能正确地预期人的行为——很可能是以偏概全，但总比什么预期都没有要强多了。如果我能在跑马场预期比赛结果，我就将会成为一名巨富。

医生能挣很多钱，一名医生在当医学院学生和实习大夫期间要经过很多年的艰苦学习，这两件事其实并不是没有联系的。不同职业的报酬与排队购物和改变行车道的过程具有异曲同工之妙。在选择职业时，要问清什么职业报酬最高是不够的。事实上，某个职业的报酬更好，往往在其他方面明显也会不太称心如意，如更具风险性、不舒适性，或者是进入该行业就得要投入更多等。如果不是这样的话，每个人都会涌向这个职业，从而使该职业的报酬变低。正确的提法应是，与其他作类似选择的人相比，你特别适合干哪一个职业。这就好比是按照自己汽车的车况来决定是否改变行车道，或者根据你所买商品的多少来决定是否寻找更短的队。

生活中的一个简单例子——选择哪一条路行驶，是一个典型的博弈问题。整个美国的交通状况就处于纳什均衡的状态下。在美国，每个人都靠右行驶，因为其他人都靠右行驶，如果我靠左行驶将会给我带来巨大的成本（其他人也一样），所以靠右行驶符合我的利益。

而在英国，情况则正好相反，每个人都靠左行驶。由于在欧洲大多数国家，人们都是靠右行驶，所以卖到英国的车需要进行特殊的设计，方向盘安在右边。如果外国游客在英国开车，有可能出现开错道的现象。根据我的实际经验，在转弯的时候，最有可能发生这种情况。开错道会造成非常严重的交通事故。

如果英国人全部改为靠右行驶，就可以避免上述撞车事件的发生，对所有开车的人有利。但是，在实际执行过程中，会出现这样的情况，即任何率先作出改变的人将遇到更糟糕的情况。如果仅仅是个体行动，纳什均衡仍能保持稳定，即使这种个人行为会导致人们不希望看到的结果。

延展阅读

《当生活遇见经济学》：〔美〕马克·史库森著，王跃红译，中信出版社，2010年。

马克·史库森是一位专业的经济学家、投资专家、大学教授，超过25本书的作者。他曾经在哥伦比亚大学教授经济学。本书是马克·史库森写给大众阅读的经济生活类图书，涉及的话题多是大众比较关心的，如理财、养老计划、交通、子女教育等，为我们生活中令人头疼又不得不面对的种种问题提出了解决良方，见解精辟独到，是一本难得的经济学佳作。

《一课经济学》

〔美〕亨利·黑兹利特　著

关于作者

亨利·黑兹利特（1894—1993）是美国20世纪最重要的经济专栏作家。他致力于传播自由经济理念给大众，影响深远。《福布斯》杂志总编辑斯蒂夫·福布斯尊称他为“20世纪最杰出的经济新闻人”。他也是当代“自由至上主义者”运动的重要角色，奥地利经济学派的大将。

黑兹利特出生于一个贫穷的家庭，他的父亲在他还是婴儿时便去世了，他在学院就读了一年半后便中途退学，成为一名记者。然而，贫困的生活更激发了他刻苦学习的斗志。很快，黑兹利特便成为一名知名的专栏记者。

他曾任职于《华尔街日报》《纽约邮报》，后来又为《纽约时报》撰写经济方面的社论文章，批评罗斯福政府政策不遗余力。他曾在《纽约时报书评》上大力推荐哈耶克的《通往奴役之路》，使其进入畅销书之林。他也曾协助米塞斯的《人的行为》等著作找到出版商得以出版。1946年到1966年，他在《新闻周刊》开设固定专栏，引导数百万读者了解经济学基础知识，传播自由经济理念。奥地利经济学派之所以能在英语国家发展，很大一部分是他的功劳。

黑兹利特的第一本重要著作《一课经济学》一出版即成为畅销书，至今销量超过100万册。他一生写作不辍，共有18本著作和无数评论文章，重要著作还有《凯恩斯经济学批判》《道德的基础》等。

黑兹利特对于自由意志主义和客观主义的发展都有很大贡献，在他的资助下，路德维希·冯·米塞斯才得以获得在纽约大学的教授职位（当时米塞斯刚流亡美国），也是他让艾茵·兰德接触到自由市场的经济理论。

1997年至2002年间，亨利·黑兹利特基金会成功创建，以此纪念这位伟人。

荐读理由

《一课经济学》是一部畅销半个多世纪、全球销量一百余万册的经济学入门读物，备受哈耶克、弗里德曼等众多经济学大师的赞誉。

全书包括三大部分共26章，以一堂课的形式，深入浅出地讨论了涉及现实社会经济生活的诸多问题，例如公共建设工程、税收、政府信贷、就业与失业、关税、最低工资、进出口、价格体系、房租管制、工会、利润、储蓄、通货膨胀等。黑兹利特以最简单的阐述方式，向读者逐次解读这些复杂的经济问题背后的真相，并说明什么样的经济政策会造成什么样的结果。

同时，针对那些广为流传的经济理论或学说中存在的谬误，黑兹利特进行了毫不留情的揭露、批驳，从而帮助社会大众更了解经济世界运作的法则。

作者指出："经济学的艺术就是，不只观察任何行动或政策的立即影响，更要看较长远的影响；不只追踪政策对某个群体产生的影响，更要看对所有群体造成的影响。”然而，就在这一点上，人们甚至是政府，常常犯错，或者明知故犯，因而，全书以分析经济生活中盛行的谬论为核心。作者认为，当今主要国家的政府所实行的经济政策，无一例外都受到了经济谬论的深刻影响，甚至有的政策被那些盛行的谬论所左右。所以，剖析这些谬论，尤其是它们的核心观点，也许是领悟经济学的捷径。

本书以浅显的文字取代了高深的经济学术语与复杂的公式，为经济学入门提供了一种最为迅捷和有效的方式。

黑兹利特的经济学理念是自由经济，因此他对凯恩斯的经济学理论，甚至对罗斯福新政都颇有微词。但事实上，凯恩斯的经济理论指导了世界经济的重建，罗斯福新政也广受赞誉。世界经济理论也随时代不断发展。但黑兹利特的这本书依然是经济学精华。正如前美国财政部副部长约翰·赫尼斯所言：“如果为简单明了的经济思想设立诺贝尔奖的话，黑兹利特先生的书会获此殊荣……对于这些年的经济失调，胡写乱说的经济著作充斥市面，而黑兹利特行笔犹如熟练的外科医生做手术一般，对症下刀，彻底、客观，且不偏不倚。”

先睹为快

让我们效仿法国经济学家巴斯夏，从一面被砸破的橱窗的简单例子说起。

话说一个顽童抡起砖头，砸破了面包店的橱窗。当店主怒气冲冲追出来时，小捣蛋早已逃之夭夭，只剩下一群看热闹的围观者。大家盯着橱窗的破洞以及四下散落的玻璃碎片，若有所思。不一会儿，跟通常的情形一样，有些人开始互相议论，宽慰店主和众人的心：玻璃破了很是可惜，可是这也有好的一面。这不，对面的玻璃店又有生意了。他们越琢磨越来劲：一面新的橱窗需要多少钱？要

250 美元。这笔钱可不算少。不过，这没什么好埋怨的，事情本来就这样，要是玻璃永远都不破，那装玻璃的人吃啥。玻璃店多了 250 美元，会去别的商家那里消费，那些个商家的口袋里多了几个钱，又会向更多的商家买东西。经这么一说，小小一面破橱窗，竟能够连环不断提供资金给很多商家，使很多人获得就业机会。要是照这个逻辑推下去，结论便是：扔砖头的那个小捣蛋，不但不是社区的祸害，反而是造福社区的善人。

且慢！让我们来分析其中的谬误。至少围观者所作的第一个结论没错，这件小小的破坏行为，的确会给某家玻璃店带来生意。玻璃店主对这起捣蛋事件除了略表同情之外，更多的应该是高兴。但是，面包店主损失掉的 250 美元，原本是打算拿去做一套西装的。如今，这钱被迫挪去补破窗，出门就穿不成新西装（或者少了同等价钱的其他日用品或奢侈品）。他原来有一面橱窗再加 250 美元，现在只剩下一面橱窗。或者说，在准备去做西装的那个下午，他本来可以心满意足同时拥有橱窗和西装，结果却只能面对有了橱窗就没了西装的糟糕现实。如果我们把他当作社区的一员，那么这个社区就损失了一套原本会有的新西装，于是变得比以前更穷了。

简单来说，玻璃店主的这桩生意，不过是从做西装的缝纫店主那里转移来的，整个过程并没有新增“就业机会”。那些围观的人只想到了交易双方——面包店主和玻璃店主——的情况，却忘掉了可能涉及的第三方——缝纫店主——的窘迫。围观者完全忘了他，恰恰是因为现在玻璃碎了，他也就失掉了亮相的机会。人们过两天就会看到崭新的橱窗，但绝不会看到多出的那套被牺牲掉的西装。人们总是只看到眼前所见的东西。

延展阅读

《被掩盖的经济真相》：〔美〕索维尔著，丁德良译，中信出版社，

2008 年。

该书是另一本披露经济学谬误的书籍。针对当今流行的经济问题，作者以过人的勇气揭露其存在已久的谬误，力图站在一个脱离任何偏见的角度，公平地还原被掩盖的经济真相。该书涉及媒体和政界的许多观点，例如城市问题、收入差距、性别间经济差异以及学术、种族和第三世界国家等方面的经济谬误。此书与《一课经济学》可以互为补充，对照着看。

《生活中的经济学》

茅于轼　著

关于作者

茅于轼，一位八十多岁高龄的著名经济学家，被誉为“经济学界的鲁迅”。有人说他高山景行，是大家做人和做学问的榜样；有人说他为扶贫作出的努力堪比诺贝尔奖得主尤努斯。然而，在网上他也久负骂名，被指称为是富人利益的代表。“替富人说话，为穷人办事”是他这位坚定的市场经济支持者的观点，也因此而备受争议。

茅于轼，1929 年 1 月 4 日生于南京，父亲是著名铁路机械工程师茅以新，伯父是著名桥梁专家茅以升。茅于轼一生经历颇丰。从小就因为八年抗战而辗转各地，随后毕业于重庆南开中学，并考入交通大学。1950 年毕业后，茅于轼被分配在齐齐哈尔铁路局，从事过火车司机、技术员、工程师等工作。

1955 年，茅于轼被调往北京铁道科学研究所，开始了他的学术研究生涯，然而事与愿违，“文化大革命”期间他被打成右派，赶往大同机车厂劳作。

1975 年重返学术领域时，茅于轼转向了运输经济、数理经济等微观经济学的研究，仅仅四年，就提出了著名的择优分配原理，并因此而声名大起。

随后，茅于轼一直致力于经济学的研究。曾在北京经济学院、中国矿业学院研究生部、澳大利亚昆士兰大学等院校教授经济学，任西北大学、广东外语外贸大学、山东矿业学院兼职教授，并以访问学者身份在美国哈佛大学从事经济学研究。他也先后担任过亚洲开发银行、非洲能源政策研究组、联合国开发计划署顾问等职。

1993 年从中国社会科学院退休后，茅于轼与其他四位经济学家共同创办了北京天则经济研究所，并担任所长至今。

茅于轼在经济学领域的成就为世界所公认。他曾连续三届入选美国马奎斯世界名人录（Marquis Who’s who）和英国剑桥国际传记中心世界名人。先后著有：《经济学和它的数理基础：择优分配理论》《生活中的经济学》《中国人的道德前景》等书，发表有百余篇关于经济理论、经济政策、能源环境和道德等方面的论文和研究报告。

荐读理由

《生活中的经济学》是一本广受赞誉的经济学普及读本。该书通过作者在美国这个高度发达的市场经济国家中的生活经历，透过点滴生活琐事，向读者介绍了标准的市场经济是如何运作的。

该书主要由三篇文章构成：微观经济学、宏观经济学和经济体制。“微观经济学”通过搬家、超级市场、旅游环境与老百姓日常生活的联系方式介绍微观经济学的相关原理。第二篇“宏观经济学”论及了银行、国民生产总值、通货膨胀等美国社会的宏观方面，向读者介绍了美国经济如何运转、如何对付衰退，以及其中的社会分工之妙。第三篇是经济体制。在介绍美国市场经济体制内涵核心的同时，告诫读者中国企业许多问题的症结实际上在于所有权不清。

书中所取事例、所作分析，皆显示现实生活的生动经验；在每个短篇后面，作者又附上了小结，阐释本章揭示的经济学原理，让人一目了然，在轻松的氛围中体味背后的微言大义。较之那些孤僻深奥、专业词汇堆叠的经济学书籍，茅于轼教授的这本书真是一部难得之作。该书附录还收录了作者近年发表的诸如《价格万岁》等部分有代表性的经济学文章，从中可以进一步了解茅于轼教授的思想动态。

该书成书于20世纪80年代末，正值中国社会主义市场经济深入探求之际，因而，该书的出版对于当时的社会大变革有巨大的借鉴意义。另一方面，书中的市场经济思想是如此的超前和到位，历久弥新，时至今日依旧备受读者推崇，已经先后再版过三次。对于想要全面了解市场经济内涵的读者，《生活中的经济学》是一本绝佳之作。

该书可作为初次涉猎经济学读者的启蒙教材。茅于轼教授曾说："我从事研究有一个信条，即不论多深奥的理论，如果透彻地理解了它，必定可以还原为日常生活中的现象。"因而，在此"信条"的支持下，茅教授将在哈佛大学做访问学者时"对美国市场的考察"写成了"家常式"的经济随笔。

《中国改革报》曾评论道："茅于轼先生的经济学专著影响了不少的青年学者走上了经济学研究之路。"翻开《生活中的经济学》，你一定会被其中精彩的论述所吸引，喜欢上经济学。

先睹为快

这里我们可以看到，在商业发达的社会里，不但商品可以买卖，债务关系也可以买卖。其实这就是资金市场的一个方面。灵活的市场安排，提供给个人广泛的选择机会，造就了一个富有弹性的有生机的经济。经济要得到发展，要使资源的使用合理化，杜绝各种可能的浪费，都必须通过个人在各种选择中作出优化抉择方能实现。我们从美国人搬家的这件事中，可以看到：市场就提供了这样一种机会。

小结：就业的灵活性使经济结构易于调整，但这必将引起人口的流动，如果没有住房市场，人口的流动将受阻。谈了租房和买房的区别，强调了市场分配住房与计划分配的重大差别。

现代经济学常分为微观经济学和宏观经济学。前者研究个体经济规律，后者研究总量经济规律。微观经济学从狭义来看，是研究家庭作为消费者以及企业作为生产者如何共同形成市场价格，以及如何按照价格来决定自己的行为的学科。譬如说，一种商品的价格上升，会使消费者减少消费，并寻求此种商品的替代品，从而引起替代品的需求增加和价格上升等。另一方面，生产者会增加涨了价的商品的生产，从其他方面转来更多的资本和劳力，期望获得更多的利润，同时又抑制了价格的进一步上升，并满足消费需要。宏观经济学又称为总量经济学，它研究消费的总量和生产的总量（只能是以货币表示的价值总量，否则不同的产品无法相加）各自取决于什么，以及它们如何对价格水平（不是某一种商品的具体价格）作出反应并保持平衡。因而它要研究居民的总消费量和总储蓄量随什么而变，研究为什么投资会超过储蓄从而产生通货膨胀的压力，以及为什么投资会低于储蓄从而引发失业和萧条。

确实，我感到美国人的是非标准很大程度上是功利主义的，至少和中国人相比，这个特点一目了然。应该说，功利主义并没有什么不好。如果道德与一切人的利益恒相对立，我怀疑这种道德原则能否坚持下去。它和苦行僧哲学有多大差别？它是不是人类理智的产物？问题只在于这个功利是个人自己的功利，还是全体人群的功利。美国人的道德标准是和它极其发达的商业相联系的。商业活动中最重要的品质是什么？是信誉和诚实。这也许出乎我们许多人的意料，因为中国传统中商业倒是和欺诈密不可分的，打击商人常成为统治者的国策，且常常得到百姓的拥护。不但我国历史上屡屡出现打击商人的合法和非法的记录，直到近几十年内东南亚一些国家多次出现过打击商人，特别是华侨商人的非理性行动。其结果当然是两败俱伤。到那时才看出商人对社会的贡献。

延展阅读

《中国人的道德前景》

这是作者的另一部精品。

该书从经济学的角度，着重从两个方面讨论了道德问题。一是对道德问题进行理性分析，用简单逻辑讨论了道德主张的矛盾性和一致性。二是结合改革开放以来的各种社会现象展开理性分析，让读者更透彻地反省自身，关注自己的行为，并寻找到修正已有道德观念的道路。

《像经济学家一样思考》

〔美〕罗格 · A. 阿诺德　著

关于作者

罗格 · A. 阿诺德是美国著名经济学家、加利福尼亚州立大学圣马科斯分校经济学教授，曾撰写有大量学术论文、教科书和报刊评论。阿诺德教授的课程有“经济学原理”“社会、政治领域经济学方法研究”“货币银行学”“微观经济学”和“宏观经济学”等。他撰写的两本经济学教科书《宏观经济学》和《微观经济学》曾一版再版，具有广泛影响。

荐读理由

《像经济学家一样思考》是一本经济学基础知识和分析方法的普及读物，旨在让更多的人学会用经济的思维范式思考问题，理解社会万象背后的意义。该书出版后广受好评，被誉为是“迅速有效掌握经济学精髓的敲门砖”，受到了著名经济学家茅于轼的极力推荐。

该书是阿诺德在讲授经济学原理的过程中，在不断地总结教学经验和提高教学效果的基础上写成的。与一般的经济学入门读物不同，该书侧重对经济分析方法的论述，作者的目的是通过种种事例，教给读者经济学的分析工具，让读者能够从一个新的角度思考问题。在该书中，经济学不再是深奥的理论和难懂的公式图表，而是一种思考现实问题并作出决策的方式。书中，阿诺德用讲故事的方法向学生解释经济学家思考问题的方式，将经济学的高深理论用日常生活中发生的故事表达出来。

例如关于选择，作者提到任何事情都是有成本和代价的。你要享用各种美食，就得付出“身体发胖”或“牺牲一点健康”的代价；想要娱乐，就有放弃职场升迁的危险。生活中充满了交换，如你想少学习、多点时间“谈恋爱”，就得以考试成绩不理想作为成本。该书还告诉我们，任何理论都有它的假定前提。经济学理论的前提就是“理性人”和“理性行为”，即使是犯罪分子，他的犯罪行为也经历了“理性分析”过程，有其对犯罪成本和收益的比较。

另外，关于薪水高低、住房贵贱、生活费用水涨船高、最佳离婚率这些社会现象，书中都有精彩分析。

该书适合不同层次、不同领域的读者领略经济学的魅力，翻开该书，你会发觉“像经济学家一样思考”并不困难。经济学理论也并不像想象中那般晦涩难懂，相反，这些理论概念其实简单又有趣，它们隐藏在我们每个人的日常生活中，时时刻刻地对我们的生活产生着作用。

正如人民大学经济学院院长杨瑞龙所言：“相信读者们读完这本由阿诺德教授著、李宝元教授等翻译的著作《像经济学家一样思考》，手上可能会多一些有助于你发现和挖掘财富矿藏的工具。”该书可以教会读者用经济的思维方式考虑问题，理解社会万象背后的经济学道理。这也是该书最大的意义所在吧。

先睹为快

但是，一个客观事实是：在现实生活中，几乎没有谁能够“苛求”自己将身体保持在“最佳健康”的极致状态，因为保持“最佳”状态也是需要成本、时间和精力的，这种行为在实际操作层面往往会失去“经济”上的合理性和可行性，因而很难做到。尤其是，你必须为此放弃一些其他“好东西”（消费品），比如可口的黄油汉堡带来的美滋滋感受。事实上，你可能会选择稍少一点的健康而换来一个美味的奶油汉堡，而不是更多一些健康但却没有汉堡的美味享受。如果确实是这样，那么你的选择行为就已经清楚地告诉我们：好东西并不是多多益善！“好东西”对我们来说确实存在一个是否“太多”的问题，或者，至少存在一件对我们来说是“太多了”（过量了）的好东西。而这正是经济学家所要讲的话。

一件“好东西”的最优均衡量究竟应该是多少？如果看电视是一件“好东西”，那么看电视的适度时间应该是多少？如果炸面圈是“好东西”，那么应该吃多少个炸面圈才恰到好处呢？如果打棒球是一件“好东西”，那么打多长时间的棒球才算适可而止呢？……

对于这样一系列问题，经济学家回答说：任何一件东西的最佳均衡量，都是当边际收益等于边际成本时的那个消费量。换句话说，如果边际收益恰好等于边际成本，那么这个时候的消费量一点也不多、一点也不少，可以说是“恰到好处”；在这个消费量上停下来，就叫“适可而止”。

但是，我们用更简洁的话来概括一下上面的讨论。当检验一个理论时，我们可以简单陈述：“如果理论是正确的，那么，我们……”省略号陈述的是“理论推论”或叫“结论”。以天鹅的例子来说，省略号位置就应该填入：“只能看到白天鹅。”接着，我们还应该翻看硬币的另一面：“如果理论是错误的，那么，我们会发现……”同样以天鹅为例，我们在这句话的省略号位置应该填入：“至少有一只天鹅不是白色的。”

此番争辩是难能可贵的。当经济学家说各种活动的“交易成本”不同时，其含义正是上面那段陈述所表达的意思。显然，买卖股票的交易成本，与卖掉这个城市的房子再去另外一个城市买房子的交易成本，二者相比，前者要低得多。一个重要的经济学原理就是：做某事的交易成本越高，整个事情就越不可能做成。事实上，我们在现实生活中也观察到：人们更多、更频繁地买卖股票以寻求高收益，而很少通过买卖房屋、不停地搬家去谋取更高的房地产差价回报。

延展阅读

《被掩盖的经济真相：辨识最平常经济现象的真实与谬误》：〔美〕托马斯·索准尔著，丁德良译，中信出版社，2008 年。

该书运用通俗易懂的语言分析了当今社会上最流行的经济问题，并以过人的勇气揭露了一些由来已久的谬误，力图公正地还原经济现象的本来面目，读来让人耳目一新。

《在小吃店遇见凯恩斯》

〔韩〕柳泰宪　著

关于作者

柳泰宪，韩国人，毕业于韩国大邱大学经济系。他绝非是一个出名的经济学家，但是他的畅销书《在小吃店遇见凯恩斯》却用通俗有趣的语言，阐释了深奥的宏观经济学理论，让普通大众都能了解经济学，理解经济运作，从而找到致富的道路。柳泰宪也因此而一举成名。同时他还著有《漫画投资证券指导手册》《向经济记者示好》等著作，深受广大读者的喜爱。

在《在小吃店遇见凯恩斯》一书的序言中，作者提及了自己的经历，身为一名经济系的学生，他原先从未思考过自己的职业理想或是人生目标，然而，一次计程车经历改变了一切，计程车司机的询问让他重新审视自己的学习态度和人生规划，并立志要写一本世界上最容易懂的经济学书籍，像体育新闻或文艺小说那样引人入胜，从而让普通大众都能从中受益。用他的话来说：“就算只有一个人通过我的文字与经济学拉近了距离，那都足以让人感到欣慰。假使，能够成为某一个人在经济学上学习的助力，那真是一种天大的满足。”

最终，他做到了。《在小吃店遇见凯恩斯》一书的出版，在轻松幽默的氛围中教会了大家经济学的种种，对读者来说，有这样的一位作家，无疑是一件幸运的事情。

荐读理由

传统的经济学著作总是晦涩难懂，学术术语、图表、算式占据了大部分篇幅。虽然大家都明白在现代社会懂一点经济学百利而无一害，却很少有人能够静下心来阅读大部头的经济学专著，而这些经济学专著对于非经济专业的读者也很少有人能够看懂。《在小吃店遇见凯恩斯》一书改变了这一现状。

《在小吃店遇见凯恩斯》是一本在韩国热销，风靡一时的畅销书，被誉为是“像小说一样好看的经济学书”。作者通过网络文学这种让年轻人入迷的方式，运用寓言式的幽默文字来普及经济学，让没有经济学基础的读者能够轻松理解经济学的内涵，这无疑是一个伟大的创举。

该书风趣幽默，巧妙地以韩国人爱吃也常吃的辣炒年糕为主题，讲述了一家辣炒年糕店的成长过程。而这家虚构的辣炒年糕店的主人，则是韩国古典名著《春香传》中的男女主人公李梦龙和成春香。这样的故事结构一出现就吸引了韩国大众的眼球。在讲述小吃店的经营过程中，作品涉及各种经济问题。例如体验经济景气对小吃店的影响、不只内销还要外送的经营策略、民众的消费函数如何扩充、政府如何利用消费金融刺激经济、如何刺激投资信心、汇率与利率如何操控整个经济发展、如何提前判断金融市场的走向等等。

该书名为《在小吃店遇见凯恩斯》，体现出作者对凯恩斯经济理论的推崇。凯恩斯是现代西方经济学最有影响力的经济学家之一，其创立的宏观经济学泽被全世界。他提出的以财政政策和货币政策为核心的国家干预经济的经济理论，在世界范围内指导了各国的经济建设。

凯恩斯的宏观经济学理论在作者的笔下显得生动有趣而易于理解。

该书的一大特点是在每一篇之后都有一节“在小吃店遇见有钱人的故事”，通过这个故事将本篇内容与经营致富之间的关系联系在一起，告诉读者如何从这些内容中学习致富之路，启发读者的思考。因而，该书也是一门在理财之前必先学会的基本功课，阅读完该书之后再学习理财的相关知识，必定能够收到事半功倍的效果。

正如书名所言，虽然我们已经无缘遇见凯恩斯，但是通过阅读《在小吃店遇见凯恩斯》，我们会如同亲见凯恩斯一般，理解他的宏观经济学理论，喜欢上经济学。

先睹为快

一般来说，“幸福”一词是出现在心理学或精神分析学里研究的主题；而经济学者研究幸福这样的举动，外人看来实属怪异。不过，根据2002年1月27日《每日经济日报》中的记载，在19世纪与20世纪初，新古典学派大部分的经济学家们甚至认为自己主张的是效用主义者（Utilitarian，功利主义者）。如此，推崇幸福为研究经济学的核心主题。根据最近一次由美国经济学会举办的年度例会中发表的论文《钱，能买到幸福吗?》，钱不但能使人们得到幸福，还能有效地减缓生活的压力。不过有个条件，那就是必须遵守不贪得无厌，更不会眼红别人赚钱的安分知足的原则。

凯恩斯以强而有力的语气把自己的想法表达出来。他的主张并不难懂，他发现的就是“需求的重要性”。诚如亚当·斯密发现了利己心，从某些角度看来，在平淡无奇的世界，无端地赋予了一层新的意义似的。

亚当·斯密活跃的那个年代，物质并不富足而且经常是短缺的状态，因为这样的大环境，所以一旦把东西做出来很快就卖完，是理所当然的了。

凯恩斯开始活跃的时代，正是“大量消费，大量供应”的社会形态刚成形的时候，那个年代几乎人人都有汽车，更能在购物中心随心所欲地买东西，再也不是那个只要做出来就卖得掉的“贫困时代”，而是物质过剩的“富有时代”。这样的一个时代，重要的不是制造，意即“供应”，而是人们有多少消费能力，意即“需求”。

增加消费需求最具代表性的方法，即是消费性金融贷款。顾名思义，就是指通融给消费者运用的钱。意即当消费者想吃小吃、想吃米肠或鸡屁股却烦恼没钱的当口，借给消费者的钱就叫消费性金融贷款。

最能代表消费性金融贷款的商品有“信用贷款”和“分期金融贷款”两种。信用贷款是指不需担保就能借贷的钱，只要申请就不需任何担保，银行就会借给消费者。可能有人会认为，这年头哪有不要任何担保或保证人就借钱给人家的疯子？不过，想象现今炙手可热的信用卡或预借现金，应该就不难理解了。简单地说，预借现金就是信用卡发卡银行不要求任何担保品就借钱给消费者。

可是，渴望金钱的不只有我们。银行也会碰到缺钱而干竭的时候，借出去的钱一大堆，却迟迟没有按时进账。就算是财力雄厚的银行也会喉干难耐。银行若有急需用钱，也会打电话给朋友，也就是打电话向其他银行借钱。

像这样银行之间互相借来借去的钱叫作“Call Money”，这是指打电话（call）向银行借来的钱的意思。我们可以把“活期贷款利率”想成是适用于银行之间互借金钱的利率，而银行之间向其他行借钱，借钱给其他行的金融市场，就是“活期贷款利率市场”。

延展阅读

《在餐厅遇见巴菲特》：吴正治著，中信出版社，2006 年。

该书通过一个个幽默风趣、寓意深刻的故事或是自然法则，向读者介绍投资理财的理论。让巴菲特的“餐厅站岗”增强你的选股能力；彼得·林奇的“宁可买丝袜股策略”帮你找对投资方向；王永庆的“瘦鹅理论”强化你的企业实力；郭台铭的“聚焦投资术”、风险至上理论奠定你的投资实力。

《当经济学遇上生物学和心理学》

〔美〕迈克尔·舍默　著

关于作者

迈克尔·舍默是佩珀代因大学心理学学士，加州大学富尔顿分校实验心理学硕士，克莱蒙特研究大学科学史博士，曾在加州大学洛杉矶分校教授心理学、进化论和科学史。

舍默著作颇丰，先后出版过九本著作，包括畅销书《为什么人们会相信怪事》《我们何以信》和《善与恶的科学》。

他目前担任克莱蒙特研究大学客座教授，同时是《科学人》杂志的专栏作家，以及《怀疑论者》杂志的发行人。

已故的当代最著名的进化生物学家斯蒂芬·古尔德称舍默为“美国公众生活中的重要人物”。

荐读理由

数十亿人的个体活动何以能最终产生文化的集体现象？社会性的协作、利他、仁慈、同情，何以能抗衡本最适合个体生存和繁殖的自私、自利、贪婪、竞争？为什么富有不能等同于幸福感？为什么人与人之间能建立信任并和平地生活在一起？什么样的经济和政治结构才能达到社会和谐？为什么我们的错误决定总是与钱有关？这些问题时刻都在困扰着人们，难以用经济学理论解答。

经济学发展到今天已经不再是一门单纯的学科。随着自然科学与社会科学的融合，经济学逐渐成为一个交叉领域，接受着各路学科的洗礼、融合和渗透。2002 年，心理学家卡尼曼获得诺贝尔经济学奖，成为经济学与其他学科大融合的里程碑。

舍默和卡尼曼有着相似的背景，同样是学习心理学出身，同样将自己的研究成果运用到经济学中，成果斐然。不同的是，舍默的涉猎更加广博，例如将进化论纳入到自己的经济理论体系中。

《当经济学遇上生物学和心理学》是舍默研究的最佳呈现。该书汇集了顶尖心理学家的最新实证结果，汲取了生物学传统理论的精髓，以此来揭开人类经济行为背后的心理因素，探讨出一切经济行为背后的本质。舍默站在经济学、进化论和行为心理学三条线的交叉口，向我们提出了一个全新的解释经济行为的方式。

舍默认为，要科学地解释文章开头那些问题，我们应当用进化论阐释人类经济怎样从“捕猎—采集”进化到“消费—贸易”，即回答“市场是怎样产生意识的”；然后我们应当用心理学剖析人类大脑怎样适于这一经济形态转变，即回答“意识是怎样在市场里运作的”；最后我们才能驾驭“经济学、生物学和心理学大碰撞”，研究道德情感怎样进化得让公平、互惠、交换、贸易与信任在不断的良性循环中得以发展，即回答“意识和市场是怎样形成道德的”。

不断进化的市场和人的行为，让市场具备了某种“心理”——这一套全新的解释经济行为的方式，事实上将复杂理论、行为经济学、神经经济学和道德经济学等大量互有关联的前沿科学理论成果“统统划到演化经济学的范畴，也即把经济看成一套不断进化的复杂适应性系统来研究”。

这无疑是一个开创性的工作。虽然我们还不能说舍默将开创一个新的经济学研究领域，但正如卡尼曼和特沃斯基（两位诺贝尔经济学奖获得者）当初研究“前景理论”一样，只要坚定地朝其努力，斐然的成就定能如期而至。读者也可以从这种综合性的前沿交叉学科研究中拓宽视野、增长知识。

先睹为快

《马太福音》（25:14－29）的作者曾记下耶稣对金钱的比喻说法：“凡有的，还要加给他，叫他有余。没有的，连他所有的，也要夺过来。”倘若脱离前后语境，这句话实在不像是出自宣称“温良的人将承继大地”的先知之口，但联系前文来看，耶稣的意思是，对金钱加以适当的投资，能创造更多的财富。拿到五千元的仆人对它做了投资，还给主人一万元。拿到两千元的仆人对它做了投资，还给主人四千元。而拿到一千元的仆人，把钱埋在地里，只还给主人一千元。于是主人吩咐，把不愿冒险投资的仆人的一千元，交给把五千元投资翻番的仆人，是以，赚得最多的仆人得到了更多的奖励。于是富者愈富。

莫顿把这称作“马太效应”(Matthew Effect)。商人们则称之为“累积优势”(Cumulative Advantage)。若放在更宽泛的经济学范围，我愿意把它叫作“畅销效应”(Bestseller Effect)。一旦某种产品在销售上领先，就会向消费者传递出这样的信号：其他人也想要它，所以它肯定是好东西。这样，消费者产生了想买的欲望，于是购买该产品的人越来越多，从而传递出更多信号，令其他消费者非要买它不可。该产品就这样一步步爬上了畅销榜。

进化是一套复杂的系统，源自生物体设法生存、供养后代的简单动作。经济是多重复杂的系统，源自人设法谋生、供养孩子的简单动作。是以，当我们点明（1）经济怎样从捕猎—采集进化到消费—贸易；（2）人类大脑怎样从适于捕猎—采集经济进化到适于消费—贸易经济；（3）道德情感怎样进化得能令人相互协作，这一能力又是怎样推动公平和自由贸易，实际上我们就是在研究（1）市场和经济的行为；（2）人类心理在市场和经济中的运作；（3）市场和经济的道德层面。

市场要讲究道德，必须存在两个条件：（1）靠个人关系强化的内部信任；（2）靠社会制度强化的外部规则。

根据自己在斯坦福监狱实验和阿布格莱布监狱的发现，津巴多提出了人、环境和制度的三要素说，以及这三者如何相互作用，驱使好人做恶事。这里我们看到了恶的特质论（人）、恶的环境论（环境），以及津巴多在考察了阿布格莱布监狱事件之后新增的第三项要素——也即人与环境共存的背景（制度）。“看到有关阿布格莱布监狱的报道时，我很想知道，到底是谁创造了这种扬恶的环境，”他回忆说，“制度是更大的木桶：也就是确立此类环境的法律、经济、历史和政治势力。大多数制度都有一层外壳，毫无透明度可言。”

延展阅读

《黄有光看世界》：〔澳〕黄有光著，经济科学出版社，2005 年。

本书收集笔者近几年来的评论文章，从“9·11”事件到快乐之道，从与张五常教授的论争到全球化的利弊，从人民币是否应该升值到布什的单边主义，包括多项经济与社会问题。本书有许多和多数人的观点不同的论点。例如，多数人庆幸私家汽车大量增加。对此，我不但没有额手称庆，反而忧心忡忡，害怕中国堕入汽车泛滥的发展误区，因为汽车的几大外部成本都很严重。如果现在不能未雨绸缪，将来就会骑虎难下。

《经济学的思维方式》

〔美〕保罗·海恩、彼得·勃特克、大卫·普雷契特科　著

关于作者

保罗·海恩（1931—2000）被誉为美国“近25年来最优秀的经济学教育工作者之一”。他是美国芝加哥大学伦理学与社会学博士，华盛顿大学的经济学教授。作为大学本科经济学教育的改革者，海恩终生致力于改变僵化刻板的经济学教学方式，是一位杰出的教育工作者。

经济学大师、诺贝尔经济学奖得主道格拉斯·诺斯曾这样形容保罗·海恩：“他的生活和行为与我们所宣称的理想完全一致。”他对这位同仁好友是如此地推崇备至，以至于每年秋天在给大一新生开的讨论班上，道格拉斯都会专辟一节来讲讲保罗这个人。

保罗·海恩的专业研究领域是经济史和经济系统伦理学批评。《经济学的思维方式》一书是他的代表作，也是他的经济学思想的集中体现。2000年，海恩因肾癌去世后，乔治·梅森大学的彼得·勃特克和北密歇根大学的大卫·普雷契特科接过了他未竟的事业，继续对《经济学的思维方式》一书进行修订和更新。目前，该书已经出至第11版。

彼得·勃特克是美国乔治·梅森大学的经济学博士，现为该校经济学教授，同时担任詹姆斯·布坎南政治经济中心副主任，美国市场研究中心高级研究员。著有《计算和调试：社会主义和转型政治经济学》《新思维为何失败：社会主义改造的政治和经济》等著作。

大卫·普雷契特科也是乔治·梅森大学的经济学博士，现任北密歇根大学经济学教授。编著有《市场过程理论》（与彼得·勃特克合作）、《为何经济学家不同意：经济学思想流派概论》等书籍。

荐读理由

《经济学的思维方式》是一部为非经济学专业的学生量身定制的经典经济学教科书。自 1973 年第一版问世以来，30 多年间不断更新，目前已出至第 11 版，是同类教科书中国际声誉最盛的一本。

该书得到诺贝尔经济学奖得主道格拉斯·诺斯、北京大学光华管理学院院长张维迎、清华 EMBA 教授梁小民、台湾大学经济系教授熊秉元鼎力推荐，被北京大学光华管理学院指定为 EMBA 学员必读书目。

正如书名所揭示的，经济学的力量就在于它是一种思维方式，而本书的目的正是引导读者学会经济学的推理方式，从而能够像经济学家一样思考问题。与当今流行的主流经济学教材不同，该书绕开繁复的公式、函数、运算，通过深入浅出的故事和饶有趣味的图画告诉读者：经济学作为一种独特的思维方式，与生活中的各种决策息息相关。

作为社会学博士，海恩所关心的，不是狭隘的“经济活动”，而是更广泛的“人类活动”。他认为“经济学不仅仅是关于货币、利润、商业和金融的学问，也不单是对人类竞争行为的研究，实际上经济学研究人们的选择及其无意的结果”。具体而言，作者认为经济学的思维过程关注三个方面：一、个体的行为；二、群体的合作；三、上述两种活动的结果。

为了更好地诠释这种思维方式，在本书中，作者一反常态，不是给你介绍一个又一个概念、一个又一个理论、一个又一个图表、一个又一个数学模型，而是以读者熟悉的日常事物为切入点，从读者熟悉的事情出发，用轻松活泼的语言和丰富的图片让你在不知不觉之中掌握经济学的思维方式。

该书的另一大亮点是每个章节后面的“问题与讨论”环节。作者煞费苦心地为读者编写了数量可观的练习题，并为每个习题都精心设计了真实有趣的情境，从而在将读者引向一个个真实案例的同时，也教会了读者将所学知识真正用以解决实际问题。此外，该书每章边栏中还标注出了内容提要和重点总结，方便读者快速浏览章节要旨，便于记忆。

即使你是经济学的初学者，甚至对经济学一无所知，翻开《经济学的思维方式》，你都将喜欢上经济学的思考方式。用作者的话来说，经济学的思考会让人上瘾，“一旦你习惯了经济学推理的原则，并把它变成你自己的工具，你就会发现它大有用武之地。你会注意到，很多经济和社会事务的文章或言论都是真知灼见和胡言乱语的混合物”。

该书自出版以来，不仅在英语世界获得了广泛的认可，同时被翻译成日文、俄文、保加利亚文、匈牙利文等多种语言畅销全世界，堪称经济学教育领域一部标尺性著作。

先睹为快

经济学的思维方式到底指什么呢？正如其本身所暗示的那样，它指一种方法，而不是一套结论。约翰·梅纳德·凯恩斯（John Maynard Keynes）曾经作过恰当的表述：

经济学理论并不是一些现成的可以用于政策分析的结论。它不是教条，而是一种方法、一种智力工具、一种思维技巧，有助于拥有它的人得出正确的结论。

但是，“思维技巧”又是什么呢？要把它既清晰又简练地描述一番并不是件容易的事。等你自己有了实践经验，你就知道它是怎么回事了。也许，它可以概括为由下述基本预设导出的一套概念：所有社会现象均源于个体的行为以及群体的合作，在这些活动中，人们基于他们预期的额外收益和成本进行选择。

事实上，不妨在一开始就承认，经济学家认为他们的理论的解释范围并不局限于人们平日谈及社会的“经济部门”时所想到的事情。经济学不仅仅是关于货币、利润、商业和金融的学问，也不单是对人类竞争行为的研究。实际上，经济学研究人们的选择及其无意的结果——这些选择的非预期的副效应。

无论“贸易是非生产性的”这一观念是多么古老、多么根深蒂固，它毕竟是完全错误的。“生产性”一词所有的能应用于农业和制造业的正面意义，无一不能应用于贸易。交换是生产性的！这是因为交换有助于满足人们更多的需求。

经济学家经常被日常的商品交换迷住，谢天谢地，我们对好东西有很明确的定义。按照经济学的思维方式，如果某物在选择者眼里多多益善，那它就是好东西。就这么简单。我们还可以进一步分析这个概念，即区分“免费品”和“稀缺品”。免费品是不用付出代价就能获得的东西，稀缺品则必须以别的东西为代价才能得到。

边际价值：水和钻石相比，哪一个更有价值？很多人在回答这个问题时都不假思索地说：“水。”但是，接下来的问题稍有一点变化：一杯水和一杯钻石相比，哪一个更有价值？这时，人们就开始犹豫了。如果他们回答“水”，我们就会问，如果一杯水和一杯钻石放在面前让他挑，他会拿哪一个。每次都是钻石赢。

个人利益、国家利益和公众利益：有时，我们太专注于寻找问题的解决办法，以至于忘记了问题是什么。消费者、投资者、生产者、游客和风笛演奏者——总而言之，人们——能够跨越国家边境筑起的障碍，更加自由地协作，这是我们的目标吗？人们参与的国家贸易妨碍了政府的目标，这是问题所在吗？

更大范围的公众利益要求对国际贸易有所限制，这当然是可能的。但是善思考的人会想知道为什么国家利益总是要求更多的放弃而不是收取回报，宁可要工作而不要商品，限制效率高的生产者，防止他们利用自己的优势伤害效率低的生产者，总体上说，防止人们通过自由交易增加财富。结论是，公众利益和国家利益是有很大差异的，国家利益通常是由那些制定国际经济政策的人定义的。

延展阅读

《经济学原理（第5版）》：〔美〕曼昆著，梁小民等译，北京大学出版社，2009年。

这是一部世界上最流行的传统经济学教材。它的英文原版被哈佛大学、耶鲁大学、斯坦福大学等美国600余所大学用作经济学课程的教材，它的前四版中译本在国内也是被选用最多的经济学教材。相比《经济学的思维方式》，该书更为专业，对于经济学理论的介绍也更为全面，而条理清晰、易于理解也是该书的一大优点。

《经济学原理（中国版）》：卢锋著，北京大学出版社，2002年。

这是第一本大量利用中国经济学生活素材表述经济学原理的教科

书，在讲授经济学理论的同时结合了大量中国的实际经济事例，系统地利用了中国经济数据，在介绍经济学方法时也进行了大量的本土化创新，是一本值得中国学生选用的经济学教材。

《经济学的争议》

薛兆丰　著

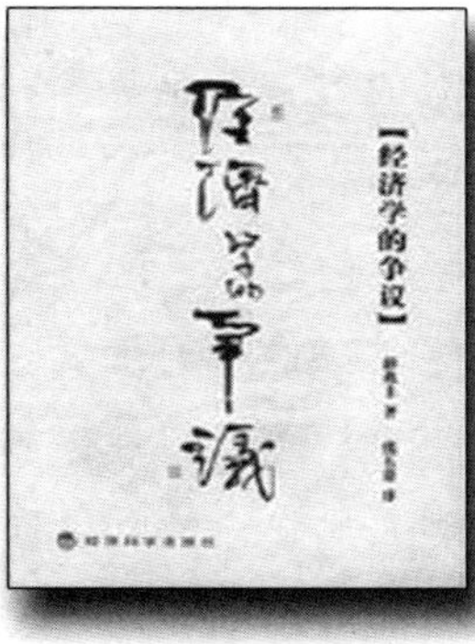

关于作者

薛兆丰是继张五常后经济散文创作中的又一位佼佼者。他虽然不是经济学科班出身，却凭借着自身的努力在数十年间发表了数百篇经济评论和文章，并被经济学界的泰斗阿尔钦称为是真正懂得经济学的青年。

薛兆丰，祖籍广东梅县，深圳大学理学士，主修数学及经济学，是美国西北大学法学院博士后研究员，北京大学“法律经济学研究中心”研究员，美国乔治·梅森大学经济学博士。他曾在梅森大学讲授“法与经济学”课程，现正从事“公共选择”与“法与经济学”领域的研究。

薛兆丰善于观察社会，研究真实世界中的经济现象。

1997 年，他建立了个人网站“制度主义时代”，推广与真实世界密切相关的经济分析原理。

2000 年薛兆丰被《新周刊》评为顶尖人物，2006 年被《南方人物周刊》评为中国十大青年领袖。

薛兆丰的学术著作有：2002 年出版的《经济学的争议》、2008 年出版的《商业无边界：反垄断法的经济学革命》和 2009 年出版的《经济学通识》。

他的经济评论，言辞洗练，思想一贯，富争议性，受到广大读者的喜爱。他除了在《财经周刊》《南方周末》《书城》和《21 世纪经济报道》等全国性媒体开辟专栏外，还参加过中央电视台、上海电视台和凤凰卫视的财经访谈节目。

荐读理由

假如您赞成以下任何一个广为流传的观点，那就应该再读点经济学：

春运期间火车票涨价，会增加乘客的负担；

最低工资法对社会底层人士有利；

“价格战”和“恶性竞争”会导致工人失业和企业倒闭；

外国限制我国商品出口，我国就应该限制外国商品进口；

贸易“顺差”是好的，“逆差”是不好的；

反垄断法能促进市场竞争；

商人实行“价格歧视”会损害消费者利益；

政府应该创造更多职位来减少失业；

研究股价的历史有助于预测股市变化；

商人乱提价会引起通货膨胀；

……

马歇尔说：“经济生活在永恒地变化，每个时代的经济学家都面临着那个时代的挑战。”每个经济学家会用不同的观点去应对挑战，往往面对同一个问题争论不休，引起社会大众的兴趣。《经济学的争议》是一本力图改变读者思维定式的经济学散文著作。该书围绕现实中容易引起争议的话题下笔，收录经济散文约 130 篇。内容涉及生活的诸多方面，从最低工资到火车票价，从反倾销到财政赤字，从竞争到垄断，从政府到市场，从生活观念到经济学书评，微观宏观兼有，析事论理皆备，是一本优秀的通俗经济学教科书。

薛兆丰的这本集子收录了日常生活中颇为引人注目的一些经济学争端，用通俗平易的语言，介绍经济学知识，力图扭转人们错误的思维定式，发人深思。他告诉读者，一些通行的经济学说法都是有争议的，甚至是完全错误的，要想真正挖掘其背后的真相，应该换个思维，重新思考。

改造世界，非经济学所长；但改造世界观，却是经济学的强项。阅读本书的结果，就是经济观的彻底转变。能够通过努力，创造一点好的思想，或者退而求其次，为好的思想多作一点传播，一直是薛兆丰的远大理想。写作《经济学的争议》也是出于这一初衷，向世人介绍多一点好的经济学知识，改变他们错误的思维，尤其是学生和新闻工作者，这些密切联系社会又关注社会的群体。

薛兆丰在本书序言中提到："我深切地感受到，许多不恰当的观念和做法，并非来自经济改革和市场经济的反对者，而是来自支持者。正如康德说的：'愿上帝保佑我们免受友人的攻击——要是攻击来自敌人，我们倒还有能力设法自卫。'"他撰写专栏的动机就是分析那些用心良苦却事与愿违的经济观念和政策。出版文集，则是希望由此引发的争议可以扩散开去，让更多的人参与思考。相信读者肯定能从薛兆丰的文字中获得更多经济学知识，真正看懂生活中的经济现象。

先睹为快

其实，成功的经济制度，并不在于改造人们的思想，而在于激励人们的行动。你跑到自由经济的典范之地香港，问贩夫走卒"自由经济”的含义，他们是不知道的；但是，“看不见的手”自然会引导他们的行动，在不知不觉之中推动公益。

一旦“开放”成为中国对国际社会的法律承诺，小团体利益、政治变动、经济学谬误、义和团式的民族激情，就会大失它们往日干扰改革开放的影响力。中国的改革，将会更加有章可循、有法可依，中国人的生活将彻底改变。

问题是那些受到美国刁难的国家应该采取什么对策。禁止贸易好像捣毁道路。别人既然愚蠢地捣毁了贸易道路，对双方都已经造成了损害，那么我们就不应该靠进一步捣毁贸易道路来报复对方，因为这样只会加重双方所遭受的损害，而且往往还会诱使对方变本加厉。我们可以在某些特定的场合扬言报复，那是希望靠虚张声势来逼迫对方改弦更张。但是，我们假如没能把对方吓住，就不应该真的实施任何损人害己的报复行动。明智的对策是：你毁你的独木桥，我修我的阳关道。

是的，既缺乏经济科学支持，又含混不清的反垄断法条文应该废除。面对蓬勃发展、日新月异的信息产业，政府应该克制地充当守夜人的角色，努力拆除政府自己在行业入口设置的种种障碍，不仅减少对信息行业内部事务的管制，还要减少对某些企业的扶持和偏袒，给企业和顾客更大的自由空间，让企业在市场上而不是在政府部门里拼个胜负。只有这样，才能保持信息产业的活力和长久的发展。

亚当·斯密说，当人人都在追求自身的利益时，公共的利益就会自动得到增进。可是，布坎南告诉我们，在不恰当的选票机制下，当人人都在追求自身的利益时，公共利益的根基就可能会受到严重的挫伤。只有严格限定选民和政客对市场的干预范围，才能防止选票政治侵犯个人产权和违反合约精神。

展望新的世纪，大师弗里德曼认为，我们赢得了舆论，却输掉了现实，恐怕太悲观了。舆论上的赢输，我看还会跟随潮流而转变；但现实中，不战而胜的，必定只有符合经济规律的体制——不是因为我们的口才，也不是因为对手的省悟，而是因为别的行不通！

延展阅读

《商业无边界：反垄断法的经济学革命》

这是作者的另一部精品。

该书指出了被许多国家奉为圭臬的美式（更大程度上是欧式）反垄断法的种种圈套和谬误。作者将掀掉读者头上的蒙眼布，把错误最初是怎么产生的，以及它们为什么至今还挥之不去，解释得一清二楚。任何一个走完这个思想历程的人，都会深深地怀疑反垄断法究竟对社会有什么好处。对于改革中的中国来说，该书更是具有重大的借鉴意义。

《看不见的心：一部经济学罗曼史》

〔美〕罗塞尔·罗伯茨　著

关于作者

罗塞尔·罗伯茨是乔治·梅森大学经济学院教授，斯坦福大学胡佛研究所研究员，曾经担任美国国家公共电台的时事评论员，圣路易斯市华盛顿大学经济、政治和公共政策默里·魏登鲍中心的高级研究员。

他著有《看不见的心：一部经济学罗曼史》和《抉择——关于自由贸易与贸易保护主义的寓言》，后者被《商业周刊》评为1994年年度最佳商业类图书。

荐读理由

《看不见的心：一部经济学罗曼史》是一本奇特的书。它既不是经济学理论著作，也不是纯粹的小说。作者罗伯茨用一个虚构的爱情故事，通过主人公的视角来阐述甚至辩论经济学的一些根本性问题，读来轻松易懂，回味发人深省。

该书主要讲的是山姆·戈登和劳拉·希尔弗两位教师之间的爱情故事，同时穿插健康网公司首席执行官查理·克鲁斯和政府监督部门（公司责任办公室）主管依瑞卡·博德文之间的“罪恶”与“正义”之间的斗争。通过他们的视角与活动，阐述经济学原理。

山姆·戈登是个经济学教师，他是自由经济的忠实追随者，相信只有在自由的经济中我们的人性才会绽放光彩。因而他主张市场本身的巨大作用，反对政府对市场的干预。和山姆在同一个高中教书的劳拉·希尔弗是英语文学教师，她充满人文关怀，相信善良的人要尽自己最大的努力来拯救困苦的人。她希望政府能够保护消费者和工人不受山姆所钟爱的市场因过度发展而带来的伤害。两人在交往中产生了爱情的火花，却因为观点的截然相反而经常争论现实生活中的一些问题。最后，希尔弗逐渐接受了山姆的观点，也证明了市场经济的正确性。

该书通过山姆和劳拉的视角，重新审视了有关商业、经济学以及政府干预等问题。在浪漫的爱情故事中，穿插了经济学的基础知识，既避免了经济类著作的枯燥乏味，也改变了爱情小说的空洞无味，让人耳目一新。

更为难得的是，书中的经济学观念并不肤浅，对于理性自由人、市场中看不见的手如何发挥作用等问题的论述都颇为精到。作者站在普通人的角度，为我们分析经济的强大力量，同时澄清了金钱或经济的“原罪”，让我们体会到市场经济自由选择的独特魅力，也对公平、福利、慈善等问题给予经济学角度的看待方法。

正如主人公所说：“经济学是看待世界的一种方式。它不断地提醒我们，世上没有免费的午餐。而这可能会让我们最终感到遗憾。没有后果与代价的世界是一个没有选择价值的世界。没有责任的世界不是成人的世界——是动物、孩子或机器人的世界。”总之，阅读该书能让读者在不知不觉中掌握诸多经济学知识，对于很多青少年甚至成年人来说，该书都不乏是一部接触经济学的好作品。

先睹为快

“你说对了。那是种美德，而不是缺陷。在这种机制下权力分散开来，而不是集中在一小撮人的手里。就像是热带雨林，如果你不去骚扰它，它自己生长得挺好。除了控制整个制度的规律外没人负责。在经济体制中，无人负责可以分散权力。这种权力分散可以防止腐败，除非每个人都腐败。如果每个人都腐败了，那这个社会用任何制度都约束不了。可是在一个权力集中在上层手中的制度下，上层腐败的诱惑几乎是不可避免的。我喜欢没有控制的体制。”

“事实上可能不是，上有政策，下有对策。在避免规章制度引发的成本方面，商家总是很有创造力的。常常是消费者最终要以这种或那种方式支付这种成本。在我们谈的这个例子里，干洗商要么提高男衬衫的价格，要么不再洗女衬衫，以免违反法律。在你对公正的急切要求下，消费者却遭了殃。要是能找到一个解决方案，既可以保护消费者，又可以让那些为这个案件争论不休的律师做些更有建设性的事情就好了。所以我赞成什么也不做。”

“得了吧，山姆，我说正经的。我们不谈社会主义，就谈公司除了营业额之外的义务。你真的相信公司除了赚取利润外就没有别的要做的了？那是米尔顿·弗莱德曼的观点，不是吗？现在人们已经不再相信只有尼安德特人（Neanderthal，旧石器时代广布于欧洲的猿人，1857 年发现于德国尼安德特谷地——译者注）才会相信的那些东西啦。”

后来，那天晚上回到家里以后，山姆回想整个晚上发生的事，他能够准确地认定就是在那一刻，他在心里对自己说，去他妈的吧，放开手去应战。把米尔顿·弗莱德曼和尼安德特人相提并论让他忍无可忍了。

“责任是一个很有意思的词，”山姆说，“它还有一种义务的涵义，而义务又有一种债务的意味，好像欠谁什么似的。当你说到公司责任时你确切的意思是什么？”

“用不着这么学究气，”安德鲁说，“你知道我是什么意思。我的意思是说公司有责任善待工人，生产安全的产品，关心环境保护，关照所在的社区。”

“这些都是很可爱的想法，不过也是些毫无意义的陈词滥调。有责任的公司就从不解雇工人吗？总是提供医疗保险吗？开设员工幼儿园？八个星期的带薪假期？高工资？那么当利润不高或者亏损时怎么办？”

延展阅读

《抉择——关于自由贸易与贸易保护主义的寓言》

这是作者的另一部精品。

该书运用大量数据和事实深入浅出地分析，并逐层揭示，逐点批驳，让读者认识到贸易保护主义的根本问题是少数人获得利益而多数人为此付出代价——“自给自足是通往贫困之路”。

《一个经济学家眼中的世界》

徐滇庆　著

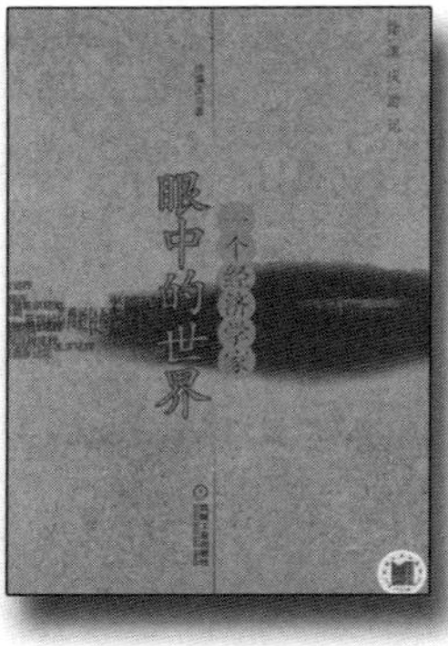

关于作者

徐滇庆，1967年毕业于东北大学自动控制系，1981年获得华中科技大学经济管理硕士学位。1984年进入美国匹兹堡大学经济系，1990年获得博士学位。此后四年，任教于加拿大萨斯卡彻温大学经济系。

1994年至今，徐滇庆为加拿大西安大略大学休伦学院经济系终身教授和北京大学、香港科技大学、中山大学、东北大学、西安交通大学、华中科技大学、东北财经大学、江西财经大学和云南大学客座教授，沈阳市政府经济顾问，并担任第九届（1994—1995）中国留美经济学会会长。

2000年7月9日，以徐滇庆教授为首的18位学者聚集西安，成立了长城金融研究所，以期在中国加入世界贸易组织的过程中筑起一道捍卫民族金融业的长城。这一研究顺应历史的潮流，受到学术界的关注，也赢得了越来越多的经济学家的关注并加入：刘国光、吴敬琏、林毅夫、李善同、张维迎、张曙光、樊纲……国内著名的经济学家几乎尽在其中，徐滇庆所长也因此被誉为“中国民营银行之父”。

徐滇庆教授著述颇多，有《国际贸易税制与经济改革策略》《政府与经济发展》《政府在经济发展中的作用》等著作。并主编过《中国经济改革：分析反省前瞻》《台湾经验和海峡两岸发展策略》《中国国有企业改革》《中国税制改革》等书。在北美、欧洲和中国的经济学学术杂志和报纸上，徐教授曾发表过百余篇论文。

荐读理由

大家一定对2007年至2008年的“深圳房价打赌”事件仍记忆犹新。2007年，有一位教授曾经公开发表言论，指出深圳房价肯定要涨，并承诺如果明年（2008年）房价比2007年低的话，他一定公开向深圳市民道歉。结果，2008年的深圳房价一开始竟然走低了很多，这个教授也果真实践诺言，真诚地向大家道了歉。然而，几个月之后，房价迅速回升，交易量出现井喷，量价齐升，涨幅之大，举国皆惊，终究还是应验了教授房价要涨的预测。

这个事件的主角就是《一个经济学家眼中的世界》的作者，著名经济学家徐滇庆教授。

俗话说“读万卷书，行万里路”，作为解释客观现象的经济学，更是需要紧密联系现实世界，为世人解开各种奥秘。《一个经济学家眼中的世界》就是这样一本书。该书以徐滇庆教授在世界各地游历、讲学的经历为线索，在反映各地自然景观和人文风貌的同时，穿插进徐教授自己的经济学思考，察人所未见，言人所未言，让读者在领略世界各地风貌的同时追随作者进行思想的遨游。

全书分为平遥记行、五台山记行、敦煌记行、拉萨记闻、汉城（即首尔）记行、加利波利记行、泰国记行、伊斯坦布尔记闻、中亚记闻和俄乡记行十个部分。在每一部分，作者在记述该地奇异的民俗风光的同时，必定会另辟一至两节内容，专门论述该地在经济发展方面的独特之处。例如平遥令人叹服的“现代企业制度”、五台山浓郁的商业气息、泰国的金融危机余孽以及中亚的独立和经济改革等等。

在后记中，徐教授写道，“写游记，关键是兴之所至”，必然不像写经济学论文那般一字一句都得查找来源，考虑再三。兴之所至，文章读来必然酣畅淋漓。以游记的方式，穿入自身的经济学思考，想来徐教授是第一人。

在张五常教授的经济学随笔之外，《一个经济学家眼中的世界》又开创了另一种新的普及经济学的方式。该书文字优雅流畅，视角独特，观点新颖，以经济学的智慧启迪读者，必定会让你爱不释手。

先睹为快

研究晋商没落也许比探讨它的崛起更有意义。

中国经济改革已经高速增长了20多年。如此长期的高速增长在人类历史上是不常见的。有些人产生了骄傲情绪，自以为天佑中华，今后必定还会一帆风顺。当年晋商何曾不是这样坚定地相信：有着500年光荣历史的晋商，必将继续发财兴旺。可是，曾几何时，晋商居然垮得一塌糊涂，直到今天还没有恢复元气。

晋商的兴旺在于敢于创新，晋商的衰败在于守旧。

时代变迁，斗转星移，适者生存，逆者淘汰。

禅宗和密宗充分利用了人们的心理本能，对生存的渴望和对死亡的畏惧，为现世之人提供了各种服务。由于承认世人追求多元化目标，于是佛和菩萨也必须在专业上进行分工。出于对地狱的恐惧产生了地藏王；鉴于升天过程的不确定，塑造了西方接引佛；把保健医疗任务交给了药师佛；请文殊菩萨来负责智慧教育；让普贤菩萨主管道德。在民俗中有财神爷，于是在佛教中由多宝如来主管发财。在诸位菩萨的分工中难免有遗漏，于是请观音菩萨出任不管部部长，凡是人间苦难应急事宜都可以请观音帮忙。只要念诵名号，菩萨即时观其音声前往拯救解脱。无论你有什么需求，在五台山的佛寺中都可以找到主管部门。和其他佛教圣地相比，五台山的优势来源于竞争机制。在五台山上有上百所寺庙，要能够在这里生存下来就一定要提供特性化服务。如果不能在规模上取胜，就一定要独出心裁、别具特色。如果和别的寺庙一样的话，势必在竞争中被淘汰出局。

要评价一个国家的综合国力，不仅要看现有的物资力量，还要看他的经济动员能力、承受非常情况的能力。就拿去年俄国的国民经济统计数据来说，俄国的钢铁产量仍然是世界第一，石油产量世界第二，人均粮食704公斤，比中国高了一倍。更何况俄国有着广阔的版图、丰富的资源，有着很高的教育水平，有着辉煌的历史和强烈的民族自尊心，毋庸置疑，俄罗斯是一个伟大的民族，无论经历怎么样的磨炼，这个民族终将排除万难，重新站立起来，与世界各民族并肩竞争，一较短长。

但是，俄国经济要多久才能恢复过来？我问俄国人，俄国人反过来问我。我说，五年总可以了吧？吉尔吉斯斯坦总统的经济顾问说，他估计起码要15年。戈尔巴乔夫基金会的一位教授说，20年也不一定够。在莫斯科大剧院中遇到的那位物理学家说，他正在努力学英语，希望能移居美、加，他不想把余生都泡在无休止的混乱之中。他们都说我的估计太乐观了。

延展阅读

作者还有下列精品：

《房价与泡沫经济》

该书中，作者立足目前中国房地产的市场状况，借鉴其他发生过房地产泡沫的地区和国家的情况，以自己独到的见解分析了中国当前的房价以及中国当前是否存在房地产泡沫经济等问题。是了解房价高升原因的一本不可多得的好作品。

《金融改革路在何方：民营银行200问》

加入世界贸易组织，中国的金融领域面临前所未有的挑战。面对竞争，如何加速中国金融体制改革？如何创建稳妥的民营银行？该书汇集了50多位著名经济学家对开放民营银行的200个问题的解答，在介绍现代金融理论、分析他国案例的同时，为民营银行的发展指明了道路。

《终结贫穷之路：中国和印度发展战略比较》：徐滇庆、柯睿思、李昕著。

该书从经济发展的各个角度：资源禀赋、外部援助、经济结构、人力资本、经济政策等详细分析了中国和印度各自选择的不同的发展道路，以及所取得的经济成就。

《国富论》

〔英〕亚当·斯密　著

关于作者

亚当·斯密（1723—1790）是大家熟知的经济学家，是公认的经济学体系创立者，被誉为“近代经济学的鼻祖”。他于1776年发表的《国富论》一书，将前人零星的经济学论述进行总结，并提出了自己的系统主张，从而建立起经济学的完整体系。

亚当·斯密于1723年出生在苏格兰克科迪的一个海关官员家庭。自幼丧父，与母亲相依为命。14岁时斯密进入格拉斯哥大学学习哲学和数学，随后由他的恩师哈奇逊引荐，结识了大哲学家大卫·休谟。17岁时，斯密转入牛津大学继续深造。

1751年，斯密返回格拉斯哥大学担任逻辑学和道德哲学教授，接替哈奇逊，主要讲授伦理学。当时的伦理学涉及范围广泛，包括神学、道德学、法学和政治学，而政治经济学，就包含在政治学中。在这期间，亚当·斯密出版了他的第一部学术著作《道德情操论》，获得学术界极高的评价。

1764年，斯密辞去大学职务，担任年轻的贝克莱公爵的私人教师。随后两年间，他陪伴公爵游历欧洲。在法国认识了启蒙思想家伏尔泰，中农学派代表魁奈和杜尔阁等名流。这次游历对他经济学学说的形成有很大帮助。

1767年结束了对贝克莱的教学后，斯密回到家乡，专心致力于《国富论》的写作。历时十年之久，《国富论》终于于1776年出版。因为这本书为英国实行自由放任的经济政策提供了理论依据，因而斯密成为当时英国最著名的经济学家。

1778年，斯密担任爱丁堡海关专员。1787年被推选为母校格拉斯哥大学的名誉校长。1790年7月7日，斯密逝世。

去世前，他烧毁了自己的全部手稿。理由是——以免误导后人！

他的墓志铭是：《国富论》作者亚当·斯密长眠于此。

荐读理由

《国富论》全名《国民财富的性质和原因的研究》，于1776年出版，正值美国《独立宣言》发表那一年。《独立宣言》开启了美利坚国历史性的时代，而《国富论》则震撼了整个世界。1901年，北京大学第一任校长严复就把这本书翻译成中文，取名为《原富》，意为“财富的本原”。《国富论》是第一部全面剖析整个社会的政治经济学经典之作，被誉为经济学的《圣经》。

《国富论》以国民财富的性质和原因为研究对象，以富国裕民、寻求财富增值的方法为目的，旨在阐明和揭示那些促进和阻碍国家财富增长的因素。

全书共五篇：第一篇，论劳动生产增进的原因，以及产品在各阶层人民间的分配；第二篇，论资本的性质、蓄积和运用；第三篇，论各个国家财富的不同发展过程，即经济史；第四篇，论政治经济学的体系，即经济学说史；第五篇，论国家收入，即财政学。

亚当·斯密在书中深入系统地论述了劳动价值论，在驳斥了重商主义和重农主义的基础上，他第一次明确指出：所有生产范围的劳动，不论哪一个部门，都是财富的源泉。他把价值直接同劳动联系起来，研究劳动的具体形式，并归结为无差别的一般社会劳动。他率先确认了一般社会劳动决定商品的价值，为后来马克思的劳动价值理论奠定了基础。

亚当·斯密认为，人都是“经济人”，都是自然关心经济利益的人，因而利己主义是人的正当属性，而且这种利己主义同社会集体利益是不矛盾的，“私人追求利润是决定资本利用的唯一动机”。人类经济活动的自私行为，符合资本主义发展的基本规律。

在书中，亚当·斯密提出了著名的“看不见的手”的理论。“看不见的手”是指自由竞争下市场机制的作用。斯密指出，在自由放任的政策下，“看不见的手”能够有效合理地安排资源，促进国民经济的发展。

《国富论》的贡献是巨大的。书中论述的分工理论、货币理论、价值论、分配理论、资本积累理论以及赋税理论都具有开创性的意义，其影响波及随后的大批学者，甚至马尔萨斯的人口过剩观点，都能从中找到源头。无怪乎马克斯·勒纳曾感叹道：“这是一本由有着高深学问和明敏见识的人所写的书。这个人有强大的分析能力，又有强大的综合能力。”马克思对它的评价最为著名：“在亚当·斯密那里，政治经济学已发展为某种整体，它所包括的范围在一定程度上已经形成。亚当·斯密第一次对政治经济学的基本问题作出了系统的研究，创立了一个完整的理论体系，把英国资产阶级古典政治学说提高到了一个新的水平。”

《国富论》开辟了现代经济学，奠定了资本主义自由经济的理论基础。在《国富论》的基础上，大卫·李嘉图进一步发展了自由经济自由竞争理论，凯恩斯提出政府干预市场经济的宏观调节方法；马克思则看出资本主义周期性经济危机的必然性。无论是发展还是摒弃，《国富论》的理论都是进行经济学研究的基石。

先睹为快

在这场合，像在其他许多场合一样，他（资本家）受着一只看不见的手的指导，去尽力达到一个并非他本意想要达到的目的，也并不因为事非出于本意，就对社会有害。他追求自己的利益，往往使他能比真正出于本意的情况下更有效地促进社会的利益。

一种事业若对社会有益，就应当任其自由，广其竞争。竞争愈自由，愈普遍，那事业亦就愈有利于社会。相应地，政府也就不应自以为是地干预民众的活动，他们被完全解除了监督私人产业、指导私人产业、使之最适合于社会利益的义务。因为，要履行这种义务，君主们极易陷于错误；要行之得当，恐不是人间智慧或知识所能做到的。

财富由货币或金银构成这一通常流行的见解，是自然而然地因货币有两重作用而产生的。货币是交易的媒介，又是价值的尺度。因为它是交易的媒介，所以，我们用货币，比用任何其他商品都更容易取得我们所需的物品。我们总是觉得，获取货币是一件要事。只要有货币，以后随便购买什么，都没有困难。因为它是价值的尺度，我们便用各种商品所能换得的货币量，来估计其他各种商品的价值。

除了购买货币，货物还有其他许多用处；但除了购买货物，货币就一无所用。所以，货币必然追求货物，而货物却并不总是或无需追求货币。

他（资本家——编者注）的利润就是他的收入，也就是他生活资料的正当资源。他在制造商品、把它送往市场去的过程中，要垫付劳动者的工资或生活资料，也要垫付他自身的生活资料。他自身的生活资料，大体上说与他可以出卖商品指望的利润相当。因此，商品的出卖若不能给他以利润，那就等于说，他没有从这商品的出卖取回其实际费用。

如果政治家企图指导私人如何运用他们的资本，那不仅是自寻烦恼地去注意最不需注意的问题，而且是僭取一种不能放心地委托给任何人、也不能放心地委之于任何委员会或参议院的权力。把这种权力交给一个大言不惭的、荒唐的自认为有资格行使的人，是再危险也没有了。

延展阅读

《道德情操论》

这是亚当·斯密的第一部著作，也是他倾注了最多心血的著作。作为道德哲学教授，斯密本人对《道德情操论》的重视和评价远远高于《国富论》。在斯密一生的60多年中，有一半时间用于《道德情操论》的写作与修改。“道德情操”一词是指人克制私利的能力。该书从人具有同情心出发，论述了斯密的利他主义伦理观，恰恰与《国富论》中的利己主义观点相对。在某种程度上，《道德情操论》可以看作是对《国富论》的补充。将两本书结合起来阅读，会收到意想不到的效果。

《政治经济学及赋税原理》

〔英〕大卫·李嘉图　著

关于作者

大卫·李嘉图（1772—1823）是古典政治经济学的集大成者。他是古典经济学派最后一位也是最有影响力的一位代表。

李嘉图生于犹太家庭，父亲是证券交易所经纪人。因而李嘉图从小就受到父亲的熏陶，14岁起就跟随父亲从事证券交易活动。21岁时，李嘉图开始独立开展证券交易活动，并在四年后就拥有了200万英镑的资产。随后，李嘉图开始专研学术，尤其是经济学问题。

在经济研究方面，李嘉图是一位大器晚成的奇才。他27岁时才第一次读到斯密的《国富论》，37岁才发表他的第一篇经济学论文。自此，他就一发而不可收，在短短14年间为世人留下了大量著作、论文、笔记、书信。

1817年出版的《政治经济学及赋税原理》为李嘉图赢得了盛名，使他成为19世纪初最伟大的经济学家。

李嘉图在经济学上的贡献主要体现在以下几个方面：

一是提出了劳动价值理论，这是李嘉图经济学理论的基础。他认为商品的价值取决于生产所必需的相对劳动量。劳动的价值是一定社会中为维持工人生活并延续其后代通常所必需的生产资料决定的，而利润决定于工资。

二是著名的比较优势理论。在李嘉图看来，国与国之间要素流动所受的阻碍打断了国际利润均等化的进程，带来了同一种商品在不同国家各异的相对价值。因而，这就使得各国在国际贸易中间能够找准自己较之他国更为有利的地方，从而在国际贸易中获取贸易利益。

三是工资理论。即劳动者维持自身生活以及供养家庭的能力，不应取决于其工资的货币数量，而应取决于这笔货币所能购买的实物和必需品的数量，也就是货币的实际购买力。

四是利润理论。李嘉图指出，因为货物销售的毛利润可分为工资和净利两个部分，因而实际工资的增加会导致实际利润的降低。

荐读理由

大卫·李嘉图的《政治经济学及赋税原理》是继亚当·斯密《国富论》之后的西方古典政治经济学最著名的著作，它的出版被人们称为“李嘉图革命”。

该书立足于边沁的功利主义，将个人利益看作是经济活动的出发点和准则。资本家所追求的利润是资本积累的源泉和扩大生产的条件，它能够发展生产力，增加财富。在研究方法上，该书继承了古典政治经济学的抽象方法，坚持研究经济现象的内在联系，坚持在耗费劳动决定价值的基础上考察各个经济范畴。李嘉图认为，人类行为的准则是个人利益，即寻求快乐和避免痛苦，而个人追求个人利益的行为又与整个社会的利益是一致的，符合社会最大多数人的幸福。他实际上是站在工业资产阶级的角度，把资本家追求利润的个人利益与生产发展、社会财富增加和社会进步看作是一致的。

《政治经济学及赋税原理》共有32章。全书结构比较松散。其中，前六章是全书的重点，包罗了李嘉图政治经济学理论的主要内容。其余各章则是李嘉图理论原则的运用，或是对其原理的理解和补充。第一章论价值，在论述价值原理的同时，也论述了工资、资本、利润甚至一般利润的存在；第二章论地租；第三章论矿山地租，是对第二章的补充。第四章论自然价格和市场价格；第五章论工资；第六章论利润。

该书批判地继承了亚当·斯密的劳动价值论，并以劳动价值论为基础，论述了工资、利润和地租的相关理论，指出了工资和利润、利润和地租的对立性，从而揭示了无产阶级和资产阶级、资产阶级和地主阶级之间的对立和争斗。书中还论及了货币理论、对外贸易中的比较成本学说、赋税的一般原理和原则。该书囊括了古典政治经济学的所有理论，包含着李嘉图全部思想的精髓，是政治经济学经典研究方法的基础。该书在亚当·斯密和马克思之间搭建了一座桥梁，是马克思《资本论》的思想源泉。

总之，该书对政治经济学理论的发展作出了卓越的贡献，使得英国的古典政治经济学日臻完善。

先睹为快

亚当·斯密曾指出，“价值一词有两个不同的含义，有时指某种特定物品的效用，有时指占有这种物品后拥有的购买其他商品的购买力。前者可以称为使用价值，后者可以称为交换价值”。他还认为，“使用价值极大的物品，其交换价值往往很小或没有交换价值；反之，交换价值极大的物品，其使用价值往往也很小或完全没有。水和空气都是非常有用的，在生活中的确也是必不可少的东西，但在一般情况下，却无法用来交换任何物品。与之相反的是，与空气或水相比，虽然黄金的用处很少，但却可以交换大量的其他商品”。

因此，虽然效用对交换价值是绝对重要的，但是它却不能成为交换价值的尺度。如果一件商品毫无用处——换而言之，如果它无法满足我们的需求——那么不管它如何稀缺，不管生产它需要付出多少劳动，它也没有交换价值。

具有效用的商品获得交换价值的来源有两个：稀缺性和获取它时付出的劳动量。

有一些商品的价值只是由其稀缺性决定的。由于劳动不能增加这种商品的数量，因此其价值也不会由于供给的增加而降低。珍贵的雕像和绘画、稀有的古籍和钱币、用特殊土壤培育的葡萄酿制的数量有限的葡萄酒都属于此列商品。它们的价值与最初生产它们时所付出的劳动量毫无关系，而且会随着那些渴望占有它们的人所拥有的财富和偏好的变化而变化。

但是，这种商品在市场日常交换的商品总额中只占很小一部分。迄今为止，人们所需要的绝大部分商品都是能满足人们物欲的商品，它们都是通过劳动获得的，如果我们愿意投入获取这种商品所必需的劳动，那么这些商品不仅只会在一个国家中，而且也可以在多个国家中不受限制地成倍增加。

因此，在谈到商品、商品的交换价值以及规定商品相对价格的规则时，我们始终指的是这些只要通过人类的辛勤劳动就可以增加数量，且生产不受竞争限制的商品。

在社会发展的初级阶段，这些商品的交换价值，或者说决定一种商品交换另一种商品的数量尺度几乎完全取决于生产每一种商品所耗费的相对劳动量。

延展阅读

《大卫·李嘉图——古典政治经济学集大成者》：韩媛媛著，人民邮电出版社，2009 年。

该书用通俗的语言，向读者介绍了在经济学历史上有着重大影响的伟大经济学家大卫·李嘉图，系统介绍了他的生平、经济学思想及其影响。对于李嘉图的劳动价值论、地租、利润、工资的相关观点，该书都有详细的论述，是一本适合所有对经济学感兴趣的读者阅读的书籍。

《资本论》

〔德〕卡尔·马克思 著

关于作者

卡尔·马克思（1818—1883）是马克思主义的创始人，是全世界无产阶级和劳动人民的伟大导师，是伟大的政治家、哲学家、经济学家和革命理论家。由他领导的近代共产主义运动，曾在世界范围内掀起阶级斗争的狂潮。马克思指出，人类发展史上最大的矛盾与问题就在于不同阶级的利益掠夺与斗争。他坚信资本主义终将被共产主义所取代。《资本论》一书就是他这一理论的思想基础。

马克思1818年5月5日诞生于普鲁士莱茵省特利尔城一个犹太家庭，父亲是位律师。1835至1841年，马克思先后在波恩大学和柏林大学学习法律，但是他却将大部分时间放在哲学上。1841年马克思大学毕业，获哲学博士学位。随后，马克思担任了《莱茵报》的主编。

1843年秋，马克思迁居巴黎。在巴黎，马克思与恩格斯相见，从此他们开始了终生的合作。他们合写《德意志意识形态》论述，一起参加正义者同盟，一起为无产阶级的伟大斗争而奉献终生。他们于

1847 年为共产主义者同盟起草的纲领《共产党宣言》，标志着马克思主义的诞生。1848 年，法国二月革命爆发后，受同盟中央委托，马克思在巴黎筹建新的中央委员会，并当选为同盟主席。革命失败后，马克思流亡英国伦敦。

在伦敦的日子，是马克思生活上最窘迫的时期，也是他精神上最丰盈的阶段。他天天前往伦敦博物馆查看资料，撰写巨著《资本论》，博物馆的阅览室成了他的半个家。据统计，在伦敦博物馆所藏图书中，马克思阅读过的书籍有 1500 多种，他所摘的内容和整理的笔记有 100 余本！

1864 年，马克思被选为国际工人协会的总委员会委员，成为第一国际的实际领袖和灵魂。1871 年巴黎公社革命期间，马克思撰写《法兰西内战》，系统地总结了公社革命的经验教训，发展了无产阶级革命和无产阶级专政的理论。

然而，过度的劳累和奔波使马克思疾病缠身。晚年，马克思遭受种种病痛的折磨。1883 年 3 月 4 日，这位伟大的导师轰然倒下，病逝于英国伦敦。

马克思把他的一生都奉献给了伟大的共产主义事业，正如他所言：“如果我们选择了最能为人类福利而劳动的职业，那么，重担就不能把我们压倒，因为这是为大家而献身；那时我们所感到的就不是可怜的、有限的、自私的乐趣，我们的幸福将属于千百万人，我们的事业将默默地，但是永恒发挥作用地存在下去，而面对我们的骨灰，高尚的人们将洒下热泪。”

荐读理由

1883 年 3 月 4 日，马克思逝世。作为马克思一生的战友和最亲密无间的朋友，恩格斯悲痛万分。恩格斯说：“一位伟大的思想家停止思想了，但他所做的却影响了他身后的世界。正如达尔文曾发现有机自然界的进化规律一样，马克思也发现了人类社会的进化规律。”恩格斯所说的就是马克思的《资本论》，它是马克思揭示人类社会发展命运的代表性著作。

《资本论》原名《资本论：政治经济学批判》，是马克思以唯物史观为指导思想，把高度的革命性和科学性结合在一起，深刻地分析资本主义经济制度内部发展规律的著作。该书在揭示资本主义经济规律的同时，还科学地揭示了人类社会普遍适用的经济规律，例如社会化大生产、经济全球化等概念。在此基础上，该书还科学地预见出社会主义经济必须遵循的某些经济规律。

《资本论》的问世过程非常漫长。马克思花费了40年时间来完成它，为了构筑他那庞大又深邃的劳动价值学说，马克思呕心沥血，耗费了毕生精力，生前只来得及出版《资本论》第一卷。马克思去世以后，恩格斯为完成他的夙愿，精心整理马克思的手稿，并于1885年、1894年先后出版了《资本论》第二卷和第三卷。在恩格斯临终前，他又将第四版的整理工作交给了考茨基等人。因而，今天我们看到的完整版《资本论》，历经了大半个世纪的整理与出版过程，这在历史上是极为罕见的。

马克思说：“我要在本书研究的，是资本主义生产方式以及和它相适应的生产关系和交换关系。”《资本论》即论资本，而资本是带来剩余价值的价值，所以，贯穿《资本论》全书的中心是剩余价值。

具体而言：在第一卷里，马克思暂时撇开流通过程和分配过程来研究资本自身的生产过程，中心是研究剩余价值的生产问题。在第二卷里，马克思在资本生产过程的基础上来研究资本的流通过程，是资本的生产过程和流通过程的统一，中心是分析剩余价值的实现问题。在第三卷里，马克思研究资本主义生产的总过程，研究资本的各种具体形式和剩余价值的各种具体形式，此过程是资本的生产过程、流通过程和分配过程的统一，中心是分析剩余价值的分配问题。

《资本论》虽然是一百多年前的著作，但它的思想理论历久弥新，是人类宝贵的精神财富。《资本论》是共产主义学说的理论基石，没有哪一部书能像它这样深刻地改变了这个世界。身处社会主义新中国，如果能够静下心来认真研读此书，相信读者会对我国当下的经济、社会、政治问题有更为深刻的认识。尤其是面对一次次来势凶猛的金融危机，我们更应捧起《资本论》，认真思考人类社会的命运。

先睹为快

物的有用性使物成为使用价值。但这种有用性不是悬在空中的，它决定于商品体的属性，离开了商品体就不存在。因此，商品体本身，例如铁、小麦、金刚石等等，就是使用价值，或财物。商品体的这种性质，同人取得它的使用属性所耗费的劳动的多少没有关系。在考察使用价值时，总是以它们有一定的量为前提，如几打表、几码布、几吨铁等等。商品的使用价值为商品学这门学科提供材料。使用价值只是在使用或消费中得到实现。不论财富的社会形式如何，使用价值总是构成财富的物质内容。在我们所要考察的社会形式中，使用价值同时又是交换价值的物质承担者。

由于使用价值才是构成一个社会的财富的物质内容，因此，股票市场的涨跌并不代表一个社会的财富的增加或减少。而且发明创造对一个社会来说，是极为重要的。因为发明创造增加物的有用性，也就增加了使用价值或使得使用价值的增加成为可能。像铁矿石和石油都是由于制铁和石化技术的出现而成为有（使用）价值的或更有（使用）价值的财物。

商品流通是资本的起点。商品生产和发达的商品流通，即贸易，是资本产生的历史前提。世界贸易和世界市场在16世纪揭开了资本的近代生活史。如果撇开商品流通的物质内容，撇开各种使用价值的交换，只考察这一过程所造成的经济形式，我们就会发现，货币是这一过程的最后产物。商品流通的这个最后产物是资本的最初的表现形式。

从资本家的观点看来，劳动过程只是消费他所购买的劳动力商品，而他只有把生产资料加到劳动力上才能消费劳动力。劳动过程是资本家购买的各种物之间的过程，是归他所有的各种物之间的过程。因此，这个过程的产品归他所有，正像他的酒窖内处于发酵过程的产品归他所有一样。

当资本家把货币变成商品，使商品充当新产品的物质形成要素或劳动过程的因素时，当他把活的劳动力同这些商品的死的物质合并在一起时，他就把价值，把过去的、物化的、死的劳动变为资本，变为自行增值的价值，变为一个有灵性的怪物，它用“好像害了相思病”的劲头开始去“劳动”。

延展阅读

作者还有下列精品：

《政治经济学批判》

本书是马克思公开发表的第一部政治经济学著作。面对1857年爆发的经济危机，马克思认为必将出现革命的高潮，因而立即着手总结15年来经济研究的成果，以便从思想上武装战斗的工人阶级。马克思的原计划是以“政治经济学批判”为名写一部政治经济学巨著，但后来改变初衷，着手写作了《资本论》。但本书的内容依旧是他整个政治经济学体系的开端，因而被称为《资本论》的“初篇”。

《共产党宣言》

本书是马克思和恩格斯共同为共产主义者同盟起草的一个周详的理论和实践的党纲，它的出版标志着马克思主义的诞生。《宣言》第一次全面系统地阐述了科学社会主义理论，指出共产主义运动已成为不可抗拒的历史潮流。要想全面了解马克思政治主张的内部逻辑，该书必定是首选之作。

《人口原理》

〔英〕托马斯·罗伯特·马尔萨斯　著

关于作者

托马斯·罗伯特·马尔萨斯（1766—1834）是人口论史上的一个风云人物。他著名的《人口原理》一书，给他带来了无数争议，也让他成为家喻户晓的人物，其影响至今不减。正如人们所言：“马尔萨斯早已死去，已经去见上帝，但是并不安分守己，他至今尚未长眠，他的幽灵仍然到处游荡。”

马尔萨斯于1766年出生于英国一个土地贵族家庭，生活富裕。他的祖先在当时统治阶级的圈子中颇有声望。他的父亲丹尼尔·马尔萨斯思想颇为激进，是哲学家、怀疑论者休谟和卢梭的朋友。马尔萨斯自幼聪明好学，勤奋刻苦，为他以后成为英国著名资产阶级人口学家、庸俗政治经济学家奠定了基础。

马尔萨斯早年受教于父亲，1784年进入剑桥大学耶稣学院学习，主修数学。1791年，马尔萨斯硕士毕业，并在两年后当选为耶稣学院院士。1796年，马尔萨斯在萨立州的奥尔巴当教师。

同他的父亲不同，马尔萨斯是一个悲观主义者。在18世纪末19

世纪初的经济大变革时代，面对着工业革命的蓬勃发展，马尔萨斯一反当时文人阶层的乐观思潮，以葛德文的社会改革思潮为发端，创作了《人口原理》一书，尖锐地指出人类持续发展所面临的困境——人口与食物增长的不匹配。

该书为马尔萨斯赢得了无上声誉，他被誉为是现代人口学的奠基人，其学术思想影响了大批学者。1805 年，他成为英国第一位政治经济学教授，执教于东印度公司学院，被学生们亲切地称呼为“人口”马尔萨斯。

1834 年，马尔萨斯逝世，死后葬于英格兰的贝斯修道院。

荐读理由

作为人口理论的奠基之作，马尔萨斯的《人口原理》是一本“人所共读，人又咒骂”的书。由于它深刻反映了当时社会的现实问题，思考了人类的前途命运而备受世人关注，从 1798 年发行第一版以来，至 1872 年就发行了七版。时隔两百多年，《人口原理》早已风行世界各地，一版再版。

《人口原理》最初是作为当时法国革命和革命激进思想的“消毒剂”而问世的。马尔萨斯曾经直言不讳地说，他写《人口原理》的目的，“是运用这一原理来试验一下那些关于人类和社会的完善性的理论的真实性”。

他的理论建立在两个前提上：一、食物为人类生存所必需；二、两性间的情欲是必然的。作者指出，人口通常以几何数量增加，生活资料则以算术级数量增加，长此以往，人口的增长必然超过生活资料，带来人口自然法则的失衡，从而产生强大妨碍，阻止人口的增加。

在《人口原理》的初版中，马尔萨斯将自己的观点概括为三个命题：“人口增加，必然为生活资料所限制；生活资料增加，人口也必然增加；占优势的人口增加力，为贫困和罪恶所抑制，使人口和生活资料保持均衡。”从而论证了“积极抑制”的合理性，即贫困、罪恶、饥饿、瘟疫、灾荒、战争这些现象的必然出现。

在第二版中，马尔萨斯又补充了“道德抑制”概念，即通过晚婚、不结婚、不生育来抑制人口的增长。他指出，在古代社会，生产力发展低下，文化落后，缺少理性，“积极抑制”起着主要作用。在近代社会，生产力有了很大提高，理性作用增强，“道德抑制”逐渐起着主要作用。

由此，马尔萨斯批判了英国当时实行的济贫法，主张维护财产的私有制。他认为，英国的济贫法，有抑压贫民一般状况的趋势。它不增加维持人口的食物，而增加人口。在相当程度上可以说这个法律是供养贫民以创造贫民，不利于人类的长远发展。相反，财产的私有制是限制人口增长的最有效办法。因为财产私有制和婚姻制度使每个人都负责抚养自己的子女，可以使无力抚养子女的人生不出子女来，从而不再让他们自己和无辜的子女陷入贫困。

这样激进的观点，在当时的学术界引起了巨大的波澜。奥地利自由经济学派对此持批评态度，他们认为在人口增长和科技的进步相匹配的情况下，人口不会成为社会进步的障碍。而恩格斯则称马尔萨斯的理论是“现存最冷酷无情、最野蛮的理论”，是一个“摧毁了爱人如己和世界公民等所有美好词汇的、绝望的系统”。

然而，马尔萨斯的人口理论还是具有巨大意义的。进化论的创始者达尔文和阿尔佛雷德·华莱，著名经济学家凯恩斯、大卫·李嘉图等都是他的忠实崇拜者，这一理论也不断被引入后人的著作中。

正如李嘉图所言：“反对这部伟大著作的人的攻击只能证明它的力量。我相信它应有的声誉将随着经济学的发展而传播遐迩，因为它对于这门学科作出了非常卓越的贡献。”

先睹为快

在整个动物界和植物界，大自然极其慷慨大方地到处播撒生命的种子。但大自然在给予养育生命种子所必需的空间和营养方面，却一直较为吝啬。我们这个地球上的生命种子，若得到充足的食物和空间，经过几千年的繁殖，会挤满几百万个地球。但贫困这一专横而无处不在的自然法则却可以把它们限制在规定的范围内。植物与动物都受制于这一伟大的限制性法则，人类虽有理性，也不能逃避这一法则的制约。在植物和动物当中，自然法则表现为种子不发芽、害病和夭折；在人类当中，自然法则表现为苦难与罪恶。苦难是贫困的绝对必然的结果。罪恶也是贫困很可能会带来的后果，因而我们看到到处都有罪恶，但也许不应把罪恶称为贫困的绝对后果。可以通过磨砺道德，抵御一切罪恶的诱惑。

所谓积极的抑制，是指已经开始增长的人口所受到的抑制，主要是（尽管也许不完全是）最下层社会所受到的抑制。对于一般人来说，这种抑制不像前面提到的另一种抑制那么明显。要说明这种抑制的强度和范围，我们现在拥有的资料尚显不足。但我认为，凡注意到死亡表的人一般都会承认，每年死亡的儿童中，有很大一部分是由于父母不能给予充足的食物和适当的照料造成的，这些儿童有时甚至还会遭受非常严重的苦难，也许不得不居住在不卫生的环境中并干很重的活儿。在所有城市中，都总是可以看到穷人家的孩子大量死亡。

饥馑似乎是自然的最后、最可怕的手段。人口增加的能力远远大于土地生产人类生活资料的能力，因而人类必然会在这种或那种情况下过早地死亡。人类的各种罪恶积极而有力地起着减少人口的作用。它们是破坏大军的先锋，往往自行完成这种可怕的行为。如果它们在这消灭人口的战争中失败了，疾病流行季节、时疫、传染病和黑死病就会以吓人的队形进击，杀死无数的人。如果仍不能完全成功，严重而不可避免的饥馑就会从背后潜步走近，以强有力的一击，使世界的人口与食物得到平衡。

由是，对一切时代、一切国家人类生活的历史进行过细心考察的人，都必须承认：

人口的增加必然受生活资料的限制。

当生活资料增加的时候，人口总是增加。较强的人口增殖力，为贫困和罪恶所抑制，因而实际人口同生活资料保持平衡。

延展阅读

《现代西方人口理论》：李竞能编著，复旦大学出版社，2004 年。

该书系统梳理了 1945 年至 2000 年间的西方现代人口理论，系统评价了不同理论的主要代表人物及其主要代表作品和理论观点，史论结合，以论为主。对于想要全面了解现代西方人口理论全貌的读者，是一个较好的选择。在阅读完马尔萨斯的经典理论之后，再看看现代西方人口理论的新发展，一定会有很多收获。

《新教伦理与资本主义精神》

〔德〕马克斯·韦伯　著

关于作者

马克斯·韦伯（1864—1920）是德国政治经济学家和社会学家，被公认为是现代社会学和公共行政学最重要的创始人之一。

马克斯·韦伯出生于德国图林根的埃尔福特，从小就表现出了对宗教和社会学的浓厚兴趣。在1876年的圣诞节，年仅13岁的韦伯就撰写了两篇历史论文送给父母，分别是《论德国历史的发展以及皇帝和教宗的角色》《论罗马帝国从君士坦丁至民族迁徙运动的历史》。14岁时，韦伯就开始引用荷马、西塞罗、维吉尔、李维等人的著作。在进大学之前，已经熟谙歌德、斯宾诺莎、康德、叔本华等人的理论。

1882年，韦伯进入海德堡大学法律系就读，随后转入柏林大学深造，直到博士毕业。在他法律博士毕业的那一年，韦伯对当时的社会政策产生了兴趣。1888年，他加入“社会政治联盟”，该联盟将经济视为解决社会问题的主要方法，并对当时的德国经济展开大规模统计。韦伯在社团中负责东部移民问题的研究调查，他写的报告得到了良好的评价，也因此巩固了他身为农业经济学家的名声。

1896 年，韦伯担任海德堡大学的教授。然而，不久之后，他患上了严重的神经官能症，不得不休假旅行，直到 1902 年，才返回海德堡。

1903 年，韦伯辞去教授职位，创办了一本名为《社会学和社会福利档案》的社会学期刊。此后，他开始在这本期刊上发表他一些最重要的文章，尤其是一系列名为《新教伦理与资本主义精神》的论文，这些论文结集成书后，成为他毕生最知名的著作，也为他后来许多关于文化和宗教对经济体系的影响的研究奠定了根基。

马克斯·韦伯是现代最具生命力和影响力的思想家，与卡尔·马克思和埃米尔·涂尔干并列为现代社会学的三大奠基人。他对西方社会的影响是巨大的，他的贡献涉及诸多领域。

美国社会学家科瑟对韦伯有这样的赞誉：“韦伯的头脑容量大得惊人，影响他思想的因素多种多样。他不是哲学家，但在大学读书时就熟悉大多数古典哲学体系。他不是神学家，但他的著作表明他广泛阅读过神学书籍。作为经济史学家，他几乎读遍了这个领域以及经济理论的一切著作。他具有第一流的法律头脑，对法律的历史和原理了如指掌。他对古代史、近代史以及东方社会的历史具有百科全书式的知识。当然，他专心研读过当时所有重要的社会学论著，就连那时还鲜为人知的弗洛伊德的著作也为他所熟悉。韦伯是最后一批博学者中的一个……”

荐读理由

《新教伦理与资本主义精神》是马克斯·韦伯最知名的著作，也反映了韦伯思想的基本面貌。该书提出了韦伯最为知名的论点，即清教徒的思想影响了资本主义的发展。

该书最初分两部分发表于《社会科学与社会政治文献》的第七卷

和第十一卷，1920 年作为《宗教社会学论文集》的第一部分被重新出版。在新版本中，韦伯做了许多修改，并在注释中加了不少新的材料，同时也回应了各种批评。

在该书中，韦伯讨论了伴随欧洲宗教改革运动而出现的新教伦理以及后者对现代资本主义的起源和整个西方理性化进程的影响。新教是由 16 世纪宗教改革中脱离罗马天主教会的教会和基督徒形成的一系列新宗派的统称，也是我们通常意义上的基督教。它与天主教、东正教并称为广义上的基督教三大派别。新教的产生适应了资本主义制度，反过来也推动了资本主义制度的发展。

韦伯认为，“资本主义的精神”是一种拥护追求经济利益的思想。然而只考虑个人对私利的追求并不能构成一种精神，韦伯发现这些个人必须拥有试图以最小努力赚取最大利润的倾向，而隐藏在这个倾向背后的观念，便是认为工作是一种罪恶，是一种应该避免的负担。“为了达成这样的生活方式而自然吸纳了资本主义的特质，能够以此支配他人”，“这种精神必定是来自某种地方，不会是来自单独的个人，而是来自整个团体的生活方式”。

进而，韦伯列举了诸多原因让我们从宗教改革运动的宗教思想里寻找这种精神的根源。他指出，某些形式的新教的教义（尤其是喀尔文教派）支持理性的追求经济利益以及世俗的活动，将这些行为赋予了正面的精神以及道德的涵义。这些并非是最初目标的宗教思想，都直接或非直接地鼓励了对于经济利益的忘我追求和理性计划，而诸如勤奋、忠诚、敬业、视获取财富为上帝使命的新教精神，也正是西方花了数百年时间才酝酿出来的资本主义的生活秩序。

关注资本主义兴起过程中非经济因素的重要意义，让读者看到隐藏在制度背后的巨大精神力量，正是本书的经典之处。这种以精神、思想的因素来解构历史进程的方法，视角新颖而富有启发性，为我们当代社会科学的研究提供了富于启迪意义的思路，开辟了多线研究的途径。

《新教伦理与资本主义精神》一书为韦伯带来世界性盛誉。在他去世后，关于此书的讨论至今仍未停息。韦伯还著有《中国的宗教：儒教和道教》，分析为何中国没有自行发展壮大资本主义，其分析发人深思。在中国经济高速发展的今天重读此书，具有十分重要的意义。

先睹为快

在任何一个宗教成分混杂的国家，只要稍稍看一下其职业情况的统计数字，几乎没有什么例外地可以发现这样一种状况：工商界领导人、资本占有者、近代企业中的高级技术工人，尤其受过高等技术培训和商业培训的管理人员，绝大多数都是新教徒。这一状况在天主教的出版物和文献中，在德国的天主教大会上，都频频引起讨论。这不仅适用于宗教差别与民族差别相一致，从而与文化发展的差别也相一致的情况（例如东部德意志人和波兰人之间），而且在任何地方，只要资本主义在其迅猛发展的时期可以根据自己的需要，放手地改变人口中的社会分布并规定它的职业结构，那么，那里的宗教派别的统计数字也几乎总是如此。资本主义愈加放手，这一状况亦愈加明显。当然，在资本占有者中，在经营管理者中，以及在现代大型工商企业的高级工人中，新教徒人数较多这一事实，也可以部分地归于历史因素。这些历史因素可以追溯到遥远的过去，而在那里，宗教派别并非是经济状况的原因，它在某种程度上倒似乎是经济状况的后果。参与上述的经济职能，一般都要先拥有一定的资本，通常还需要花许多钱接受教育，而这两者又常常是同时需要的。这在今天多半要靠拥有遗产，至少也要靠有一定程度的物质保障。在16世纪，古老帝国中一些经济最发达、自然资源最丰富、自然环境最优越的地区（特别是大部分富庶城镇），都转向了新教。这一转变的结果，直至今天，还使新教徒在求经济生存的斗争中处于有利地位。这样就出现了一个历史性的问题：为什么经济最发达的地区同时也都特别地赞成教会中的革命？这个问题的答案远非通常所想象的那样简单。

富兰克林所有的道德观念都带有功利主义的色彩。诚实有用，因为诚实能带来信誉；守时、勤奋、节俭都有用，所以都是美德。按逻辑往下推理，人们或许可以得出这样的印象：在富兰克林看来，假如诚实的外表能达到相同的目的，那么，有个诚实的外表就够了；过多的这种美德只能是不必要的浪费。事实上，富兰克林在其自传中讲述他如何皈依这些美德，或者关于严格保守自己节制的形象如何有价值的讨论，以及如何努力自谦尔后得到众人的赏识，所有这些都证实了上述的印象。按照富兰克林的观点，这些美德如同其他一切美德一样，只是因为对个人有实际的用处，才得以称其为美德；假如能同样达到预期目的，仅仅换个外表也就够了。这就是极端的功利主义的必然结论。在许多德国人的印象中，美国人所声言的那套美德纯系虚伪，他们的印象看来在这一典型事例中得到了证实。但实际上，事情远非如此简单。本杰明·富兰克林本人的品格就与这种印象不符，这一点有他自传里那种非凡的坦率可资佐证。富兰克林把他之得知美德的功用归因于一种旨在引导他走正路的神的启示。这种情况表明，他说的话里所包含的，不仅仅是劝人为了纯粹利己的动机而进行伪装，其中还有更多的东西。

延展阅读

《中国的宗教：儒教与道教》

该书是韦伯在宗教社会学上的第二部著作。通过中西方不同宗教文化的比较，韦伯试图从精神和思想的层面解构李约瑟之谜，回答为什么资本主义没有在中国发展壮大的难题。

《通往奴役之路》

〔英〕弗里德里希·奥古斯特·冯·哈耶克 著

关于作者

弗里德里希·奥古斯特·冯·哈耶克（1899—1992）是20世纪西方著名的经济学家和政治哲学家，当代新自由主义思潮的代表，原籍奥地利，后于1931年迁居英国并于1938年获得英国国籍。他一生从事教学和著述，先后执教于奥地利维也纳大学、英国伦敦经济学院、美国芝加哥大学和西德弗莱堡大学等著名学府。

哈耶克一生信奉自由主义，他继承了18世纪启蒙思想家的思想，从个人主义出发，强调维护人的自主。20世纪的三四十年代，正是凯恩斯主义鼎盛的时期。哈耶克却将矛头直指凯恩斯的福利经济学，指出国家干预经济必将导致极权社会的出现。这一批判贯穿了哈耶克的一生，也伴随了他一生声誉的起伏。

20世纪30年代，他是奥地利经济周期理论的杰出倡导者，却因为在关于凯恩斯的《货币论》论战的失败，而丧失一流经济学家的地位。随后，他转向政治哲学、法律理论和思想史的研究，并在这些领域取得极大的成就，成为世界公认的"自由意志论者"和大思想家。

然而，他始终没有放弃他的经济学主张。20 世纪 70 年代，当福利国家政策实践受挫，凯恩斯主义在西方国家走向低潮之际，哈耶克的经济自由主义理论再度引起人们的重视，在全世界广为传播。1974 年，鉴于哈耶克“在经济学界自亚当·斯密以来最受人尊重的道德哲学家和政治经济学家至高无上的地位”，他和冈纳·缪尔达尔一起获得诺贝尔经济学奖。

此后，哈耶克的新自由主义观点对西方思想界的影响越来越大。在美国，他成为“公民拥有充分自由权”运动的领袖；在英国，连公认最保守的撒切尔夫人也自称是哈耶克的信徒。

荐读理由

《通往奴役之路》是哈耶克的成名作品，也是经济自由主义的奠基之作，最先于 1944 年在英国出版，后由芝加哥大学出版，并被翻译成 20 多种语言，介绍到世界各地。

《通往奴役之路》写于 20 世纪 40 年代初，当时欧洲正值民族社会主义盛行、国家直接干预经济理论作为济世良方风靡一时，受到吹捧。针对这一情形，哈耶克指出，所谓的“计划经济”乃是“伪知识”，是西方思想文化的核心精髓自由主义的“天敌”，是一条“通往奴役之路”。

自由是哈耶克永恒的理想。这种自由包括政治自由、思想自由和经济自由。其中，经济自由是自由的基础。而市场经济是实现经济自由的必由之路。哈耶克认为，市场经济是一种由个人主义出发而形成的、能保证人的自由的“自然秩序”，是一种最符合人性的经济制度。

哈耶克特别反对把经济福利作为理想社会的目标。他认为，判断一个社会好坏的标准不是经济福利，而是人的自由程度。追求经济福利的目标必然导致国家干预经济。理想社会要通过法治才能实现，要做到这一点，就要实现思想解放，把人的思想从崇尚国家的现代蒙昧主义下解放出来，自觉地为实现这种理想而奋斗。

哈耶克在书中阐述道，所有的集体主义社会，从希特勒的国家社会主义到斯大林的共产主义，都无可避免地会迈向专制极权。因为实行中央计划的经济体制必须有一个小团体（统治阶级）决定资源和产品的分配和发放，由于没有市场机制和自由价格机制，这个小团体无从得知正确的情报，也因此根本无法做出正确的决策分配资源和产品。对于经济计划在实践上的不同意见，加上中央计划者在分配物资上的不断失败，最后将导致计划者开始运用高压的强迫力量以维持计划的实行。因而，从长远的观点看，统制经济与民主程序是不能并存的。统制经济必然造成无孔不入的全面压制，因而导致现代最为严酷的政治控制——极权主义。

另一方面，一旦民主丧失，人们失去自由，就会带来思维的呆滞与推理能力的衰退——而这是推动社会进步的根本动力。哈耶克指出，一个没有个人思想自由的社会，它的经济是不会有效率的。而现代化的生产，更需要有个人的创造自由和思想的自由。

《通往奴役之路》因为犀利地批判社会主义而曾经被我国列为禁书。改革开放后，书禁打开，我们也有幸可以一睹其真实面目。

正如著名经济学家汪丁丁所言："改革需要理论，而理论只有在学术竞争中才有机会健康发展。我国的社会主义改革正处在一个关键时刻。'世界上多数社会主义国家不搞社会主义了，马克思主义还灵不灵？'读一读'马克思主义的死敌'——哈耶克的这本书，对我国读者从正反两个方面来认识社会主义的问题是有益处的。"

先睹为快

有许多人自称为社会主义者，虽然他们关心的只是第一个意义，热烈地信仰社会主义的终极目标，但他们既不关心也不理解这些目标何以才能实现，他们确信的仅仅是这些目标一定会实现，无论其代价如何。但对几乎所有那些把社会主义不仅当作一个希望也当作实际政治中的一个目标的人来说，现代社会主义特有的方法与目标本身同样重要。另一方面，许多和社会主义者一样重视社会主义的终极目标的人们，由于看到社会主义者所倡导的方法对其他价值的危害，而拒绝支持社会主义。因此，有关社会主义的争论在很大程度上正成为有关手段而不是有关目标的争论——尽管社会主义的不同目标能否同时实现这个问题也被提到。

使这种情况更加复杂的是这个事实，即作为社会主义改造首要工具的同一种手段"经济计划"，也可以用于许多其他目的。我们如果想使收入的分配符合流行的社会正义观念，就必须对经济活动进行集中管理。因而，所有要求以"为使用而生产"代替为利润而生产的那些人，都需要"计划"。但是，如果收入的分配以一种在我们看来违背正义的方式进行调节的话，这样的计划就同样是不可或缺的了。世界上的好东西大部分应归于某个高贵的种族，如北欧日耳曼人，还是应归于某一党派的成员或一个贵族阶级，对此我们必须采取的方法，是和那些能确保一种平均分配的方法相同的。

对我们而言，根本点在于根本就不存在这种完整的伦理准则。根据一个单一计划指导各种经济活动，这种企图将会引起无数问题，这些问题的答案只能由一个道德条规提供，而现存的道德根本回答不了这些问题，况且对人们应该做些什么也根本不存在一致的看法。人们对这些问题，要么不会有明确的看法，要么有的就是相互矛盾的看法，因为在我们生存的自由社会里，根本没有必要考虑这些问题，更没必要对此形成共同的意见。

这个论证分两方面：第一方面是经济方面，在此只能简短地说明一下。政府应当只限于订立适用于一般类型的情况的规则，听任个人在那些以时间、地点等情况为转移的每一件事情上自由行动，因为只有与每一种情况有关的个人，才能最充分地了解这种情况，并采取相应的行动。如果要使个人在制订计划时能够有效地运用他们的知识，他们就必须能够预见可能影响到这些计划的政府的行动。但是如果要使政府的行动能为人所预见，它就必须决定于不以既不能预见得到，也无法事先加以考虑的具体环境为转移的、固定的规则，在这种情形下，政府行为的特殊影响也就无法预见。另一方面，如果政府必须指导个人行动以便达到某种特定目的，它的行动就必得根据当时全部环境来决定，因此，也就无法断定。因此，一个人所共知的事实是，政府“计划”得越多，对于个人来说，计划就变得越困难。

延展阅读

《通向自由经济之路：从社会主义体制转轨——以匈牙利为例》：〔匈牙利〕科尔奈著。

经济学家科尔奈声称该书是对《通往奴役之路》的呼应。该书立足于匈牙利社会主义经济发展本身，用现代经济学的方法，揭示传统社会主义经济体的本质，并且探索社会主义经济转型的道路，是国际学术著作中第一本对后社会主义转轨提出综合性建议的书。该书可以与《通往奴役之路》对照着看。

《就业、利息和货币通论》

〔英〕约翰·梅纳德·凯恩斯　著

关于作者

约翰·梅纳德·凯恩斯（1883—1946），是现代西方最有影响力的经济学家之一。他的一生对经济学作出了极大的贡献，一度被誉为资本主义的“救星”“战后繁荣之父”。他创立的宏观经济学与弗洛伊德所创的精神分析法和爱因斯坦发现的相对论一起并称为20世纪人类知识界的三大革命。

凯恩斯1883年出生于英国，父亲是剑桥大学的教授，母亲是一位成功的作家和社会改革的先驱之一。凯恩斯从小就显露了他的天才。他在1894年以全班第一的优异成绩毕业于圣菲斯学院，并获得第一个数学奖，随后考取伊顿公学，并于1899年和1900年连续两次获得数学大奖，1902年成功考取剑桥国王学院（剑桥大学）的奖学金。

1929年的经济危机让凯恩斯意识到传统经济理论的不切实际，必须加以突破。1936年，他出版了他的《就业、利息和货币通论》一书，颠覆了传统理论，创造了西方经济学界公认的一场经济学革命。

这次革命的实质在于以20世纪30年代的经济危机为背景，适应垄断资产阶级的迫切需要，创建以需求管理的政府干预为中心思想的收入分析宏观经济学。

凯恩斯的经济主张一定程度上缓和了资本主义的经济危机，减少了失业，促进了经济的增长，也奠定了他在学术界的地位。

另一方面，凯恩斯不但是一个理论家，还是一个实践家。他曾经在英国财政部印度事务部工作，任剑桥大学皇家学院的经济学讲师，创立政治经济学俱乐部，并因其最初著作《指数编制方法》而获“亚当·斯密奖”。他也曾担任过《经济学杂志》主编，任皇家印度通货与财政委员会委员，兼任皇家经济学会秘书，英国财政部巴黎和会代表，主持英国财政经济顾问委员会工作，出席布雷顿森林联合国货币金融会议，并担任了国际货币基金组织和国际复兴开发银行的董事。

因此，有人说凯恩斯不能算是一个单纯的经济理论家。他交友广泛，爱好众多，对戏剧、文学、音乐和芭蕾舞艺术均有浓厚的兴趣。他的夫人就是一名俄国的著名芭蕾舞演员。凯恩斯对数学也有研究，早在大学期间，他就写过一本关于概率论的书。

然而，就是这样一位多才多艺的天才型人物，却不幸英年早逝。

1946 年，凯恩斯猝死于心脏病，享年 63 岁。

荐读理由

《就业、利息和货币通论》是凯恩斯的代表作，最初于 1936 年出版。该书认为资本主义不可能通过市场机制的自动调节达到充分就业。作者提出应该加强国家对经济的干预，增加公共支出，降低利率，刺激投资和消费等，以实现充分就业。

该书的出版与 1929 年至 1933 年的经济危机密不可分。凯恩斯早年曾受马歇尔和皮古等经济学家的熏陶，赞同古典经济学派的观点，并一直致力于货币理论的研究。然而，那次的大危机让凯恩斯对传统理论产生了怀疑。经济萧条、失业严重，传统的经济理论已经无法解释大萧条中出现的各种经济现象，更不能为摆脱危机提供“有效的”对策。

正是在这样的情况下，凯恩斯发表了《就业、利息和货币通论》一书，以求能够医治资本主义的经济病症，寻求摆脱危机的办法。

该书指出，产生经济危机的根源是有效需求的不足。有效需求指商品总供给价格与总需求价格达到均衡时的总需求，因为总供给在短期内是刚性，因而一国的就业水平由有效需求决定。有效需求一旦出现不足，就会导致失业的增多。

另一方面，有效需求由“消费倾向”“对资本未来收益的预期”以及对货币的“灵活偏好”三个基本心理因素决定。心理上的消费倾向使得消费的增长赶不上收入的增长，因而引起消费需求的不足。心理上的灵活偏好及对资本未来收益的预期使预期的利润率有偏低的趋势，从而与利息率不相适应，这就导致了投资需求的不足。三者之中，对资本未来收益的预期尤为重要，危机的主要原因就在于资本的边际率突然崩溃。

通过以上的论述，凯恩斯得出结论：资本主义不存在自动达到充分就业均衡的机制。因而政府应该干预经济，通过财政政策来刺激消费、增加投资，以实现充分就业。消费倾向在短期内是相对稳定的，因而要实现充分就业，就必须从增加投资需求入手。因而他更主张政府的投资，从而发挥乘数效应，促进国民收入的成倍增长。

该书一出版，就引起了西方经济学界的轰动，引发了一场宏观经济学的革命。有人将他的理论誉为一场像“哥白尼在天文学上，达尔文在生物学上，爱因斯坦在物理学上一样的革命”。

美国罗斯福总统上台之后，采用凯恩斯的学说，采取政府干预经济的手段发展经济，增加就业，一举将美国经济带离经济危机的泥潭，走向繁荣。凯恩斯也由此享誉世界，其理论被世界各国纷纷采纳，极大地改变了世界经济的发展模式。

时至今日，西方经济学界自由主义经济学派与凯恩斯学派的论争依然没有停息。我们虽不能说凯恩斯的学说是不容置疑的真理，但它确实在历史上发挥了极大的作用并影响至今。静下心来读一下凯恩斯的这本书，相信你一定会受益匪浅。

先睹为快

总结起来，对于经典学派之第二前提，我们有两点非难。第一点是关于劳工之实际行为的。当物价上涨，货币工资不变，以致真实工资下降时，一般说来，现行货币工资下之劳力供给量，不会低于物价未涨前的实际就业量。说一定会低，无异是说：在现行货币工资下愿意工作而实际并未就业的人们，只要生活费用稍微提高一些，即不再愿意工作。然而这种古怪假定，却似乎贯彻于皮古教授《失业论》全书之中，而为全体正统学派所默认。

第二点更基本的非难，将于以后数章中再加发挥。这点非难，发生于我们不能同意经典学派之假定：工资议价决定真实工资之一般水准。经典学派作此假定，实犯重大错误。因为，劳工全体也许并没有方法，可以使得货币工资之一般水准所能获取的工资品，与目前就业量之边际负效用相等；劳工全体也许并没有途径，可以借工资议价时货币工资之修改，而使真实工资率降低至某特定水准。这是我们的论点。以下我们要指出，决定真实工资之一般水准者，主要是几种其他力量。把这个问题弄清楚，将为本书主题之一。我们将说明，我们对于自己生存其中的经济制度在这方面实际上是怎样运用的，一向误解甚深。

设有不自愿失业存在，则劳力之边际负效用，一定小于边际产物之效用——也许小得很多。盖一人若失业已久，则作若干劳动，不仅没有负效用，也许还有正效用。如果我们接受这一点，则由此可以推出：举债支出（loan expenditure）虽然“浪费”，但结果倒可以使社会致富。如果政治家因为受经典学派经济学之熏染太深，想不出更好办法，则建造金字塔，甚至地震、战事等天灾人祸，都可以增加财富。

但在当代经济体系中，到现在为止（恐怕未来亦复如此），最稳定、最不容易变更的因素，乃是一般财富持有人所肯接受的最低利率。如果要就业量还过得去，利率必须比19世纪之平均利率低许多，则这种利率是否仅仅操纵货币数量，即可达到，颇成绝大疑问。资本之边际效率，乃借款者可以预期取得之收益，但从此收益中，还须减去（1）拉拢借贷二方之费用，（2）所得税及附加税，及（3）补偿贷款者所负风险；减剩之数，才是净收益，才可作为财富持有人牺牲其周转灵活性之代价。假使平均就业量还过得去，但此净报酬则微不足道，则由来已久的方法也许无效。

延展阅读

《凯恩斯〈通论〉新释》：〔美〕海曼·P. 明斯基著，张慧卉译，清华大学出版社，2009年。

面对新世纪新一轮的经济危机，凯恩斯的著作再次引起人们的关注。明斯基的这部著作结合美国房地产市场等真实世界中所出现的种种危机甚至灾难，对凯恩斯的《就业、利息和货币通论》进行了最为独特的阐释，并奠定了他“金融不稳定性假说”的理论基础。对于想深入理解凯恩斯理论的读者，该书是一本值得参考的著作。

《哈耶克文选》

〔英〕弗里德里希·奥古斯特·冯·哈耶克　著

关于作者

见《通往奴役之路》之“关于作者”。

荐读理由

对于一个著述等身的学者，想要全面了解他的思想，读者往往不知从何处下手。而一本精当的文论选集是一个不错的选择。冯克利翻译的《哈耶克文选》满足了读者的需要，阅读该书，能够让读者了解哈耶克的思想历程，全面了解这位伟大学者的思想。

哈耶克是经济自由主义的奥地利学派的代表。他继承了门格尔和米塞斯的思想，在经济学中提出的价格理论打破了自亚当·斯密以来长期居于主导地位的“均衡”神话，从而为西方主流经济学引入了动态经济观。

这一经济观的最大特点在于它延续了边际主义思想，把理解经济知识建立在一种深厚的哲学认识论基础上，使我们得以深入地了解市场运行的心理学根源。在这样的经济哲学基础上，哈耶克又把自己的思想扩展到涉及整个人类社会秩序的领域，从哲学、政治学、法律、心理学等不同角度论证现代市场社会的组织原理，由此形成了一个内容极为庞杂而又严谨的社会哲学体系。

哈耶克所要解构的是受到理性主义支配的、充满“理性的僭越”的历史神话：计划经济、社会契约、人民主权、民主至上……在他看来，真正的秩序并不来源于什么不受限制的权力，而是来源于普世性的法则。自由并不意味着不受限制，而应当取自自发形成的秩序之意。因而，哈耶克的自由主义事实上是与我们传统理解的自由主义不同的。我们太多的民主主义者关注的终点只是权力的制衡，而哈耶克寻找的则是权力的来源。

该书收录了哈耶克写于20世纪50至70年代的论文和他在各地的演说。20世纪50至70年代，正是哈耶克思想最为活跃的一段时期，因而，从这些文章中，可以清晰地看到他从一个专业经济学家成长为一个贯通多学科思想家的发展脉络。与哈耶克大部头的专著相比，该书收录的论文大多通俗易懂，而冯克利先生的翻译也颇为精到流畅，读来一点都不晦涩。文选中的诸多篇目都是哈耶克的代表作，诸如《作为一个发现过程的竞争》《知识的僭越》《曼德维尔大夫》《建构主义的错误》等。对于没有耐心的读者，《哈耶克文选》不失为一个了解哈耶克思想的捷径。

先睹为快

不存在分配者的地方，也不可能有分配的公正。分配的公正不但要求取消个人自由，而且要求贯彻一套不容争议的价值，换言之，实行一种严密的极权统治。

即使自由经济的倡导者也肯定同意：只有在中央指令性经济中，才能实现激励着社会主义的那种公正观。然而问题是，社会主义是否真打算接受自己的公正理想的实现所造成的全部后果，其中物质生产的减少可能还不是它最严重的后果。如果是这样，我们当然只能承认，这是理性讨论派不上用场的有关终极价值的分歧。不过在我看来情况并非如此。争论的双方对他们所谓的“社会公正”有着不同且一般都很含糊的理解，我马上就会对此作些更深入的分析。我们采用自亚里士多德以来流行的术语，可以把这种分歧表述为：自由经济总是只能做到交换的公正，而社会主义——在很大程度上也是大众的社会公正理想——则要求分配的公正。这里的交换公正，是指按人们实际给予其同胞的服务的价值而得到的回报，它表现在后者愿意支付的价格上。我们必须承认，这种价值同道德表现并无必然联系。它也同以下情况无关：获得某种成就，在某个人那里是因为付出了巨大努力和痛苦的牺牲，而在另一个人那里则易如反掌，甚至是自我享乐的结果；或某人能够在恰当的时机满足某种需要，是因为他有精明的远见卓识，还是纯粹因为运气。交换的公正不考虑个人或主观条件，不考虑需要和良好的动机，它只考虑一个人行为的结果被那些利用这种结果的人如何评价。

不过，在自由主义思想史所经历的自第一次世界大战后持续了15年至20年的衰退过程中，自由主义思想的主要体系一直被捍卫；当然，为新的发展奠定了基础的也正是这个时期。这几乎完全应当归功于我这里要谈到的一小部分人的活动。无可置疑，他们并不是唯一一群竭力坚守自由主义传统的人，但是在我看来，这些各自工作、相互隔绝的人，是唯一通过教学活动成功地创造了新传统的人，最近他们再次团结在一个共同的潮流之中。鉴于上一代人所处的生活环境，人们并不会感到奇怪：一个英国人、一个奥地利人和一个美国人想法一致的努力，需要花上如此长的时间才能得到承认，才能变成下一代人共同的工作基础。但是，现在确已存在的这个新的自由主义学派——关于它还有许多话要说——是自觉地以这些人的工作为基础的。

延展阅读

《致命的自负》

该书是哈耶克生前最后一部作品，也是他最重要和最具有代表性的著作之一。该书对于哈耶克毕生探讨的市场运行理论作了一个总结，对于想全面了解哈耶克市场理论的读者，是一个不错的选择。

《社会选择与个人价值》

〔美〕肯尼思·阿罗 著

关于作者

肯尼思·阿罗是美国著名数理经济学家，因在一般均衡理论方面有突出贡献而于1972年与约翰·R. 希克斯共同获得诺贝尔经济学奖。他在公共选择领域提出的“不可能性定理”对福利经济学有巨大影响。

肯尼思·阿罗1921年出生于美国纽约，1940年在纽约市教育学院获学士学位，1941年和1951年在哥伦比亚大学先后获数学硕士、博士学位，由于二战原因，1942年至1946年，阿罗在美国陆军航空兵司令部工作。战后，他先后担任过芝加哥大学、斯坦福大学和哈佛大学教授。1980年，阿罗从大学退休，但仍然从事研究工作。此外，阿罗还担任过肯尼迪总统的经济顾问、经济计量协会会长、美国经济学会会长、管理科学研究会会长等职务。

阿罗擅长用数学工具研究经济问题。他的一般均衡理论、不确定性条件下如何进行最优决策、研究社会选择理论等工作都离不开数学工具的推导。

从一般均衡到福利经济学理论只有很短的几步，阿罗却从中得出了有关福利经济的几个结论。阿罗归纳了几个有关某种竞争均衡的帕累托最优性定理，证明了在实物资本的研究与投资之间资源配置上存在着非优性一般趋势，得出了福利经济学中重要的不可能性定理。此外，在增长理论和决策理论方面，阿罗也有重大建树。

他的主要论著有：《对福利经济学基本定理的一个推广》（1951年）、《社会选择与个人价值》（1951年）、《存货和生产的数学理论研究》（1958年，合著）、《线性规划与非线性规划研究》（1958年，合著）、《公共投资收益率与最适度财政政策》（1970年）、《风险负担理论文集》（1971年）、《一般竞争分析》（1971年，合著）、《资源配置过程研究》（1977年，合著）等。

荐读理由

《社会选择与个人价值》是阿罗研究社会选择问题的一部重要代表作，也是社会选择理论的开山之作，对福利经济学乃至整个现代社会产生重大影响。

该书首次运用数学逻辑的分析工具，研究如何把个人偏好集合成为社会偏好、个人选择集合成为社会选择的过程。全书对社会决策和社会民生程序设计之间的关系作了形式化的深入考察，提出并证明了著名的“不可能性定理”。

“不可能性定理”也称“独裁定理”，它表明“市场不能作出合理的选择”。作者指出，资本主义民主本质上由两种社会选择方法来贯彻：政治决策上的投票机制和经济决策上的市场机制。此外，在其他社会形态中，社会决策有时由个人或小集团作出，有时依赖于特定环境中的社会传统，这就是另外两种社会选择方式：独裁和传统。

在理想的独裁制下，社会决策虽属一人之事，但他一人即代表着全体社会成员的意志；在理想的由传统维系的社会中，社会决策依据某种信仰或假定由全体社会成员的习俗所决定。因此这两种社会选择方法都不涉及个人意志相互冲突的问题。然而，与此相反的投票或市场方法，却总涉及如何把许多个人的不同偏好逻辑一致地汇总成单一社会选择的问题，这个一致性的达成通常都困难重重。

因而作者论证，社会选择应该满足的四个条件：广泛性、一致性、独立性和非独裁性，在以上四种模式中都不能同时满足。在“少数服从多数”的社会选择模式下，市场则是用货币来进行投票的社会选择方法。

该书也提出了“线性定理”这一概念。作者指出，在每个社会成员对一切可能的社会经济结构各有其特定的偏好“序列”的情况下，要找出一个在逻辑上不与个人偏好序列相矛盾的全社会的偏好序列是不可能的。阿罗还认为，社会福利函数必须在已知社会所有成员的个人偏好次序的情况下，通过一定程序把各种各样的个人偏好次序归纳成为单一的社会偏好次序，才能从社会偏好次序中确定出最优社会位置。

“不可能性定理”触动了当代经济敏感而深刻的问题，使社会选择理论上升到了一个新的发展阶段。因而，该书一出版，即在西方经济学界引起轰动。“不可能性定理”也被公认为是近十年来数学应用于社会科学取得的一项突出成果。肯尼斯·阿罗也因“不可能理论”获得世界声誉。

先睹为快

我们提出的用序关系表达选择机制的方法，相对于常规的无差异图或效用函数来说，对目前的分析更为有利。就无差异图而言，序关系表达法的一个明显优点是可以考虑由两个以上分量组成的向量所表示的备选对象。其次，无差异图的有用性在很大程度上依赖于这样的假设，即选择者对备选对象某一分量的需要程度高于对所有其他分量的需要程度，从而得以确定无差异图。而由于我们主要关心的是社会状态的选择，每一备选对象有许多因素分量，它们在某些环境下是合乎需要的，而在其他情况下则不是。第三，无差异图是在各种连续性的假定条件下才能运用的，而这种假定条件对于我们当前的分析显得不必要地过分严格；特别是，为了处理像不可分性这样的问题（它在福利经济学中已引起许多争议），就有必要假定社会状态的某些分量是离散变量。

一般地说，给定的一组备选社会状态的相对排序至少随着某些个人的价值观的变化而变化。如果假定这种排序并不随个人价值观的变化而变化，那就等于用柏拉图式的传统社会哲学去假定存在着一个独立于个人愿望的客观社会的“善”。曾普遍认为哲学探究能最好地认识这种善。这样的哲学确实能够并且曾经为一些世俗或宗教的精英统治起到辩护作用，但是我们将在下面看到这二者的联系并不是必然的。

一种重要的可能性就是对个体偏好序施加两个条件，事实上这两个条件在许多福利经济学著作中都得到了承认，即：(1) 每一个体对两备选社会状态的比较仅依赖于在该两种状态下他能得到的商品（和他需出的力）。亦即，如果在两个状态下他自己的消费—闲暇—积蓄局面是相同或至少对他是无差异的话，那么他对该社会状态是无偏见的。(2) 如果在两种个人局面中一个体在其中一种局面下所获得的每种商品（把闲暇时间与积蓄也算作商品）的数量至少和另一局面下所得的该种商品的数量一样多，而且至少有一种商品的所得比他在后一局面下所得到的要多，那么该个体就认为前一局面优于后一局面。然而，可以证明在一个具有不止一种商品的世界中这些限制仍还不足以排除那种悖论。

延展阅读

《组织的极限》

这是作者的另一部精品。

该书论述了面对资源的稀缺，人们应该如何组织自己的生活这一课题。作者在书中分析了用来完成资源有效配置的种种模式：政府、企业、包括伦理道德这些“看不见的机构”。作者展示了决策产生的渠道，也讨论了信息获取和恢复的成本。

《风险、不确定性与利润》

〔美〕弗兰克 · H. 奈特 著

关于作者

弗兰克 · H. 奈特（1885—1972）是美国著名经济学家，20 世纪的经济学巨擘之一，也是西方最伟大的思想家之一，他对于经济学的发展和经济分析方法的创新作出了多方面的杰出贡献。“作为一个古典自由主义者，他是芝加哥学派的创始人；作为一个批评家，他告诫公众，经济学家的知识是有限的，其预测的失误是不可避免的；作为一名教师，他培养出了像弗里德曼、斯蒂格勒和布坎南这样著名的经济学家。”

奈特于 1885 年出生在美国伊利诺伊州的一个农场里，1911 年毕业于田纳西州的米利根学院，1913 年在田纳西获得硕士学位，同年进入康奈尔大学学习哲学，直到 1914 年才开始学习经济学。1916 年，奈特在康奈尔大学博士毕业，并因其博士论文《风险、不确定性与利润》一文而声名鹊起，赢得了学术界的广泛关注。毕业后，奈特在康奈尔大学任教一年，然后几经辗转最终来到了经济学重镇芝加哥大学任教。

奈特是芝加哥大学历史上最具影响力的经济学家，开创了著名的芝加哥学派。1950 年奈特被推选为美国经济学会会长，1957 年荣获弗朗西斯·沃尔克奖章，这是美国经济学会的最高奖项。

奈特一生著述颇丰，主要著作有：《风险、不确定性与利润》（1921）、《经济组织》（1933）、《竞争的伦理学及其他文论》（1935）、《自由与改革：经济学与社会哲学论文集》（1947）、《论经济学的历史与方法》（1956）、《认知力与社会行动》（1960）和《企业家精神：处理不确定性》（1967）等。

荐读理由

奈特是 20 世纪经济发展第三阶段“新古典主义的反凯恩斯革命”的重要支持者，而《风险、不确定性与利润》一书则为新古典经济学提供了新的标准表述。书中，奈特指出，现实社会中的竞争同理论上的完全竞争存在着一个显著的区别：前者在竞争中面临着不确定性，后者则没有。风险指可以确定其结果的概率的情况，能通过保险来转移；而不确定性则指其客观概率完全不可知的情况。因为面对着不确定性，所以竞争者在进入或者退出一个行业时需要作出判断。在这一过程中，他们由简单的工场主变为企业家。他们的成功不可重复，也不能复制或通过学习获得，只能依靠本人的判断能力。以这种不确定性为基础，奈特解释了利润的来源，从而建立了利润的理论基础。

全书共 3 篇 12 章，主要讨论了以下几个问题。

一是区分了风险与不确定性。奈特指出，风险是一种人们可知其概率分布的不确定性，是人们可以根据过去推测未来的可能性；而不确定性则意味着人类的无知，它表示着人们根本无法预知的没有发生过的将来的事，是不可度量的风险。利润之所以成立，来源于真正的“不确定性”，而不是“风险”。

二是说明了利润的起源。奈特认为经济分析是在完全竞争假设下对经济运行机制的研究，完全竞争是一个使产品价值与其成本趋于一致的过程，但是，在现实中，两者总存在一个差额，这个差额就是利润。也就是说，由于现实中的竞争并非完全竞争，理论与实际的不一致性造成了不确定性，从而不确定性是利润存在的基础。

三是揭示了企业的性质。作者指出，在不确定性的假设下，决定生产什么与如何生产优先于实际生产本身，因而生产内部组织首先是要找到一些最具管理才能的人，让他们负责生产和经营活动。另一方面，绝大多数人都是风险规避和风险中性者，大家都愿意交出自己对不确定性的控制权，条件是风险偏好者即企业家能够保证他们的工资。在这样的情况下，企业产生了，管理者通过承担风险获得剩余，工人通过转嫁风险获得工资。

四是提出了减少不确定性的方法。首先是集中化，保险公司利用不确定性结果的相互抵补，将众多偶然事件集中到一起，从而把投保者的较大不确定性损失转变成较少的保险费。其次是专业化，企业通过增加生产规模可以减少不确定性的控制成本，因为大企业的成本水平总是低于小企业。随着企业规模的增加，专业化决策能够减少控制成本的不确定性，同时也能产生更熟练的技能，以更好地应对不确定性。

《风险、不确定性与利润》是经济学历史上伟大的里程碑式著作。乔治·斯蒂格勒曾赞誉该书是写于第一次世界大战之前，到今天仍然具有重大影响的两部著作之一。

先睹为快

我们面对的复杂现象是由一些基本成分组成的。有时候，这些组成部分可以在自然界完全或部分地单独观察到；另一些时候，我们能够通过人工实验使其单独出现，或使其伴随着受控制的条件出现。当然，后者正是物理学所特有的研究方法。不过，将这种研究方法运用于工业化社会的一般研究，在很大程度上是不切实际的。在工业化社会中，各种因素的结合方式是不断变化的。我们必须在这样的条件下，对复杂现象中各种因素的作用进行一般性研究。或者说，我们必须凭借一般原理性的直觉知识，按照逻辑过程，对一些因果关系链条进行分析。

我们曾经提到，克拉克教授认为，利润是人类为社会和技术进步而付出努力和承担风险的诱因，沿着这一思路深入研究下去是非常有意义的。事实上，与事先预知变化仅一步之遥的是没有立即发生的变化，而这些变化本身也是人类活动的结果。如果有显著经济意义的变化规律是已知的，那么，导致这些变化的人类活动背后的动机与生产直接效用的经营活动的动机是一样的，而且在围绕着有利可图的资源的争夺中，资源在不同用途中的报酬将趋于相等。在这些条件下，每当导致社会和技术进步的、有很大不可预见性结果的经营活动出现，工业进步必定紧跟其后发生。然而，一旦那些发明、发现新的自然资源的活动失去了投机性，其报酬也就不会再与其他生产活动中的工资、利息和租金有什么区别了。它们在数量上相等，决定方式上也相同；在同样的竞争性市场中，它们是工资、利息和租金，而不是利润。这就还似围绕可预见的社会和技术进步而发生的事情。在一般情况下，事情总会是这样。只有在变化及其后果具有不可预见性的情况下，动态变化才会导致某种特殊形式的收入。

因此，利润的原因不是变化。正如大量事实所表明的那样，如果变化规律是已知的，利润就不会出现。变化与利润之间的联系是不确定的，而且这种联系总是间接的。变化也许会导致这样一种情况，在这种情况下，利润之所以会出现是因为变化造成了对未来的无知。的确，没有变化，利润就不会出现，其原因在于，如果所有的事情都是按照绝对一致的方式运动的话，那么，我们现在就完全可以预知未来，即竞争会将一切都调整到价格都与成本相等的理想状态。我们错误地认为变化是利润的原因，错误的根源就在于变化是对未来无知的必要条件（虽然无知未必都是变化所致，而且只是在有限程度上如此）。

延展阅读

《时间、不确定性与资产定价》：张岭松著，科学出版社，2007 年。

同样以不确定性为核心，该书则是研究不确定性下的投资行为。书中先是介绍了确定性下的跨时期消费、投资行为与固定收益证券定价，随后研究不确定性，并分析投资者行为，最后研究资产定价。

《同意的计算——立宪民主的逻辑基础》

〔美〕詹姆斯·M. 布坎南、理查德·A. 马斯格雷夫 著

关于作者

詹姆斯·M. 布坎南是美国著名经济学家，乔治梅森大学教授和公共选择研究中心的咨询主任。他以研究公共选择理论而闻名，并因此获得1986年的诺贝尔经济学奖。

布坎南1919年出生，由于家境贫寒，无法负担一流大学的学费，因而，他一直求学于家乡的中田纳西州立大学。上学期间，他还必须每日靠挤牛奶来赚取学费。然而，正是这样艰苦的求学之路，造就了布坎南坚韧不拔的品质。而上学期间养成的每天四点起床，比别人多工作四个小时的习惯也让他一直保持了下来。1941年，布坎南在田纳西大学硕士毕业。

二战期间，布坎南被派往纽约的战争学院。战后，布坎南回归学术，在芝加哥大学攻读博士学位。博士期间的学习让布坎南在学术上有了质的飞跃，尤其是奈特教授的影响，让他获益颇深。布坎南找到了自己的兴趣所在，并开创了公共选择的领域。

1983年，布坎南受聘成为弗吉尼亚州乔治梅森大学的教授，也曾

在弗吉尼亚大学、洛杉矶加利福尼亚大学以及弗吉尼亚理工大学任教。

理查德·A. 马斯格雷夫（1910—2007）是20世纪最主要的政治经济学家之一，是全球著名的现代财政学家，被誉为现代财政学的真正开拓者之一。

马斯格雷夫1910年出生于德国的柯尼希施泰因，曾求学于慕尼黑大学经济系，后转到海德堡，获得经济学硕士学位。1937年，马斯格雷夫从哈佛大学博士毕业，并留校至1941年，然后作为华盛顿联邦储备委员会的经济学家工作到1948年。

马斯格雷夫先后担任过约翰·霍普金斯大学、普林斯顿大学、哈佛大学和加州伯克利大学的教授。还多次担任美国政府顾问，美国经济学会著名学者、国民税务协会荣誉成员和国际财政研究院荣誉主席。

马斯格雷夫的最大学术贡献是在20世纪五六十年代将经济学从描述和制度性的课题转化成为使用微观经济学和凯恩斯宏观经济学的工具来了解税收影响的课题。1939年，马斯格雷夫在《经济学季刊》上发表了《财政自愿交换论》一文，后来，保罗·萨缪尔森将他的这一研究成果从实证理论转换成规范理论，发表了著名论文《公共支出的纯理论》，并因此而获得诺贝尔经济学奖。因此，有人认为马斯格雷夫应该与萨缪尔森共享诺贝尔经济学奖。

荐读理由

《同意的计算——立宪民主的逻辑基础》（以下简称《同意的计算》）一书是公认的经济学经典著作，是现代公共选择理论的第一杰作。

《同意的计算》以公共选择的决策制定作为重点来研究，意在引导人们关注规则、宪法、宪法选择和对规则的选择，归纳出“政治宪法的经济理论”。

公共选择理论把经济学的分析方法运用到政治学领域，指出个人在市场之外也是经济地行事，个人在集体决策中也得选择自己资源的使用方式，因而，集体行动的成本和收益分摊到个人身上的不同程度影响着个人对这类成本收益的评价和反映。

政治与市场的重要差异在于人们追求个人利益时所出的条件，政治是个人之间一种复杂的交换结构，个人希望在这种制度下集体地获得个人自己私下确定的目标。这样一来，政治决策的制定实际上是不同利益集团相互较量的结果，在反复的讨价还价之间，达成一致是困难而又复杂的。

规则的一致如何达成，集体决策如何达成，是个人选择如何合成集体决策的关键问题，也是布坎南在后期学术活动中重点关注的内容。他的《同意的计算》一书，集中关注立宪问题，研究了不同的决策规则对参与集体决策的行动主体所产生的不同影响，初步形成了一个立宪经济学的框架。

布坎南认为，公共选择在其非立宪的研究方面集中于分析各种政治选择结构及在这些结构内的行为，它是更为基础的立宪研究的一个初步但必要的阶段。

作者指出，该书的目的不是为社会写一部“理想的”政治章程，而是为很多现代政治理论中被认为是最重要的问题提供一些参考。书中并不直接讨论像权力分配、司法复审、行政否决或政党这样的东西，而是力图分析理性的个人在面对种种立宪选择问题时的计算，并考察各种决策规则的制定过程。此外，书中还单列两章，专门考察代表制和两院立法制。公共选择理论不仅是政治经济学问题，也是心理学、社会学的问题。因而，《同意的计算》一书将立宪民主制度放在了一个更为宽广的背景下来考察，书中考虑的各种核心问题，不仅经济学的同行会感兴趣，政治学方面的研究者和学者也会被吸引。

先睹为快

任何一种集体选择理论都必须尝试解释或描述用以协调冲突的利益的手段。在某种真正的意义上，经济学理论也是一种集体选择理论，且因此而为我们提供了一种解释：对于独立的个人利益，如何通过交易或交换的机制来加以协调。诚然，一旦假定个人利益是同一的，经济学理论的主体部分就湮灭了。如果所有的人在利益上在先天或后天的资质上都是一样的，那么就不会存在有待解释的有组织的经济活动。每一个人都可能是一个像鲁滨孙一样漂流到无人之岛的孤独的人。因此，经济学理论解释的是，人们为什么通过交易来合作：他们这样做就因为他们是不同的。

集体选择理论必须以某种关于集体单位的本质的假设为基础。什么是国家？或者，把问题提得更准确些，应当怎样构想国家？

如果接受一种有机体的概念，那么，集体抉择理论就被大大地简化了。集体变成为一个个体。而分析家则只需寻找那种激发独立的国家行动的根本价值模式或尺度。对于这样的行为，要建构一些操作上有意义的命题可能是极其困难的，但是仍有可能进行有益的讨论，而毋庸多么关注在个体价值与社会价值之间建造“桥梁”的方式。有机的国家有其独立的存在状态、价值模式和动机，不以声称有成员资格的个体的人们的存在状态、价值模式和动机为转移。诚然，“个体”这个术语在真正的有机体概念中没有多少位置，单个的人成了更大且更有意义的有机体的组成部分。

经济关系和政治关系两者都代表着由两个以上的个人进行的合作。市场和国家两者都是手段，合作就通过这些手段而被组织起来并成为可能。人们通过在有组织的市场上交换货物和服务而进行合作，且这样的合作还意味着相互获益。个人进入一种交换关系，在这种交换关系中，他通过提供某种直接有益于交易的另一方的产品或服务而促进其自己的利益。基本上，按照个体主义的国家观，政治的或集体的行动与此非常相同。两个以上的个人会发现，合力完成某些共同的目标，对彼此都有好处。在某种非常实在的意义上，他们为获得共享的产出而“交换”投入。

延展阅读

《自由、市场与国家——80 年代的政治经济学》

该书是布坎南 20 世纪 80 年代上半期一些论文的选集，都是讨论诸如秩序、自由、公正、效率、进步这类基本问题的论文。阅读该书有助于进一步了解布坎南的学术历程，理解公共选择理论的诞生过程。

《政府为什么干预经济：政府在市场经济中的角色》

〔美〕斯蒂格利茨　著

关于作者

斯蒂格利茨是著名经济学家，诺贝尔经济学奖的获得者。他一贯支持政府干预的经济理论，是西方经济学者中“干预经济学”的著名代表。

斯蒂格利茨1943年出生于印第安纳州加里，1964年在阿墨斯特学院取得学士学位，1966年在麻省理工学院获得经济学博士学位。毕业后，年仅26岁的他就被耶鲁大学聘任为经济学正教授，并于三年后当选为计量经济学会的会员。随后，他先后担任过斯坦福大学以琼·肯尼命名的经济学讲座教授、牛津大学以德拉蒙德命名的政治经济学讲座教授、普林斯顿大学教授、斯坦福大学经济学讲座教授等职。他也担任过总统经济顾问委员会主席、世界银行首席经济学家和负责经济开发工作的资深副行长。从2000年至今，斯蒂格利茨执教于哥伦比亚大学。

斯蒂格利茨为经济学的一个重要分支——信息经济学的创立作出了巨大贡献，并因此而获得2001年的诺贝尔经济学奖。然而，林毅夫教授却为他惋惜，因为他早在1982年就应该获得诺贝尔奖，斯蒂格利茨对经济学的各个领域都有贡献，尤其是经济政策领域。斯蒂格利茨是世界上公共部门经济学领域最著名的经济学家。他所著的教材是世界上最通行的教材之一，被翻译成多种语言，包括本科教材《公共部门经济学》和与安东尼·阿特金森合著的《公共经济学讲义》等。他编著的新版《经济学》一书推翻了新古典综合派的理论体系并形成自己的框架，被誉为是第四本具有里程碑意义的西方经济学教材。

斯蒂格利茨著述颇丰，出版有6本专著，发表有100篇以上的论文。著名经济学家萨缪尔森曾在一封推荐信中赞扬他："斯蒂格利茨是印第安纳州加里市出来的最伟大的经济学家。"

荐读理由

国家干预与自由市场的关系一直是经济学讨论的永恒话题。

早在资本主义萌芽时期，随着商业资本向工业资本的转变，国家干预就开始向自由放任转变，亚当·斯密的《国富论》是当时的经济自由主义的标志。随后，20世纪30年代的经济危机孕育了凯恩斯的经济干预主义，凯恩斯认为市场本身存在缺点，必须扩大政府的职能。他的这一理论对抵御当时的经济危机起到了很好的效果，广受大家的推崇。然而，20世纪70年代的大萧条带来了滞胀的出现，凯恩斯主义对此也无能为力。西方学者逐渐怀疑凯恩斯的政府干预政策，开始向自由放任的市场制度"复归"。从那时开始，国家干预与自由市场的关系讨论也愈演愈烈。

斯蒂格利茨的《政府为什么干预经济：政府在市场经济中的角色》一书对这一问题进行了新的解答。全书分为上下两篇，上篇是斯蒂格利茨关于政府经济角色的论文。

斯蒂格利茨认为，市场具有其固有的弱点，那就是信息不对称和市场的不完全性。这会带来市场失灵，表现为公共产品、外部性、垄断和自然垄断等现象。另一方面，政府的干预具有普遍性和强制性，因而可以很好地调控市场，实现市场的有效配置。与科斯的“自愿联合”和“协商解决”不同，斯蒂格利茨明确提出了“非分散化基本定理”这一理论。他指出，政府相对于其他的组织在干预市场方面更为方便，也更为有效。

在政府如何干预市场的问题上，斯蒂格利茨又提出了“私有化基本定理”。他指出，在公共产品市场上，由于公共利益和私人利益难以实现一致性，因而即使对公共产品的生产部门进行国有化改造，也不可能使其行为符合公共利益。国有化运动不是一条必由之路。相反，在私人部门不能实现政府政策目标的情况下，政府可以通过签订合同、授予经营权、经济资助、法律保护等手段和途径，委托私人部门生产并提供产品。

该书的下篇分别是波尔曼、诺斯、鲍斯、弗里曼等七位经济学教授对斯蒂格利茨的论文分别作的评论。七篇评论从不同的角度对斯蒂格利茨关于政府在经济中的角色的观点作了富有成见的、精彩的讨论，既有赞同也有反对意见，读来发人深思。

正如前言中阿姆斯特丹大学的阿诺德·赫特杰教授所言：斯蒂格利茨的这篇论文具有里程碑的意义，它的问世将会重新掀起有关政府经济角色的讨论。而有关斯蒂格利茨论文的评论也反映了公共经济学的主流观点，这对于我们更好地把握其精神内涵十分有益。

先睹为快

政府作为一经济组织，其所具有的显著特征所造成的第二个结果是，由于税收是强制征收的，因而政府负有一特殊的受委托责任。这一受委托责任反过来对政府构成了重要压力。

政府在给工人发放工资方面是受限制的。如果不受限制，政府就可动用公共资金向个人发放非常诱人的工资，从而获取私人利益。在本质上，这一问题和我将在本文里所考察的其他几个问题一样，是一信息问题。对于一工人而言，如果发放的工资和他的价值或他的机会成本相等，并且其价值或机会成本都可轻易确定，那么就不会出现问题。问题就在于“价值”和“机会成本”是很难测量的，相应地，就出现了不以人的意志为转移的工资压力。

在私人部门的行为和公共部门的行为之间还有最后一个重要区别。在前者的内容中，我们已经指出，一个大股东或股东集团对于确保一个大企业的有效运营是很重要的；另外，一些人出于经济上的考虑也关注着企业的良性运转。而在公共部门中，没有相应的人基于经济上的动因而确保企业得以良好地运营。

在过去的十年中，私有化浪潮反映了不断增强的公共认知，即国有化并不是解决公共目标和私人目标先天存在的不一致性的必由之路。但是，这股私有化的浪潮也是以另一谬见作为基石的。

调控力基于以下两个偏见：一方面，它高估了直接调控的力量；另一方面，它低估了间接调控的力量。

要使直接调控富有效率，调控者就必须拥有可供灵活运用的大量信息。他不仅要具备关于决定应当做什么的信息，而且还须具有监管已完成事情的能力。那些处于调控中心者几乎没有不具备必需信息的。

我们首先应指出的是，虽然市场存在失灵问题，且要求政府以某种形式进行干预，但是它并没有必然地要求政府进行生产。这在自然性垄断的情况下可以清楚地看出来。在这种情况下，政府至少有五种选择：它可以无视这个问题；它可以建立一竞争性的政府企业；它可以赋予政府企业垄断权；它可以运用法规制度和税收规定保持竞争；它可以约束私人垄断。

延展阅读

《全球化及其不满》

该书是斯蒂格利茨颇受争议的一部著作，曾引起全球范围内对全球化经济问题的新一轮讨论。该书从全球化的角度，分析了各地区经济改革和发展的状况，尤其从发展中国家的角度，对国际货币基金组织等国际组织对经济改革的影响进行了剖析。

《知识分子与市场》

〔美〕乔治·斯蒂格勒 著

关于作者

乔治·斯蒂格勒（1911—1991）是世界顶尖级经济学家、经济学史家，信息经济学的开创者，也是1982年诺贝尔经济学奖的获得者。

斯蒂格勒出生在美国华盛顿州的西雅图市，是移民第二代，他出生时父母都已经获得公民权。斯蒂格勒先后获得西雅图华盛顿大学商学院的企业管理学学士学位（1931年）、西北大学企业管理学硕士学位（1932年）和芝加哥大学的博士学位（1938年）。

1936年始，斯蒂格勒就开始了他的执教生涯，先后任教于爱达荷大学、明尼苏达大学、布朗大学、哥伦比亚大学和经济学重镇芝加哥大学。

据说，早在1946年，斯蒂格勒就得知他的母校芝加哥大学希望他参加教授征选的面试，他欣然前往，却被同去面试的另一位教授候选人米尔顿·弗里德曼抢先一步。落选后，斯蒂格勒辗转于布朗大学、哥伦比亚大学，直到1958年，才进入了梦寐以求的芝加哥大学。此后，他一直任教于此，直到退休。

斯蒂格勒在芝加哥大学任教的二十多年，是芝加哥经济学派引领风骚的二十多年，也是斯蒂格勒学术辉煌的二十多年。他与米尔顿·弗里德曼都是主张自由市场经济的芝加哥学派的领导者，并创立了“芝加哥大学经济与国家研究中心”。1957 年至 1958 年，他在斯坦福的行为科学岛等研究中心进行为期一年的研究工作，与他共事的是肯尼思·阿罗、梅尔文·里德、米尔顿·弗里德曼和罗伯特·索洛。这些人中除里德外，后来全是诺贝尔经济学奖获得者。

1964 年，斯蒂格勒被选为美国经济协会主席。1974 年，他成为享有盛名的《政治经济学》杂志的编辑。一年后，他被选为美国全国科学院成员。1977 年，斯蒂格勒担任芝加哥大学国家经济研究中心的负责人。自 1947 年开始，一直兼任国家经济研究局的高级研究员。1982 年，他获得了经济学最高荣誉诺贝尔经济学奖。

荐读理由

斯蒂格勒是芝加哥学派在微观学方面的代表人物，也是信息经济学的创始人之一。他认为消费者获得商品质量、价格和购买时机的信息成本过大，使得购买者既不能、也不愿得到充分的信息，从而造成了同一种商品的不同价格。这一现象是不可避免的，是正常的市场和市场现象，并不需要人为的干预。

斯蒂格勒的这一观点更新了微观经济学的市场理论中关于一种商品只存在一种价格的假定。在研究过程中，斯蒂格勒还把这种分析延伸到劳动市场，从而建立了“信息经济学”的全新研究领域。

此外，斯蒂格勒既是“以经济分析方法来研究法律与政治问题的开山祖师”，也是“管制经济学”的新的重要研究领域的主要创始人。他主张实行自由市场制度，反对垄断和国家干预，力图证明“看不见的手”在当代依旧具有良好的效果，而政府管制则常常不能达到预期效果。

《知识分子与市场》是斯蒂格勒的重要著作的自选集。书中共收录了 18 篇论文，涉及诸多方面。书名“知识分子与市场”只是书中最后一篇论文的标题。

全书分为上下两篇，上篇“关于大学”，主要论述教育领域、专业化、学术自由等方面的观点。下篇“关于经济学”阐释作者在供求弹性、市场成本、财富等方面的观点。

该书是“诺贝尔经济学奖获奖者学术精品自选集”系列丛书中的一本。作为人类经济思想的精华，诺贝尔经济学奖获得者的学术成果是全人类共同的宝贵财富，对于我国建立健全市场经济体系，加速经济发展具有无可辩驳的借鉴作用。该套丛书的主编采用让每个获奖者自己选择作品确定书目的方式编辑，对于业已仙逝的获奖者，则邀请其家人、同事、学生或国内专家学者代为确定作品，来保证这套丛书的权威性。编者的如此良苦用心，也提升了该书的可读性。

事实也是如此，《知识分子与市场》一书选择的文章都精辟有趣，意味深长。斯蒂格勒通过分析生活中的各种普遍现象，论述了知识分子、自由、市场制度、大学教育和学术自由等具有经济学和哲学意义的基本问题。作为一代宗师，他确实没有让读者失望。在这本简练而幽默的小册子里，处处闪烁着他深邃的思想和敏锐的洞察力，以及从平常事物中提出独具匠心的见解的睿智。

另一方面，全书语言较为通俗幽默，作者用简单的文字说明一个问题，以讲故事的方式论述道理，让人在轻松的环境中体现知识的魅力。

先睹为快

我并没有得出结论说，在良好社会里根本就不该设立委员会，这不仅仅是因为，这个问题非常重大，应该由一个委员会加以研究。那些为了争取时间而设立的委员会，常常是光彩夺目的社会人物的集会——他们为公众的激烈情绪提供了一段冷却期，这是美国参议院目前已经不能同样有效履行的功能。那些为了宣传而设立的委员会——其他大部分委员会都是如此——则发现，竞争以及行业生存，可能消除其影响力。现在，委员会的报告实在太多，已经变得没有多大重要性了。不过，它们仍然会持续存在下去，除非到了某个决定性的时刻，由某种更激进的创新措施（比如，高峰会议）取而代之。概率论告诉我们，这个时刻终究是会来临的：两个杰出的、公正无私的委员会同时提出相互冲突的报告。那时候，秘密就会大白于天下：原来，委员会就是把 20 个人召集在一起待上长达 80 个小时，结果炮制出一种对某个人观点的蹩脚表述。

一般而言，一个人的选择范围越宽，他的潜在收入就越高。他很可能发现，专门致力某一方面——比如，当一位医生——具有最大的生产效率，可是，除非他能够自由地进入这个（和那个）职业，否则，他就不能充分利用他的最有利的机会。假如由于运气或者继承，他能够进入一个受到保护的、高报酬的职业，那么，其他大部分人就会被排除在该职业之外。而且，平均来说，社会的收入要比自由选择的情况下更低。（这是因为，具有同样能力的人获得相同的收入，正是产出最大化的一个条件。）一个人的禀赋和接受的教育越好，他所面临的选择职业的范围就越大，他所在的社会就越富裕。

我认为，在一个基本的方面，知识分子的批评找错了对象，而且，有时候甚至有些虚伪。按照我们许多知识分子坚持的标准来看，美国经济生产出了许许多多粗俗、愚蠢或华而不实的产品。要表明这些标准是如何选择的，只要引用几个例子就足够了。我不想提出目前最流行的产品，即体积大、马力大的小汽车，因为我已经发现，批评这种汽车的，大都是身材矮小的知识分子。其他例子也随手可得。10 个美国人中有 9 个都认为，非小说类书籍只是留给年轻人读的，他们必须通过考试取得学士学位，我对这种品位并不满意。美国人热爱严肃音乐的人太少，以致每一个交响乐团都需要补贴才能生存，对此，我也甚感不满意。而且，读过加尔布雷思的《丰裕社会》的美国人，比读过《国富论》的人还要多，我觉得这实在令人震惊。

延展阅读

《经济学家和说教者》

该书是斯蒂格勒的论文选集，收录了斯蒂格勒一些比较重要的学术论文，因而可以拿来与《知识分子与市场》一书互补着看。

《资本主义与自由》

〔美〕米尔顿·弗里德曼　著

关于作者

米尔顿·弗里德曼（1912—2006）是20世纪最有影响力的经济学家之一，被称为自由市场经济理论的教父。美国联邦储备委员会主席伯南克曾评价道："弗里德曼的思想对现代货币经济理论的直接和间接影响无法估量。在经济学家中无人出其右。"

弗里德曼是一个积极奋斗者。无论是童年的艰辛还是长大后的备受争议，他都以顽强的毅力坚持着自己的目标，也终于换来了巨大的成就。

弗里德曼出生于一个犹太移民家庭，父亲经营小商铺，母亲在工厂当纺织工，生活很是艰苦。弗里德曼从小就明白要自力更生，从大学开始，他就自食其力，半工半学的状态并没有影响他的成绩。1946年，弗里德曼获得哥伦比亚大学的哲学博士学位，随后在芝加哥大学任教一直到1976年。

弗里德曼在经济学上的贡献主要体现在三个方面：一是对资产阶级货币理论的研究，特别是对货币数量论的研究；二是在消费函数上的永久性收入的理论；三是新自由主义经济的观点。

1976年，弗里德曼因其在“消费分析、货币理论以及对经济稳定政策复杂性的论证”方面的贡献而荣获了诺贝尔经济学奖。

2006年，弗里德曼逝世，享年94岁。美国总统布什深切哀悼：“美国失去了一位最伟大的公民。他的工作证明了自由市场是经济发展的最重要引擎，他的著作为当今世界各国央行的政策奠定了重要的理论基础，有效地帮助央行维持了经济稳定，也改善了全世界人民的生活水平。”

荐读理由

20世纪70年代的大萧条带来了高物价和高失业率并存的“滞胀”现象。面对这一新的经济现象，一直被奉为圭臬的凯恩斯主义也无能为力，各国政府都不知所措。此时，弗里德曼提出了他著名的“货币主义”理论，向凯恩斯主义提出挑战，强烈反对政府对经济的干预。他指出，通货膨胀从本质上说在任何时候都是一种货币现象，因而货币就是宏观经济中最重要的因素，政府应该把货币发行量作为唯一的政策工具，除此之外不应该对经济进行任何干预。

在凯恩斯主义几乎主导所有经济学教科书的年代，弗里德曼的这一观点无疑是异端邪说。他对凯恩斯主义的反对被比作是造物论者在自然课上出言反对达尔文的进化论一般。当时美国许多名校拒绝使用他的书，图书馆也从不把他的书放在书架上。

然而，弗里德曼始终坚守自己的观点，在唯一的支持者智利独裁者皮诺切特的帮助下，他将“货币主义”付诸实践，终于成功地治理了智利的通货膨胀。他的理论也在20世纪70年代末逐渐被世人所接受。里根总统和撒切尔夫人先后听从弗里德曼的建议，实行“放松管制”，最终取得了良好的效果。

《资本主义与自由》是米尔顿·弗里德曼的代表作。该书最早于1962年出版，至今已被翻译成18种语言，销售量超过50万本。

在该书中，弗里德曼讨论了经济的资本主义对自由社会的重要性，阐述了经济自由为何是政治自由所不可或缺的条件。他坚定地指出，自由市场无论在理论上还是实践上，都是应该被提倡的概念。

弗里德曼指出，经济活动中，把人们组织起来从事生产活动的最好办法，是在没有强制手段下的人们之间的自愿合作并且在自愿合作的基础上缔结相互有利的契约。这种制度在促进人类的自由上有着双重作用。因为“经济自由本身是一个目的”，而“经济自由也是达到政治目的的一个不可缺少的手段”。

在这一理论背景下，弗里德曼对西方国家日益扩大的经济干预进行了猛烈批判。他指出，这种日益扩大的经济干预不但构成对自由的威胁，而且也缺乏效率，不会带来预期的效果。因而，政府应该取消一切不必要的干预措施，而一些政府必须干预的领域则应该放给私人经营。

关于货币政策，弗里德曼提出要通过立法成立一个法治的政府来执行货币政策，这种货币政策能使公众通过政治当局对货币政策进行控制，同时又可以使货币政策不受政治当局的支配。

《资本主义与自由》一书的影响非常巨大，书中提出的一些政策措施在许多地方被试验并成功实行了。例如平头税制度、浮动汇率制等。秘鲁依据弗里德曼的政策成功治理了本国的通货膨胀，美、英等国也借此使经济摆脱滞胀，走向繁荣。该书也为弗里德曼赢得了极高的荣誉，《泰晤士报文学评论副刊》文学评论杂志称这本书为“战后所发行的最具影响力的书籍之一”。

先睹为快

人们普遍相信政治和经济是可以分开的，并且基本上是互不相关的；相信个人自由是一个政治问题而物质福利是一个经济问题；并且相信任何政治安排可以和任何经济安排结合在一起。当前这种思想的主要表现是很多人主张的“民主社会主义”。这些人强烈谴责苏联“集权社会主义”强加于个人自由的种种限制的严重程度，并认为一个国家有可能采用苏联经济安排的主要特征，然而又能够通过政治安排来保证个人自由。这一章的论点是：这种观点是一种错觉；在政治和经济之间有着密切的联系；政治和经济的安排只可能有某些有限的配合方式；特别是一个社会主义的社会，在保证个人自由的意义上不可能是民主的。

经济安排在促进自由社会方面起着双重作用。一方面，经济安排中的自由本身在广泛的意义上可以被理解为是自由的一个组成部分，所以经济自由本身是一个目的。其次，经济自由也是达到政治自由的一个不可缺少的手段。

从这个观点来看，正像早已说过的那样，市场的作用在于在没有顺从的情况下可以取得一致的意见。它实际上是一种有效的比例代表制。另一方面，直接通过政治渠道的行动特征是：它趋于需要或强制执行的相当大程度的顺从。典型的争论问题必须决定“是”还是“否”，最多也不过能提供非常有限的不同选择。甚至使用比例代表制这一直接政治形式也不会改变上述结论。事实上，能够代表的各个不同集体的个数是非常有限的，而和市场所能代表的不同集体的个数相比，则有限的程度更为突出。更为重要的事实是：最后的结果一般会是制定对所有的集体都适用的法律，而不是对每一个代表的“党”制定一个特殊的法律。这个事实意味着：比例代表制的政治形式，远不能实现在没有顺从的条件下的意见一致；它具有无效和片面的趋向。因此，它的作用是破坏没有顺从的条件下的取得一致意见的基础。

事实是：那次经济大萧条像大多数其他严重失业时期一样，是由于政府管理不当而造成，而不是由于私有制经济的任何固有的不稳定性。政府建立的一个机构——联邦储备系统——受命掌管货币政策的职责。在 1930 和 1931 年，它行使它的职责如此不当，以致把否则会是一次缓和的经济收缩转变为一场大的灾难（参阅下面在 45—50 页中的进一步的讨论）。同样在今天，政府的措施构成了美国经济增长的主要障碍。对国际贸易的税收和其他种种限制、高额的赋税负担和复杂而不公平的赋税结构、各种调节委员会、政府对价格和工资的规定以及大量的其他措施促使个人滥用和错用资源以及使新储蓄用于不适当的投资。为了经济稳定和增长，我们迫切需要的是减少而不是增加政府的干预。

延展阅读

《自由选择》：〔美〕米尔顿 · 弗里德曼、罗丝 · 弗里德曼著。

该书是一部探讨经济、自由以及二者之间关系的著作。作者回顾美国的经济发展历程，指出了其中的政策失误和存在的经济问题。此外，作者还针对这些经济问题提出了积极的建议和意见，告诉读者应该如何扩展自由、增进财富。由于该书是配合当时电视片《自由选择》而出版的，因而语言通俗易懂，轻松幽默，是一本适合大众阅读的经济读物。

《公共事物的治理之道》

〔美〕埃莉诺·奥斯特罗姆　著

关于作者

2009年10月12日，瑞典皇家科学院宣布，将2009年诺贝尔经济学奖授予美国经济学家埃莉诺·奥斯特罗姆和奥利弗·伊顿·威廉森，以表彰他们在经济管理分析方面所作的贡献。奥斯特罗姆虽然严格地说是一位政治经济学家，却因为她在“经济管理方面的分析，特别是对公共资源管理上的分析”而获奖，并成为世界上首位获得诺贝尔经济学奖的女性。

奥斯特罗姆出生于1933年，1965年博士毕业于加州大学洛杉矶分校政治系。20世纪80年代，她曾出任美国公共选择学会主席，1997年担任美国政治学会主席。现在，奥斯特罗姆是印第安纳大学政治学系阿瑟·本特利讲座教授，政治理论与政策分析研究所共同所长，制度、人口与环境变迁研究中心共同主任。

奥斯特罗姆的研究领域颇为广泛。制度分析与发展（IAD）框架、多中心治理、复合共和制政治理论、民主制行政理论以及公共池塘类资源的自主治理理论，都是她重要的学术贡献。她和她的丈夫还建立了多中心研究网络、美国印第安纳大学政治理论与政策分析研究所。这些研究机构在政治经济学界产生巨大影响。

中国学术界对奥斯特罗姆可能比较陌生，大家最熟悉的可能只是她的代表作《公共事物的治理之道》一书。然而，奥斯特罗姆事实上非常重视中国学者的研究及发展。每年她所创办的研究所都会招收2至3名中国学者或是学生，为期一年，向他们系统传授她的宏观和微观的研究理论和方法。她也曾先后于1997、2007、2009年三次访问中国。

荐读理由

《公共事物的治理之道》一书是2009年诺贝尔经济学奖得主奥斯特罗姆的代表作。在这本书中，作者着眼于小规模公共池塘的资源问题，在大量实证研究的基础上，提出了自主组织和自主治理公共事物的制度理论，从而在国家理论和企业理论的基础上进一步发展了集体行动理论，同时也为解决“公地悲剧”问题开辟了新的思路。

作者指出，该书的研究目的是为政策分析家提供一项工具。事实上，现实生活中到处都是自主组织的实例，但分析家却没有很好地在理论上总结。本书就是要在结合新制度主义策略和生物学理论的基础上研究出一套系统的集体行动理论：一群相互依赖的委托人如何才能把自己组织起来，进行自主治理，从而能够在所有人都面对搭便车、规避责任或其他机会主义行为诱惑的情况下，取得持久的共同利益。

该书在研究方法上的最大特点是将制度分析与经验研究相结合。

据此，可以将全书分为四大块内容。首先是第一部分内容，系统总结了前人用以分析公共事物解决之道的理论模型，并从博弈论的角度探索了在理论上可能的政府与市场之外的自主治理公共池塘资源的可能性。第二部分则是制度分析，作者界定了一些基本概念，以及用于公共池塘资源问题分析的基本理论。第三部分是经验研究。作者用三章的篇幅，探讨了现实生活中三个方面的案例，分别涉及承诺与相互监督、制度的供给、如何长期维持等方面。第四部分是全书的总结。在前面分析的基础上，作者回归理论，提出了一个自主治理的框架模式。

这本书在研究方法上的贡献是巨大的，它对三个理论模型的修正，为在现实生活中解决集体行动困境提供了良好的理论指导，使得政策分析更具可操作性。

另一方面，该书对于引导公众思考我国面临的公共选择问题，尤其是思考如何避免中国公共事物的退化、如何挽救已经在退化的公共事物问题，也具有巨大的借鉴意义。

先睹为快

公地悲剧、囚犯困境和集体行动的逻辑，与一些模式中的观点是紧密相连的。这些模式对认识试图实现集体利益时个人所面临的许多问题，规定了一种可接受的方法。这些模式中的每一个，其中心问题都是搭便车问题。任何时候，一个人只要不被排斥在分享由他人努力所带来的利益之外，就没有动力为共同的利益做贡献，而只会选择做一个搭便车者。如果所有的参与人都选择搭便车，就不会产生集体利益。然而，搭便车的诱惑如果支配了决策的进程，最终的结局将是任何人都不希望的。另一种情况是，有些人可能提供集体物品而另一些人搭便车，这会导致集体利益的供给达不到最优水平。因此，这些模式对解释完全理性的个人在某些情况下是怎样生产出从所有相关者的观点来看并不理性的结局，是非常有用的。

使这些模式如此令人感兴趣和如此具有说服力的原因是，它们抓住了在世界各地不同背景下发生的许多不同问题的一些重要方面。使这些模式如此危险的原因是——当他们以隐喻作为政策的基础时——那些为分析的目的而被假设为固定不变的约束条件，在各种实际场景中也被忠实地认定是固定不变的，除非外部当局对它们作了改变。在著名的困境中的囚犯不能改变由地方检察官强加给他们的约束条件；他们被关在监狱中。但不是所有的自然资源使用者在改变他们的约束条件方面都同样的无能为力。只要把个人看成是囚犯，政策方案就会以这个隐喻为基础。对我来说，则宁愿致力于提高当事人改变博弈中约束规则的能力，进而使博弈的结局不同于囚犯困境中那冷酷的悲剧。

社会科学家用于分析公共池塘资源问题的模型，对支持政府的更加集权化有不良的影响。第一，使用公共池塘资源的人被视为短期利益最大化的追求者，不会使用增进长期共同利益的合作战略。第二，那些人似乎落入了陷阱之中，没有外部政府的解决方案便不能从陷阱中解脱出来。第三，把那些人可能建立的制度搁置一旁，或被作为低效率的制度加以拒绝，而不考虑如何使这些制度能有助于他们获得信息，减少监督和实施成本，公正地分配占用权和供应义务。第四，所提出的由政府强制实施的解决方案本身，是以理想化的市场或理想化的国家模型为基础的。

延展阅读

《制度激励与可持续发展》

这是作者的另一部精品。该书从经济学、政治学、公共行政学、博弈论和组织学领域里制度分析学者的研究出发，研究了国际组织和许多发展中国家的基础设施发展政策，认为不良的制度激励是发展中国家农村基础设施不可持续的重要原因。

《博弈论与信息经济学》

张维迎　著

关于作者

张维迎是著名的经济学家，他以一个独立学者的身份，积极参与到中国改革实践的洪流中，为中国经济的改革发展出谋划策。他是国内最早提出并系统论证双轨制价格改革思路的学者，他的企业理论及有关企业改革的理论成果在国内外学术界、政府有关部门和企业界有着广泛的影响。

张维迎 1959 年出生于陕西省吴堡县的农民家庭，1978 年恢复高考后，他考入西北大学经济学系并取得硕士学位。随后进入国家体改委中国经济体制改革研究所从事改革理论和政策研究。

1990—1994 年，张维迎进入牛津大学学习，师从诺贝尔奖获得者詹姆斯·莫理斯（James Mirrlees）和产业组织理论专家唐纳德·海(Donald Hay)，主攻产业组织和企业理论。博士毕业后，张维迎回国，一直留在北京大学工作。现为北京大学校长助理，北京大学光华管理学院院长、经济学教授，北京大学工商管理研究所所长，同时兼任北京天则研究所、中国经济体制改革研究会、牛津大学现代中国研究中心等研究机构的研究员。

张维迎致力于中国经济体制改革，尤其是企业理论和大学教育体制的改革。他发表的有关中国经济改革和社会发展的文章经常成为媒体关注的焦点。据《中国社会科学院引文索引》统计，他的论文的被引用率连续多年名列第一。

2000年，张维迎获得国家自然科学基金“杰出青年基金”。2002年，他凭借对于中国企业的核心竞争力、中国企业如何做大、中国企业如何重建社会信任和企业信誉的阐述而当选为“CCTV 2002年中国经济年度人物”。2006年，发表《理性思考中国改革》一文，将有关改革的争论推向了高潮。

他的主要著作有：《博弈论与信息经济学》《体制与效率》《管理与竞争力》《激励与领导艺术》《领导人与企业成败》《企业的企业家—契约理论》等。

荐读理由

“博弈论”是当今学术界颇为响亮的一个名词。近年来，经济学一直在为其他学科提供理论武器，但诸多武器中，恐怕没有其他工具比博弈论更为有力了。

张维迎教授的《博弈论与信息经济学》一书就是一本较全面、系统地以博弈论和信息经济学为主要内容及研究方法的著作。它完整阐述了当今最为热门的博弈论与信息经济学的主要理论，用清晰的数学分析、充实的例子、严谨的推导，向读者展示了一本经济学教材的魅力。

作者指出，在写这本书时，他假定的读者是具有中级微观经济学基础，但并不具有博弈论的入门知识的人群。因而，全书对于博弈论概念的引入是循序渐进的。该书的主要目的不在于告诉读者博弈论说了什么，而在于引导读者运用书中介绍的理论分析现实生活中的经济现象。

全书共有七章，前四章论述博弈论的相关知识，后三章讨论信息经济学的两类主要模型。全书不但涵盖了子对政策完美均衡、序贯均衡这些高深且最适合用来分析中国经济体制的对策模型，而且对委托—代理模型、效率工资、各种“逆向选择”模型都有深入的介绍。另外，在每章中，除了陈述基本概念和基本理论外，作者还列举了大量事例，涉及产业组织理论、企业理论、公共选择、公共财政、法律、宏观经济学、金融银行、保险、拍卖等领域。同时也引入了不少其他学科的知识，用作者的话来说，他希望通过这些案例，让读者不仅能够更好地理解相关理论，还要培养读者用所学理论分析现实经济和社会问题的能力。

该书内容涉及大量前沿学术成果，文献引用完备，是一本功力深厚、学风严谨，达到国际高水平的极好的经济学教科书。在 1998 年至 2002 年的中文社会科学引文索引中，《博弈论与信息经济学》是被引用最多的 50 种中文书之一，位列 1979 年后出版的中文书第三名，从中也可看出它的受欢迎程度。作为中国最重要的经济学家之一，张维迎的学术思想对中国经济运行影响深刻。阅读此书，我们也可以加深对中国经济的深层了解。

先睹为快

行动顺序对于博弈的结果是非常重要的。事实上，有关静态博弈与动态博弈的区分就是基于行动的顺序作出的。我们将看到，同样的参与人，同样的行动集合，行动的顺序不同，每个参与人的最优选择就不同，博弈的结果就不同（事实上，不同的行动顺序意味着不同的博弈）。特别是在不完全信息博弈中，后行动者可以通过观察先行动者的行为来获得信息，从而使得博弈分析成为预测人的行为的一个强有力的工具。

在博弈论中，一般假定参与人的行动空间和行动顺序是所有参与人的共同知识。

应该指出的是，博弈论中的均衡概念与我们在一般均衡理论中讨论的均衡概念是不同的。比如说，在一般均衡理论里，均衡指的是由个人最优化行为导致的一组价格，而在博弈论里，这样一组价格只是均衡的结果而不是均衡本身；均衡是指所有个人的买卖规则（战略）的组合，均衡价格是这种战略组合产生的结果。

一般将上述四个均衡概念（占优战略均衡、重复剔除的占优均衡、纯战略纳什均衡和混合纳什均衡）统称为纳什均衡。引入混合战略纳什均衡的目的是使纳什均衡概念可以应用于更多的博弈。到目前为止，我们讨论的博弈至少存在一个纳什均衡（纯的或混合的）。那么，是不是所有的博弈都存在纳什均衡呢？不一定。但是，纳什证明，任何有限博弈都存在至少一个纳什均衡。这里，有限博弈指的是博弈有有限个参与人且每个参与人有有限个纯战略。

我们前面讨论的动态博弈基本上都有一个特征，这就是，参与人在前一个阶段的行动选择决定随后的子博弈的结构，因此，从后一个决策结开始的子博弈不同于从前一个决策结开始的子博弈，或者说，同样结构的子博弈只出现一次。比如说，在房地产开发博弈中，开发商 A 选择“开发”后的子博弈就不同于选择“不开发”后的子博弈；在开发商 B 选择之后，博弈结束。这样的动态博弈称为“序贯博弈”。动态博弈的另一种特殊但是非常重要的类型是所谓的“重复博弈”。顾名思义，“重复博弈”是指同样结构的博弈重复多次，其中的每次博弈称为“阶段博弈”。我们以囚徒困境为例，如果每次判刑不是很重（至少不是无期徒刑），那么，两个囚徒在刑满释放之后再作案，作案之后再判刑，释放之后再作案，如此等等，他们之间进行的就是重复博弈，其中每次作案是一个阶段博弈。

延展阅读

《企业的企业家—契约理论》

这是作者的另一部精品。

该书根据契约理论和企业家理论发展出了一个企业的企业家—契约一般均衡理论，并据此来解释企业发展中的一些问题，例如什么因素决定市场经济中企业的内部权威安排，什么样的人才能成为企业家，为什么是资本所有者而不是劳动者选择企业经营者，等等。该书还具体分析了企业家、职业经营者、单纯资本所有者和工人四者的均衡关系。

《博弈论经典》

〔美〕哈罗德·W. 库恩　著

关于作者

哈罗德·W. 库恩是普林斯顿大学数学系与经济学系的教授，他因为与艾伯特·W. 塔克合作开创了“非线性规划”理论，即著名的库恩—塔克定理，而闻名于世。

库恩在数理经济学和博弈论方面也有巨大贡献，并在20世纪四五十年代与纳什同为普林斯顿大学数学系塔克教授领导的博弈论小组的成员。

1994年，在诺贝尔经济学奖颁发之际，库恩组织并负责了约翰·纳什在博弈论方面的研讨会。

荐读理由

博弈论是数学和经济学的分支，最先由冯·诺伊曼在1928年的文章中给出了严格的公式表达，是模型化个人间竞争与合作的重要分析工具。博弈论已经成为经济学的标准分析工具之一，并被生物学、计算机科学、政治学、军事学等广泛应用。

第二次世界大战之后，博弈论学科进入了“英雄时代”，如今应用在经济学和其他领域内的博弈论的核心概念——纳什均衡、扩展式博弈理论、讨价还价公理、夏普利值、核以及与之相对应的竞争均衡、不完全信息竞争等都是在这一时期建立的。博弈论的发展也带来了经济学革命。20 世纪 70 年代初期，伴随着产业组织理论的兴起，博弈论的语言和技术从作为微观经济理论学家的深奥和有限的工具，变成了学科的主流语言。

1994 年的诺贝尔经济学奖更是见证了博弈论的重要地位。当年的诺贝尔奖获得者约翰·C. 海萨尼、约翰·纳什和莱茵哈德·泽尔滕都是博弈论领域的先驱。此后，1996 年、2001 年、2005 年、2007 年和 2012 年诺贝尔经济学奖均颁发给在博弈论领域有突出贡献的经济学家。而这些诺贝尔奖获得者的研究成果也收录在本书中。

《博弈论经典》一书收集了自约翰·冯·诺伊曼和奥斯卡·摩根斯坦出版《博弈论与经济行为》以来，对博弈论这一领域具有基础贡献的经典文章，共 18 篇。正如作者所言，《博弈论经典》一书的核心是提供建立现代博弈论大厦的基石。全书从博弈论发展的英雄时代中搜集了 18 篇文章，都是博弈论领域的经典思想。主要内容包括：

博弈论中最重要的概念——策略型博弈的纳什均衡；研究行为运算方法的均衡的发展；允许动态分析的扩展型博弈和完美回忆；海萨尼的不完全信息博弈；泽尔滕的完美均衡；重复博弈；用于研究市场经济均衡的市场博弈模型；合作博弈理论；与“大”经济的竞争均衡相联系的“核”；纳什讨价还价解以及夏普利值。

这些内容涵盖了博弈论的所有基础性研究，也建立了博弈论的标准形式，展示了博弈论的发展历程，这使得该书成为一本不可多得的学术著作选集。

对于从事博弈论研究的学者以及学经济学、政治科学和生物学的学生来说，该书的价值是无限的。对于初学者，该书严密的数理分析可能会让你望而却步，然而，只要对博弈论拥有浓厚的兴趣，静下心来细细品读，定能从中获益匪浅。

先睹为快

一种新的方法出现在经典经济学问题中，它可以应用于多种形式的问题，如讨价还价、双边垄断等等。它可以被认为是二人非零和博弈。这种方法，对确定经济环境中单人和二人组的行为进行了少许假设。这样，可以得到经典问题的解（在本文的意义下）。从博弈论的角度，即找到博弈的值。

在简化成非合作博弈的基础上，作者已经发展了研究合作博弈的一种“动态方法”。即通过构造博弈前谈判模型，使得谈判成为一个大的非合作博弈的行动（这里有无限的纯策略），从而描述了整个的情况。

那么这个大的博弈可以利用本文的理论（推广到无限博弈的情形）来处理，如果得到值，就是合作博弈的值。因此，分析合作博弈的问题变成了分析合适的、令人信服的、关于谈判问题的非合作模型。

递归博弈是“博弈单元”的有限集合，这个集合中的每个博弈单元的支付要么是一个实数，要么是集合中的另一个博弈；但是不能同时用实数和集合中的博弈作为支付。通过给递归博弈中的每个博弈支付赋予一个实数值，可以将每个博弈单元变成普通的博弈，它们的值和最优策略（如果存在）取决于这些具体的赋值。可以证明，如果每个博弈单元对于特定的实数赋值有解，那么递归博弈也有解。特别地，如果对博弈支付的所有实数赋值，博弈单元有最小最大解，那么递归博弈在平稳策略意义下有一个上下确界解。如果博弈单元只有上下确界解，那么递归博弈有上下确界解，但是这个解可能需要在非平稳策略下取得。除了要求博弈单元在对博弈支付的任意实数赋值有解的条件外，对这些博弈单元没有别的限制条件，另外还把递归博弈推广到了更一般的情形。

在传统的瓦尔拉斯均衡分析中，消费者的资源和他们对生产者的利润分割是给定的。假设经济中的所有代理人接受一个价格系统，它尽量使得总需求等于总供给。在帕累托最优性研究中，价格被认为是第二位的，并有非常不同的观点。考虑具有不确定的资源分配的经济有效组织问题，实质上是证明，经济状态是最优的当且仅当存在每个消费者和生产者都接受的价格系统时成立。在艾奇沃斯的理论中，和我们这里给出的一般化，价格是第三位的，对此也有不同的观点。给定一个具有特定资源分配的经济，由确定种类的消费者组成，消费者种类相对于每类消费者的数量是小的，结果是可行的，也就是没有联盟能够阻止它，当且仅当存在一个消费者和生产者都接受的价格系统时成立。这就是说，竞争均衡，也只有竞争均衡，是可行的。在帕累托最优的研究中，价格是在它们没有事先给出的情况下出现在分析中的。

延展阅读

《身边的博弈》：董志强著，机械工业出版社，2009 年。

该书共有 13 章，包括了近百个故事，让读者徜徉在古今中外人文、历史、政治、军事、经济、管理、心理行为各个领域的同时，感受博弈论的精巧和运筹帷幄的快感。全书通俗易懂，趣味盎然，让你在不知不觉中领悟博弈论的精髓。如果你在阅读学术型的《博弈论经典》时感到吃力，那么不妨随身带一本《身边的博弈》，在交替的阅读中定能让你增进对博弈论的兴趣。

《经济学与公共目标》

〔美〕约翰·肯尼斯·加尔布雷思　著

关于作者

约翰·肯尼斯·加尔布雷思（1908—2006）是美国著名经济学家，新制度经济学的主要代表人物。他一生著述颇丰，其著作备受读者喜爱，是历史上拥有读者最多的经济学家之一，被誉为“美国的经济医生”。

加尔布雷思出生于加拿大。二战期间，他曾担任过美国物价管理局局长、战略轰炸调查团团长，1946 年担任负责德国和日本经济政策检查的经济安全政策室主任。20 世纪 60 年代，出任肯尼迪竞选总统的顾问，随后担任美国驻印度大使。1949 年后，一直担任美国哈佛大学教授。他也是《幸福》杂志的主编，为多家报刊撰写专栏文章。主要著作有《美国资本主义：抗衡力量的概念》《1929 年大崩盘》《富裕社会》《经济发展》《新工业国》《经济学、和平与欢笑》《经济学与公共目标》《不确定的年代》等。

丰富的人生经历，让他对美国社会有了深刻的认识，也为他在新制度经济学上的成就积累了素材。

加尔布雷思是出了名的“另类经济学家”。他继承了以19世纪末20世纪初美国经济学家凡勃伦为代表的制度学派传统，对主流经济学和资本主义制度持批评的态度。他强调制度或结构问题在经济分析中的重要性，反对用抽象的“纯经济”方法，反对单纯的数量分析，而是主张把非经济因素，诸如政治权利、社会结构、制度组织因素、人的因素等都纳入分析框架。

加尔布雷思的观察和思考，紧贴时代，关注广泛的社会现实。有人说他是“美国老制度学派”的第二代传人，有人说他是凯恩斯主义者。实际上，我们不能简单将其局限在经济学这一领域。

加尔布雷思是和亚当·斯密、托尼同样的人，都重视国家的整体利益，追求人民的幸福。他们并不看重单纯的理论研究，而是重视公共政策的意义，希望以开放的姿态听取意见，积极推动政府的改良。

荐读理由

《经济学与公共目标》是一部系统反映加尔布雷思经济思想的著作。书中对“公共目标”问题的看法以及对古典主义经济学模式的批判，在一定程度上揭露了某些西方发达国家的主要社会、经济、环境问题的本质，对于我们认识和分析资本主义国家种种危机现象的起源、社会结构的本质，以及与第三世界国家之间的不等价交换等问题，具有极其重要的参考价值。

在该书中，加尔布雷思指出，现代正统经济学偷换了“公共目标”的概念，他们将诸如经济增长作为社会的公共目标。政府和企业家对经济增长数字的关心超过了对人们生活本身的关心，而淡忘了减少贫富差距、遏制经济畸形化、控制环境污染、制止道德败坏等这些真正的公共目标。

加尔布雷思进一步提出了“信念解放”这一概念，他指出政府要摆脱正统经济学对公共目标的解释，不能一味向经济增长看齐，而是应该重新树立对“人生”的看法，选择“生活的道路”，争取真正值得努力争取的公共目标。经济的增长不能不考虑背后的代价，环境污染、公众利益、消费者权益，都是应该考虑的内容。

该书还深入分析了美国社会的经济结构。加尔布雷思指出，美国的社会结构存在着严重的二元体系分布。二元体系包括由大公司组成的计划体系和由中小企业、个体经营者等组成的市场体系。这两种体系权力与地位的不平等，是造成收入分配不平等、社会失衡、犯罪严重等问题的根源，从而呼吁政府应该实行制度改革，实现平等。

加尔布雷思的这一思想，在当时的美国引起了广泛的关注。对于我国的经济发展也具有借鉴意义。改革开放带来经济的突飞猛进之后，我们是不是也应该放慢脚步，重新审视一下经济发展的根本目标？思考一下我们真正想要的“人生道路”？与当时的美国社会类似，我国目前也面临严重的环境问题、收入分配问题、计划与市场二元体制问题等。不仅是经济学家，政府官员也对经济发展数字有痴迷一般的盲目崇拜。所有这些不合理存在，都是加尔布雷思极力反对的，也应引起国民的足够重视。

全书文字流畅，分析精到。作者关注广泛的社会问题，几乎触及美国社会的各个角落，有着犀利的批判精神和诙谐尖刻的文字风格。虽然，加尔布雷思某些激进的思想不免引起主流经济学家的批判，然而我们不得不承认，“加尔布雷思用他的尖锐的富有感染力的文字获得了其他经济学家难以奢求的社会声望。他是他那个时代最为成功的公众知识分子，而从他的视野的广阔、分析角度的独到、文字表达能力的高超以及对美国社会的深刻批判性而言，他当之无愧地堪称他那个时代的‘思想英雄’”。

先睹为快

假如我们对经济体系的目标的看法发生改变，我们对于经济学目标的看法也会发生改变。只要我们设想经济体系的最终目标是为个人提供服务——用以满足个人的需求和愿望，我们就可以认定，经济学的基本功能，就是解释为个人服务的过程。就像其他学者一样，经济学家无比珍视那些能够传达某种不仅深奥而且是有普遍性意义的学科的定义。一位著名的经济学家把经济学描述为“研究人类的行为模式以及人类的目标，与具有不同用途的有限的资源之间相互关系的科学”。当代最具有影响力的经济学权威给出的定义更为简单而平实：“我们如何……作出决定，利用具有不同用途的有限的生产资源去满足既定的目标。”

市场体制能够生存，是因为它具有减少其参与者的报酬的能力(至少是在某种程度上)，这一事实，可以使我们得到一个明确的，而且具有启示性的结论。这就是，在经济体系的不同部门之间，存在着严重的不对称性。实用的社会美德使这一不对称性变得更为突出，因为它促使人们相信，他们应当接受较少的回报，他们的社会美德带来的荣耀，就可以使他们得到部分的补偿。不用说，如果市场体制的某个部门对价格和成本具有控制权，甚至对于其他部门的价格和成本也具有控制权，那么，关于市场体制存在不对称性的推定，就会变得更有说服力。这就是说，经济体制的一个部门，完全可以对另一个部门进行剥削。

恐怕现在没有人会相信，经济体制具有自我修正的倾向性。不平衡发展、不平等现象、无意义和无价值的革新、对环境的破坏、对人性的漠视、对政府的控制权、通货膨胀、行业间缺乏协调性，所有这些，都是经济体系的一部分，也是现实问题的一部分。这些都不是容易解决的小问题，它们不是发生变形的机器轴承，一经发现，就可以进行更换或予以修整。它们在体系中早已变得根深蒂固。它们是体系的一部分。在这样的体系中，不同的生产企业拥有不同的权力，它们正是从这样的权力中衍生出来的。这种权力，会使某些企业与改革的策源地——政府——密切结合在一起。进一步说，它的生存与发展，是以公共信念为立足点的。这种信念和教育密切相关——大多数正规教育所提供的关于经济生活的观点，对于经济体系的权力运行至关重要。确切地说，所谓的正规教育，无不深深地打上了这种权力的烙印。在这样的背景下，任何人都不可能随意地、不受约束地奢谈经济体系改革。

延展阅读

作者还有下列精品：

《富裕社会》

该书分析了二战后美国社会表面丰裕背后的危机：生产者主宰消费者、物质至上的思潮、严重的收入分配不平等等。在揭露丰裕背后问题的同时，警醒统治阶级要采取措施，警惕危机的爆发。

《1929 年大崩盘》

该书全面系统地分析了 1929 年 9 月到 10 月这一段让人恐慌窒息的经济危机日子，并找出了危机发生的根源，从而达到“引起疗救的注意”的目的。该书出版后，受到世人广泛赞誉，并成为学术界和证券投资界大量引用的极具代表性的作品。

《特权和寻租的经济学》

〔美〕戈登·图洛克 著

关于作者

戈登·图洛克（1922—2014），是国际上最为重要的公共选择经济学家，被称为是当今学界最有实力但尚未获得诺贝尔奖的经济学家之一。图洛克研究领域广泛，涉及经济学、公共选择、法与经济学、生物经济学和外交等领域。

图洛克的人生经历颇为丰富。上大学时就在五年之内学完了六年的学习内容。毕业后由于不喜欢律师工作，他考入了美国国务院的外交部，并被委派驻中国的天津市。正因为有着这段在中国的经历，图洛克回国后被分派到国务院的情报调查局工作。在情报局的经历让他对政治和官僚生活有了深刻的体会，并促使他开始研究有关国家、选举、官僚等传统政治学话题。

1957 年与布坎南的相识带来了图洛克学术生涯上的巨大转折。在布坎南的安排下，图洛克进入了弗吉尼亚大学的托马斯·杰弗逊政治经济学中心，开始从事与经济学相关的研究工作。1962 年，图洛克与布坎南共同合著的《同意的计算》一书出版，让他们成为公共选择范式的创始人。随后，公共选择学会成立，图洛克成为会长。1969 年，在图洛克和布坎南的努力下，弗吉尼亚工学院创办了公共选择研究中心，出版有《公共选择杂志》。这些举措都为公共选择学派的成立奠定了基础。

图洛克也是寻租理论的创始人。1967 年，他在赖斯大学任经济学和政治学教授时，发表了《关税、垄断和偷窃的福利成本》一文，对后世影响巨大。

图洛克荣誉颇丰。1970 年，被选为美国政治学协会委员会成员。1978 年，当选为南部经济协会主席。1992 年，当选为西部经济协会主席，荣获芝加哥大学荣誉法学博士学位。1998 年，荣获美国经济协会"杰出会员"奖。他一直为将经济学的理性分析方法引入政治决策过程研究中而努力。

荐读理由

近年来，"特权寻租"这个词语逐渐走进人们的生活。不过，更多人把这个概念看作是政治方面的问题，却并不知道这是美国经济学家图洛克首先提出并加以深入研究的。在《关税、垄断和偷窃的福利成本》一书出版以后，他便一发不可收，为寻租理论付出了几十年的辛勤研究。

《特权和寻租的经济学》是图洛克对其从事了将近 40 年的寻租领域研究进行的一次回顾和反思。该书完整阐释了寻租理论的各个方面，并运用这一理论解释了现实生活中的诸多现象。

寻租是指资源的利用在实际上降低了总产出，却使得少数人获利的活动。该书共分两部分。在第一部分中，作者提出了一个令人费解的悖论：按照资金耗散理论，寻租引起的巨大收益会引起其他寻租者进入这个寻租市场，直至租金被完全竞走。然而，作者对华盛顿的观察却让他发现，在现实生活中，与寻租带来的巨大收益相比，寻租者付出的成本要低得多。面对这一悖论，图洛克提出了六种互补的传统解释。他指出，这一悖论的出现主要源于人们无法估计寻租给他们带来的损失大小。

第二部分“关于寻租的随想”，收集了作者在寻租方面的其他一些短文，涉及内容广泛，包括寻租的定义、寻租与传统的市场分析的关系等。这些文章反映了作者对于寻租理论的一些不太正式的想法，读来会让人颇有启发。

本书最大的意义不在于对寻租理论进行总结，而是提出了一些有待于进一步研究的问题。

该书穿插了各种见闻和轶事，夹叙夹议，让读者在轻松愉悦的阅读中备受启迪。图洛克具有发散性的思维，在该书中，你可以发现关于寻租的问题多于答案。因而，在该书的阅读过程中，读者更多的不是对寻租理论结论性接受，而是在图洛克的启发下发现现实生活中的问题，对寻租理论进行进一步思考。

先睹为快

我们所观察到的寻租业规模看上去和现有的寻租理论相悖，这并非个例。另外，有一个补充的观察就是，租金通常以非常无效的方式被转移。赋予某人在某个方面的垄断权是一种从社会意义上来说低效的将利润转移给他的方式，不论是什么利润。而且，在大多数对有价值的生产进行控制的情况下，这种优惠不是赋予了某个人，而是赋予了具有相当规模的一群生产者；这些生产者面临的市场价格要高于不受管制的市场的价格，他们会提高产量来尽可能地攫取高价格带来的好处。利贝凯普（Libecap）论证了德克萨斯的铁路委员会远没有最大化德克萨斯石油生产者的利润。

我们知道，国会议员之所以会为诸如保护性关税、农业补贴方案等项目进行投票，其中的一个理由就是，他们认为这些项目会吸引投票。经济学家几乎总是反对这些项目，因为他们认为这有损投票者。从技术上说，投票者使投票分化，也就是将他们全部的偏好函数集中在一个或几个他们认为重要的具体问题上。其他将精力集中在别的问题上的投票者则不考虑上面这些投票者的福利。

经济学家们指出，如果投票者都没有分化其投票，那么所有的投票者的福利就会更糟。另一方面，民主赋予了投票者选择权，而不是按照经济学家的观点去投票。投票者就是为此而进行投票。难道我们也把这个当作成本吗?

我想要以开始第二部分的方式来结束本章和本书：讨论寻租的合适定义。正如我之前说过的，我对寻租的定义比较粗糙。我们需要一个一般性的定义，这个定义使我们既可以考虑不合理的经济制度，又可以考虑我们所称的销售努力上的过度投资。遗憾的是，我们并没有这样的定义。我们没有办法去衡量如下情形下在销售上的过度投资：其最终结果本身是合意的。

我对这个问题的解决方法是仅仅将寻租这个概念限制在我们知道的低效的制度上（如保护性关税）。因此，我们讨论获得保护性关税的成本，是根据寻租和反对保护性寻租的“避免寻租成本”。而销售肥皂的成本则不在两者之内。再次重申，我想要有个连续函数来将这三者统一起来考虑。但是，目前我们多少仍只能局限地运用寻租理论。

延展阅读

《收入再分配的经济学》

这是作者的另一部精品。

该书讨论了有关经济平等的相关问题。不仅包括地区间矛盾，也含有对国家层面诸多问题的讨论、国际秩序的疑问等。对于研究宏观经济学或是公共财政学的读者来说，这是一本不可多得的好书。

《权力与市场》

〔美〕穆雷·罗斯巴德　著

关于作者

穆雷·罗斯巴德（1926—1995）是20世纪60年代之后最具灵感的一位经济学家，是当代奥地利学派经济学、新奥地利学派经济学的代表人物之一。他发展了奥地利学派经济学的若干理论，并将其运用于对美国经济历史的分析。

罗斯巴德出生于纽约的一个犹太人家庭，1956年毕业于哥伦比亚大学，获得经济史学博士学位。毕业后，他就投身于米塞斯经济学的研究中。罗斯巴德创办并主编过《自由意志主义研究杂志》（*The Journal of Libertarian Studies*）、《奥地利经济学评论》（*The Review of Austrian Economics*）等学报。同时，他在政治哲学、伦理学等领域，也有重要贡献。

罗斯巴德先后与凯恩斯主义者芝加哥学派的货币主义经济学家发生过长期争论，他明晰而富有雄辩力的理论吸引了一大批自由主义者、主张金本位的学者和主张自由市场的经济学家。

《人、经济与国家》是罗斯巴德最重要的著作。由于他在学术思想上主要继承米塞斯的《人的行为》，因而他的这本巨著也完全采用米塞斯的演绎方法，从行为的公理，再加上若干辅助性假设，推导出整个经济学体系。在细化了米塞斯的推理和分析的基础上，对人的行为学理论进行扩充和发展。最初，罗斯巴德对于该书的规划包括了最后一章对政府干预的全面分类与分析。然而，在《人、经济与国家》中，它被无情地删去。一直到 1972 年，才以《权力与市场》的标题出版全本。

罗斯巴德的主要著作包括：《人、经济与国家》《美国大萧条》《政府对我们的货币做了些什么》《构想自由》《自由的伦理》《银行业的神话》《行为的逻辑》《亚当·斯密和古典经济学之前的经济学思想》等。

荐读理由

《权力与市场》是罗斯巴德全面论述经济学的著作《人、经济与国家》的完全版。该书填补了《人、经济与国家》一书对政府干预经济的分析这一空白，也就原书中略而未提的在一个纯粹的市场经济中保护机构的作用的问题作了详细论述。因而，全书的主旨依旧是在为鲁宾孙·克鲁索经济学、自由市场以及暴力干预提供一套完整的经济学分析。

全书秉承奥地利学派对政府控制和干预的一贯警惕，在对政府干预市场的各种具体形态进行细致归类、分析和批判的基础上，反驳了自由市场的种种伦理观点，清晰锐利地指出政府控制和干预市场必然会带来正义的损失。

在第一章中，作者就论证了防卫和强制执行也可以由自由市场提供（同其他服务一样），因而即使在这一领域，政府行为也不是必要的。从而证明，任何物品或服务的供给都不需要政府的存在。即便是征税和政府预算，也是干预自由市场的一种活动。

该书还发展了一种政府干预的类型学，把诸多干预类型分为三种不同形式：一元、二元或是三元的干预，分门别类加以分析。

作者将政府行为和自愿的市场行为看作对立的两极，认为前者必然涉及暴力、侵犯和剥削，后者则必然是和谐的、和平的、对所有人都有益的。

该书出版后，在美国曾引起巨大反响。虽然对于政府作用的完全否定必然存在偏颇，但是，正如北京大学中国经济研究中心主任周其仁教授所言："当我们以为自己无所不知的时候，是不需要阅读哈耶克及其他奥地利学派经济学家的著述的。可是，'unknown'在每个时代都被发现挥之不去。这时，尽管人们不一定同意他们的分析，奥地利学派的著作还是最上乘的精神食粮。"

21世纪，面对中国日益深化的市场经济体制改革，阅读一下罗斯巴德的《权力与市场》，深入了解市场与政府的关系，必然是大有裨益的。

先睹为快

总之，一个真正的自由市场与国家的存在是完全不相容的，这样的一个机构依靠征税这种针对私人财产的单边强制行为维持自身，却声称自己在保护公民的人身和财产。在自由市场上，针对暴行的防卫服务如同其他服务一样，可以从自由竞争的私人组织那里获得。这一领域中的任何遗留问题在实践中都可以由市场过程轻松解决，因为市场过程已经解决了无数远为繁复的组织问题。无论过去还是现在，那些止步于根本不可能的有限政府之乌托邦理想的"自由放任"主义经济学家和学者，都陷入了严重的自我矛盾中。"自由放任"的这种自相矛盾被英国政治哲学家奥伯伦·赫伯特清晰地揭示出来。

自由市场总是施惠于每一个参与者，而且总能最大化事前的社会效用；也能最大化事后效用，因为市场之运转使得预期迅速转变为现实。在干预的情形中，一方所得对应着他方之所失，因而社会效用并不会增加；个人目标的实现受到了阻碍，而不是助益；而且，正如我们将要看到的，干预的间接后果是如此恶劣，甚至许多干预者自身也会在事后损失效用。

这种两极分析的适当性还有更深一层的依据。这是因为霸权有一特点：对人类事务的每一次强制干预都带来更多问题，要求进行抉择，要么废除初始干预，要么进行下一次干预。正是这一特征使得任何的“混合经济”内在地不稳定；总是偏向这个或那个极端——不是纯粹的自由，就是全面的国家统制。回击说世界总是在中间道路，因而毋须杞人忧天，这是不够的。问题的关键在于，由于其自身带来的问题（借用马克思主义者的话来说是“内在矛盾”），中间区域没有一个是稳定的。这些问题之结果会将社会无情地推向这个或那个方向。事实上，任何一个人都会认识到这些问题，无论其价值体系或就解决这些问题提出的办法怎样。

简而言之，蒲鲁东睿智地写道：“自由是秩序之母而非其女。”霸权干预用混乱替代了秩序。

这些就是人类行为学向人类展示的法则。它们是后果的两套组合：市场原则的运作与霸权原则的运作。前者促进和谐、自由、繁荣和秩序；后者带来冲突、强制、穷困和混乱。这就是人类必须加以选择的种种结果。事实上，人类必须在“契约社会”和“身份社会”中二者择一。在这一点上，人类行为学家从舞台上引退；公民——伦理学家——现在必须根据自己所珍视的伦理原则进行抉择。

延展阅读

《美国大萧条》

这是作者的另一部精品。

该书解读了20世纪初美国经济危机的前因后果，深入探究了经济繁荣与衰退互相交替的根源。作为奥地利学派的代表，作者指出那场大萧条的根源不是政府实行了“自由放任”的经济政策，而恰恰相反，是政府过多干预经济使然。

《有闲阶级论》

〔美〕托斯丹·邦德·凡勃伦 著

关于作者

托斯丹·邦德·凡勃伦（1857—1929）是美国伟大的经济学巨匠。他在1918年正式创立制度经济学，为制度主义奠定了哲学和理论基础，其学术思想影响了一代经济学家。

凡勃伦是挪威移民后裔。17岁时进入卡尔顿学院，师从当时美国最杰出的新古典经济学家克拉克，并受到克拉克《财富的哲学》的影响。在卡莱顿学院，凡勃伦只花一年时间就修完了两年的课程。毕业后，他来到约翰·霍普金斯大学学习哲学和政治经济学。不久转学到耶鲁大学跟随社会达尔文主义者萨姆纳，并于1884年获得哲学博士学位。

毕业后，由于当时的学术职位通常都从神学学生中挑选，因而凡勃伦只能回到父亲的农场，待业在家，一待就是七年。这七年对他来说非常重要，七年间他阅读了众多经济学著作，为他人生道路的转折奠定了基础。

1890年，凡勃伦以研究生的身份进入康奈尔大学学习经济学，师从洛林。一年后，洛林带上35岁的凡勃伦，前往芝加哥大学任教。凡勃伦在芝加哥大学执教14年，写有《有闲阶级论》等两部非常成功的著作，并发表了无数文章，成为当时最显眼的社会和经济批判家。

凡勃伦是经济学界的奇才。他学问渊博，兴趣广泛，在哲学、心理学、生物学和社会科学方面都有很高的造诣。也正是因为拥有如此渊博的学问，让他开始重新思考经济学，试图从社会经验和其他社会科学的角度研究人类行为，从而拓宽和丰富经济学。然而，当时的经济学界早已接受了新古典经济学的抽象思维而在他们的象牙塔内研究人类行为，凡勃伦离奇的经济学说备受他们的非议。再加上无节制的生活方式，凡勃伦受到了当时主流学界的极力排斥，以致从来没有进入全职教授的行列。

退休后，凡勃伦过着相当凄苦的晚年生活。他不仅经济状况岌岌可危，健康状况也堪忧，不时需要学生的帮助。

1929年3月8日，在大萧条来临之际，凡勃伦溘然长逝。然而他的学术思想却日益得到了学术界的肯定。著名经济学家米契尔就曾写道："没有一个生长在残暴苛政下的思想解放者像他一样在社会科学领域里名声卓著，且探究的领域之大以致无人企及。"

荐读理由

《有闲阶级论》是凡勃伦的成名之作。该书向我们描绘了在财产所有权和金钱关系的基础上所形成的这样一个阶级：他们占有较多社会财富，拥有金钱上的优势。同时他们力图通过两个途径将这种优势展现出来，一是明显有闲，二是明显消费。这就是所谓的有闲阶级。在该书中，凡勃伦应用"历史起源法"来说明"有闲阶级"是怎样从远古时代的历史胚胎中萌芽产生，又经历了怎样不同的形态变化。接着，他又从人的本能、思想、习惯出发，说明有闲阶级的形成以及它的

“地位和价值”。正如他在序言中所说：“本书的主旨在于讨论作为现代生活中一个经济因素的有闲阶级的地位和价值，但是感觉到要把讨论严格地限制在这样标明的范围内是办不到的。因此，关于制度的起源和演进以及一般不列入经济学范围以内的一些社会生活特征，这里也不得不给予相当的注意。”

在该书中，作者指出，有闲阶级的主要特点是明显有闲和明显消费。明显有闲不是懒惰，而是把时间耗费在非生产性活动上面。明显消费不是出于维持生计的需要，而是各类过度需求，甚而是明显浪费。因而，有闲阶级的这种生活方式会导致这一阶级相对其他阶级有明显的地位优势和实力优势，从而影响整个社会的生活习惯。

全书共有十四章内容。第一章、第二章追溯了有闲阶级产生的历史渊源，尤其是私有财产制度对有闲阶级产生的重大影响。第三章、第四章论述了有闲阶级在金钱的竞赛中如何过有闲的生活以及对财产的浪费性消费。第五章至第七章，则是从生活的各个方面，包括穿着、宗教、礼仪等领域对有闲阶级的生活方式进行了透彻的分析。在第八章、第九章中，作者开始论及制度层面的问题。他指出当前的制度同工业的发展已经不相适应，现代社会中有闲阶级的性格已经不符合工业发展的要求，因而制度改革在所难免。

在最后几章中，作者进一步分析了现代社会中的种种现象：政治职务、好斗的气质、体育竞赛、爱好赌博的心理、信仰命运、宗教迷信，等等，作者认为它们同样与金钱制度密切相关，具有由远古遗传下来的有闲阶级的“素质”和特性，它们都不符合工业发展的要求。

事实上，有闲阶级的存在是一种社会制度，根源于思想和习惯的制度。因而凡勃伦也是借助此书，标榜出自己与正统经济学的不同之处：他想要寻找和分析经济行为的非经济意义，从社会制度的角度重新分析经济现象。凡勃伦以此建立了制度经济学，并在日后为他赢得了崇高声誉。

先睹为快

在文化演进的过程中，有闲阶级的涌现与所有制的开始是同时发生的。这是势所必然的，因为这两种制度是同一套经济力量的产物。在发展的最初阶段，它们不过是社会结构中同样的一般事态的两个不同方面。

这里是把有用阶级和所有权两种制度作为社会结构——惯常事实中的因素来看待的，我们就是在这样的观点下来研究这些问题的。一贯忽视劳动这一事实并不构成有闲阶级；同样，使用和消费这一机械事实也不构成所有权。因此这里的研究同懒惰习性的起源无关，同用品的拨供个人消费这一点的起源也无关。这里研究的问题所在，一方面是传统的有闲阶级的起源和本质，另一方面是作为惯有权利或衡平法上有效的权利要求的个人所有权的发端。

要获得尊荣并保持尊荣，仅仅保有财富或权力还是不够的。有了财富或权力还必须能提出证明，因为尊荣只是通过这样的证明得来的。财富有了证明以后，不但可以深深打动别人，使人感觉到这位财富所有人的重要地位，使人一直保持这个活跃的印象而不磨灭，而且可以使这位所有人建立起并保持一种自鸣得意的心情，在这一点上其作用也是不小的。除了最低的文化阶段以外，在一切文化阶段，一个普通的、正常的人，如果能够有一个“相当过得去的环境”，能够免于“躬亲贱役”，就会感到安慰，感到一种自尊心。不论在他的生活的物质环境方面，或日常生活的内容方面，如果被迫脱离了他那个过得去的习惯标准，这时不管他的同辈们对他的遭遇作何感想，同情也罢，蔑视也罢，他总会感到这是有损体面的。

于是出现了这样的情况：服装上的一切革新，在增出的或变更的每一个细节上，为了避免直接受到指责，总要表明它是具有某种表面目的的；同时在明显浪费的要求下，革新的这种表面目的又不能表现得过火，无论如何，不能超出类如显而易见的托辞这个限界以外。即使在花样的翻新上诡谲变幻到极点，也总得以某种表面用途为托辞，越出这个常规的情况即使有也是很少见的。然而服装在时样的细节上的这种浮面的适用性，其出于假托的情况总是显而易见，其本质上的不求实际总是表现得十分露骨，使人们感到难以忍受，不得不另翻花样，从更加新的时样中求得安慰。但进一步的新样仍然必须符合荣誉浪费和不求实际的要求。于是人们对于新样的不求实际不久又会感到可憎，其可憎程度同它的前身并不相上下。这时在浪费定律的支配下我们可以采取的唯一补救办法是再度革新，是向同样不求实际和同样站不住脚的某种新结构求取安慰。这就是衣着刻刻翻新而新样又为什么在本质上那样丑恶的原因所在。

延展阅读

《学与商的博弈：论美国高等教育》

这是作者的另一部精品。

该书延续了凡勃伦一贯的犀利风格，直面美国高等教育界的种种问题，对当时美国大学政治利益和商业利益当道、学术理想搁浅、学者境遇堪忧等状况进行了深入分析。阅读该书，对于我们反思我国的高等教育状况，具有积极的意义。

《逃不开的经济周期》

〔挪〕拉斯·特维德　著

关于作者

拉斯·特维德是一位兼具实战经验和理论基础的金融学者。他拥有工程硕士学位和国际商业学士学位，并担任衍生性金融商品交易员、基金经理人和投资银行家长达11年之久。在20世纪90年代，特维德转入电信与软件产业，创办了数家高科技公司。2005年初，他成为瑞士避险基金公司的总合伙人及基金经理人，也是凯睿航金融信息公司共同创办人之一。

拉斯·特维德也是一位畅销书作者。他曾出版数本有关一般经济学、营销、电信和交易的书籍。他出版的《金融心理学》一书被译为多国语言，一度畅销世界。

现在，特维德居住在瑞士楚格。

荐读理由

资本主义经济总是在成长、繁荣、衰退之间循环往复。马克思很早就指出了资本主义经济危机的必然性，2008 年的金融危机再次证实了这一条真理。正如特维德《逃不开的经济周期》这一书名所言，面对经济周期，我们更多的是无可奈何。然而究竟经济发展具有什么规律？出现这一现象的原因是什么？对于经济周期的循环，我们应该如何面对？

特维德是一位资深的资产经理人，不仅熟悉商业周期理论，而且具有丰富的市场投资实战经验。对于各种资产在不同商业周期中的行为表现，他都有着深刻的理解。在《逃不开的经济周期》一书中，特维德深入分析了 300 多年来西方国家经济循环的事实和各派经济学家的相关理论，力图揭示经济周期的特征和规律，让读者了解到周期是推动创造性毁灭和经济增长以及复兴的关键力量。

在该书中，特维德从早期的三大泡沫说起，像讲故事一般，逐步向读者展示一幅幅经济金融危机的历史场景，也详细归纳了经济学界迄今为止对经济波动的各种见解，为我们揭示经济循环的真相。然而，作者的目的并不仅仅是回顾过去，他更希望让读者知道对经济循环的理解如何运用于预测经济波动，从而规避风险。因而，该书进一步详尽地研究并解释了房地产、股票、债券、黄金、白银、钻石、汇率、大宗商品期货、艺术品、收藏品等资产市场的特性，在揭示经济周期中各类资产的阶段表现及其互动影响的同时，让读者能够更敏锐地掌握市场脉搏，顺应经济趋势，在经济萧条时期捕捉市场机遇，获得最高的投资收益。

另一方面，该书全文简明易懂，笔调清新，读来毫不费力。作者一改经济学传统刊物复杂的理论叙述，结合特定历史和现实背景，用通俗的语言将 300 多年的历史梳理通顺，并将前人的各种观点详加点评。因而，即便是普通大众，也能在阅读中受益匪浅。

先睹为快

巴拉诺夫斯基常常把经济与蒸汽机相比较。每天人们都会进行储蓄，他把这些储蓄称为“自由资本”，这些不断累积的储蓄就像是锅炉里的蒸汽。随着蒸汽逐步累积超过一定时间，活塞受到的压力会不断增加，直到最终产生运动。货币的道理也是如此，储蓄者都想获得好的回报，随着时间的推移，他们会失去耐心并寻求更高的收益率。于是，这些自由资本就会投入“固定资本”（机器、厂房等）。在这个过程中，整体经济会产生收入与财富。但是，在某个时点上，剩余的自由资本可能并不多（就像蒸汽机里的蒸汽跑掉了一样），因此固定资本的累积也会趋于平缓，而经济可能出现倒退，这时大量新投资的产能也会随之闲置浪费。

经济中最后一个主要的波动因素是存货。实际上，存货总量的波动比最终需求量的波动要大得多。存货总量一般大约占 GDP 的 6%，并且在扩张时期的增加量约为 GDP 的 3%，但是，它围绕这两个数字还会有较大的波动。之所以出现这种反复无常的变化，其中的一个原因在于存货包含的电视机、DVD、冰箱、空调与汽车等耐用品的数量是不成比例的，当人们对未来心存隐忧的时候，就会停止购买这些耐用品。在许多国家，有接近 1/3 的存货是汽车与汽车零部件（零部件也是耐用品，特别是德国制造的）。存货中啤酒与牛奶这类消费品并没有多少，因为这些物品从生产商到消费者的流转非常快。存货也不包括像理发与看牙医这样的服务，经济中这些部分极少表现出周期性。

20 世纪 70 年代所发生的高通货膨胀是较为近期的过度刺激的例子，它最终演变成了重要的、全球性的威胁。这个事件是中央银行在20世纪所犯下最大的、集体性的错误之一，它造成通货膨胀率在英国超过了25%，在日本大约为20%，在法国为15%，在美国为10%。在号称拥有世界上大部分最优秀的经济学家的国度，如此巨大的失策又是如何发生的呢？

这很可能是由多个问题共同造成的结果。首先，当时有许多政治家与经济学家都认为，接受稍微增长的通货膨胀率，就可以长期降低失业率。其次，他们过高估计了经济的非通货膨胀增长速度极限。最后，许多人起初并没有把货币供给与通货膨胀联系起来。人们指责高涨的石油价格，糟糕的气候，食品的短缺，贪婪的公司，不公平的工会等等，而且其中有些人认为应该采取价格与工资控制的办法，而不是紧缩银根来对付通货膨胀。

延展阅读

《金融心理学——掌握市场波动的真谛》

这是作者的另一部精品。

该书是一本汇集金融市场心理学最新研究成果的专著。该书揭开了股票市场交易的神秘面纱，为读者提供了一套证券市场技术分析的行为学和心理学，是一本金融市场心理分析的实用指南，广受股民、金融分析师和银行家的喜爱。

《经济学是如何忘记历史的：社会科学中的历史特性问题》

〔英〕杰弗里·M. 霍奇逊　著

关于作者

杰弗里·M. 霍奇逊的大名对中国普通读者来说可能很陌生，但是对经济学读者来说，这个名字必定如雷贯耳。霍奇逊是欧洲制度学派最著名的代表人物，引领着制度经济学研究的前沿发展。他是演化经济学的卓越代表，担任演化经济学会的会长。他也是英国当代资深的马克思主义研究者、《制度经济学》杂志的主编。

霍奇逊1946年出生于英国，毕业于剑桥大学，现为英国哈特福德大学教授、博士生导师，制度经济学研究中心主任。霍奇逊曾被聘为法国、奥地利、瑞典、日本、美国等多所大学的客座教授，也曾在剑桥大学任教八年。

他兴趣广泛，研究领域涉及制度经济学、演化经济学、企业理论和经济学方法论。同时，他也是一位高产的作家，迄今为止已拥有10部专著以及发表了160余篇各类学术论文。

荐读理由

《经济学是如何忘记历史的：社会科学中的历史特性问题》是演化经济学和制度经济学的一部最新力作，它不仅是一部卓越的经济思想史著作，也是制度经济学和演化经济学研究领域的前沿作品。

在该书中，霍奇逊全面回顾了整个经济学思想的发展历史，围绕经济学中的历史特性问题展开论述，在总结德国历史学派研究方法的基础上，指出了历史特性的本质和作用，强调了历史特性在经济研究中的重要性。并且针对如何把历史特性问题重新提上经济学的研究日程等问题，提出了有益的可行性建议。

整本书中霍奇逊的演化观点贯彻始终，他在回顾以往思想历程的基础上提出了重建社会科学的研究任务，进一步提出了推进制度经济学和演化经济学研究的基本纲领。

霍奇逊指出，一般化的理论方法虽然重要，但价值有限。这些一般性的方法必须使用对于特定的历史背景、制度背景和文化背景保持敏感的分析方法加以补充。资本主义制度内部存在着众多的市场制度和许多可行的制度结构，而市场自身包含的规则体系也可以采取众多不同的形式。因而，采用功能性的市场经济是完全可以的。而即便是完全的经济的自由主义也依旧离不开相互结合的制度，因为这些制度可以协助建立产权和契约的相关内容，而这些在市场经济中是必不可少的。

该书的理论向如何解释经济生活的具体的、历史特定的方面迈进了一大步。霍奇逊告诉我们，通过借助演化理论和复杂性理论中的普遍性概念，可以塑造一个更具历史特性的经济学。这一原创性的贡献无疑是伟大的，它为将经济学塑造成真正的社会科学作出了重大贡献。

无怪乎该书出版以来备受学术界的推崇。美国加利福尼亚州立大学的保罗·戴尔·布什教授评价道：“这是一部卓越的思想史著作。霍奇逊将新的气息带入过去的思想以及与它们有关的问题之中。这些复活的思想对于当代的经济学家——包括主流的和非主流的——来说是至关重要的。”瑞士圣加伦大学的库尔特·多普菲教授也称赞道：“这部著作对准备以新的方式重新思考理论构建的经济学家来说，提供了有效的指导。”

先睹为快

如果历史是重要的——至少在社会发展具有路径依赖性这个意义上——那么我们在分析问题时就必须探索过去的特定事件。虽然我们可以保留一般性的原则或指导方针，但是对特定事件、结构和环境进行详细分析还是有必要的。如果在这一意义上历史是重要的，那么一般性理论就有它们的局限性。一些被广泛引用的关于技术锁定的例子如此具有争议，原因之一是：路径依赖削弱了一般性理论的魅力。

对比而言，如果我们拥有一个关于社会—经济构成与变迁的充分的一般性理论，那么在广泛的应用领域内就可以用它解释任何情况。特定的情况会仅仅作为数据进入这一理论之中，将不再需要特殊的理论。一个关于经济行为的一般性理论的获得，使得以历史为界限而划分的理论成为多余。一个单一的理论框架就可以囊括所有的可能性。这正是一般性理论的魅力所在。

需要强调的是，本书的论点不是反对一般性的力量或价值。虽然一般性理论建构永远不可能足够，但是一般性陈述却不仅是必需的，而且是不可避免的。本书也不是要低估经验型工作的价值。本书真正关注的是，经验主义和演绎的一般性都有它们的缺点，而且还具有一些共同的错误假设。因而，试图走中间路线的任何努力都可能具有两者各自的局限。我们必须找到一个更为深刻的观点，不仅要认识到一般性理论的重要作用，也要认识到它们的局限。需要某些类型的中层理论——借用罗伯特·默顿的术语——来架通一般性理论与经验工作的桥梁。在现代社会科学中，许多有价值的工作大体都是这种类型。然而，问题是，相对来说方法论支柱和元理论论证都没有被开发出来。

19 世纪早期人们认识到了历史是一个发展的过程，而不是在一个固定不变的“自然”秩序框架下运转，这是观念上的一次重要飞跃。历史的演化和进步是现代的观念。19 世纪之前，人们很少认识到政治、经济和技术进步的概念。许多政治运动只是着眼于过去，目标往往是复兴而不是前进。文艺复兴本身也只是想使古典文化得到再生。甚至“革命”一词的初衷也只是想循环回常态，而不是想构建一个全新的事物。

延展阅读

《制度与演化经济学现代文选：关键性概念》

这是作者的另一部精品。

该书是制度经济学与演化经济学领域的论文选集，汇集了世界上在制度与演化经济学领域中主要学者的创新之作，包括对该领域方法论问题的探究。虽然该书的阅读对象主要是经济学、管理学和社会学领域的专业人士，但是对于想要了解现代社会经济体制最明显变化的读者，也不失为一本好书。

《蜜蜂的寓言：私人的恶德，公众的利益》

〔荷〕伯纳德·曼德维尔　著

关于作者

伯纳德·曼德维尔（1670—1733）是自由主义经济学的重要奠基者。他关于各种制度也是一个进化过程而非设计结果的思想，对当代自由主义秩序观念具有重要影响。

曼德维尔1670年出生于荷兰鹿特丹的一个世家。1685年于埃拉斯米学校毕业后进入莱顿大学学习医学和哲学，并获得医学博士学位。当时的曼德维尔对“歇斯底里”病较为痴迷，旅居英国之后，他成为一名神经和肠胃病及精神病专家，并于1717年发表了《论忧郁情绪和歇斯底里情绪》一文，在当时颇有影响。

曼德维尔并不是一个纯粹的经济学家，他更多是被看作是一位伦理学家，一个对人类的实际伦理行为进行深刻分析的实证型伦理学家。他的经济思想主要体现在他的专著《蜜蜂的寓言：私人的恶德，公众的利益》一书中。

曼德维尔对经济学的贡献主要体现在以下几个方面：一是否定性善论，揭示人性的自私，为经济学中的经纪人假设奠定了基础；二是指出私人利己的行动与社会公益并不矛盾，甚而可以萌生出社会公益；三是肯定了欲望、贪婪、挥霍、奢侈和虚荣对经济发展的作用。另外，在货币、贸易、分工和稀缺价值等领域，他都有自己的一套观点。

曼德维尔生前因其犀利的思想而颇受争议，然而，这些激进的思想却是以后诸多重要经济学理论的源头。伴随着经济理论的发展，曼德维尔的学术地位也日益受到大家的认可。

他的主要著作有：《蜜蜂的寓言：私人的恶德，公众的利益》《论忧郁情绪和歇斯底里情绪》《关于宗教、教会和国家幸福的自由思考》《关于荣誉起源的研究》《为公共烦恼的中肯辩护》。

荐读理由

《蜜蜂的寓言：私人的恶德，公众的利益》是伯纳德·曼德维尔的代表作。它是一部以私恶即公益为核心的政治讽刺诗集。

该书的雏形是1705年出版的讽刺性散文诗集《抱怨的蜂巢或骗子变作老实人》，该书的初衷在于嘲笑同代人对人类的自负。虽然大多数后人对曼德维尔的了解仅限于这一诗篇，但它尚未表达出他的很多重要思想，最初也几乎未曾引起人们的注意。1714年，在原诗的基础上，曼德维尔加进了《道德的起源》一文和一些注释，改名为《蜜蜂的寓言：私人的恶德，公众的利益》。然而出版后依旧没有引起学界的重视。直到1723年，曼德维尔又加入了《论社会本质之研究》《论慈善和慈善学派》等论文之后，该书突然引起了广泛关注，受到“正人君子”们的一致批判。为了进一步阐述自己的思想，也是为了给自己的观点辩护，1728年，曼德维尔为此书增加了第二卷，包括六个对话。从此，该书在学术界掀起了轩然大波，被译成法文、德文，多次再版。

在本书中，曼德维尔提出了著名的曼德维尔悖论：“私人恶德即公共利益。”曼德维尔在他的寓言诗中写道，当蜜蜂们都自私自利、奢侈挥霍时，整个社会兴盛繁荣、人人就业。而当蜜蜂们改变习惯，开始崇尚节俭，放弃奢华的生活时，反而商业萧条、民生凋敝。因而，使得人们能够组成社会的，并不是人的合作和善良的天性；相反，人的一些卑劣可憎的品行，反而能促进社会的繁荣昌盛。

这就是所谓的“曼德维尔悖论”。从中我们可以找到亚当·斯密“看不见的手”的理论的源头，也可以看到休谟的人人追求自身经济利益的行为实际上是一种促进美德力量的情感伦理学的影子，还有哈耶克著名的“自发社会秩序理论”。曼德维尔从人性本是自私自利的这一基本认识出发，指出在美德和商业社会的动力之间，存在着根本的分歧。因而，想以道德说教为手段并以公共精神为基础是不可能建立起一个充满美德的繁荣社会的。他进一步指出，社会秩序是自发生成的——制约人们自私的恶行的绝大多数制度规则，是在充满罪恶和欺骗的商业行为的人类实践中生成的。

英国的学者克拉布·鲁滨孙曾评论曼德维尔的《蜜蜂的寓言：私人的恶德，公众的利益》是一部“用英国语言写出的最邪恶、最聪明的书”。确实，曼德维尔看似乖张突兀的观点，事实上却道出了不少真理。

先睹为快

宽敞的蜂巢有众多蜜蜂聚居，
他们的生活实在是奢华安逸；
这蜂国素以法律和军队驰名，
它繁育着庞大而勤劳的蜂群；
这蜜蜂之国的确可以被列入
科学与勤勉的一方伟大苗圃。
没有哪群蜂有过更好的政府，

或者更无瑕疵，或者更不知足：
他们既不是残暴君主的奴隶，
亦未蒙受狂热民主制的治理；
有一点却不会错：他们有国王，
然而法律却高于君主的权杖。

贪婪，这个衍生出邪恶的根基，
这该诅咒的劣根的天生恶德，
乃是那些挥霍者的仆从奴隶，
挥霍是一种高贵罪孽；而奢侈
亦在支配着上百万穷苦之士，
可恶的骄傲则主宰着更多人：
皆因为嫉妒心与虚荣心本身
均为激励勤勉奋斗的传道人；
他们那种可爱的愚蠢与无常
见诸其饮食、家具以及服装，
那恶德虽说是格外荒唐万分，
却在推动着贸易的车轮前进。
他们的法律以及他们的服装，
亦统统都是同样地变幻无常；
因为此时被看作正当的行为
仅半年之后便会被视为犯罪；
而当他们照此修改其法律之时，
却仍希图寻找并匡正微小过失，
他们被屡错屡犯的失误所改善，
任何精明都无法预见那些错舛。

据以上所述，我认为：我已证实了我在此条对奢侈的评论中打算说明的见解。首先，从某种意义上说，一切事物均可以被称作奢侈；而从另外一种意义上说，世上根本不存在奢侈。其次，通过明智的管理，所有民族均能够随意享用其本国产品所能购买到的外国奢侈品，而不会因此而变穷。最后，凡在军事得到应有重视、士兵得到良好报偿并严守纪律的国家，一个富裕的民族均能享有一切可以想到的、便利丰裕的生活；在该国的许多部分，人们会享有人类智慧所能设想的众多繁华精美的生活，同时，这样的国家亦能使其邻国感到畏惧，而具备“寓言”中的蜜蜂所具备的那些特征，即：

蜂群爱好和平，同时惧怕战争，
异邦蜂群尊重这蜂国的蜂群，
羡慕他们挥霍财富、享受生活，
羡慕其他诸蜂巢的太平祥和。

延展阅读

《蜜蜂的哲学》：〔美〕约翰·彭伯西著，蒋旭峰译，中信出版社，2008 年。

该书以一只蜜蜂的寓言教会人们从日常重复的工作中体味生活的快乐，找寻生活的意义。该书讲述了一只名叫嗡嗡的小蜜蜂，它觉得生活实在太无聊，于是想为蜂群作贡献，以找回真正的自我。书中展现的即是它在探索人生意义道路上的种种经历与思考。阅读该书，你必定会被“蜜蜂式思考”所吸引，开始重新思考自己的生活，重新认识自己。

《巴菲特致股东的信：股份公司教程》

〔美〕沃伦·巴菲特　著，〔美〕劳伦斯·A. 坎宁安　编

关于作者

沃伦·巴菲特被誉为“当代最成功的投资者”。他是伯克希尔—哈撒韦公司的总裁，全美排名第二的富豪。

巴菲特于1930年出生在美国的内布拉斯加州的奥马哈市。他从小就极具投资意识，11岁时，他就购买了平生第一张股票。1947年，巴菲特进入宾夕法尼亚大学攻读财务和商业管理，随后考入哥伦比亚大学金融系，师从著名投资理论学家本杰明·格雷厄姆。在格雷厄姆门下的学习为巴菲特积累了宝贵的经验。毕业后，他回到家乡创办“巴菲特有限公司”。1964年，他的个人财富就达到了400万美元，并掌管有2200万美元的资金。1965年，35岁的巴菲特收购了一家名为伯克希尔—哈撒韦的纺织厂，到1994年底，该企业已经发展成为拥有230亿美元的伯克希尔工业王国，由一家纺纱厂变成巴菲特庞大的投资金融集团。该公司的股票也由每股账面价值19美元上升至37987美元，年复增长率高达24%。如今，伯克希尔已经是一家资产总额高达1300多亿美元的巨型企业。

巴菲特是投资界的大师级人物，在四十多年间，无论股市行情牛气冲天还是疲软低迷，无论经济繁荣还是不景气，巴菲特在市场上的表现总是非常好。在战后的美国，一般股票的年均收益率在10%左右，但是巴菲特却达到了21.1%的水平。无怪乎众多的投资者为他着迷。每年，他那简单质朴却又奥妙无穷的投资哲学和投资策略总是吸引着众多的投资者和管理决策者前来聆听。

劳伦斯·A. 坎宁安是美国纽约市卡多佐法学院教授及海曼公司治理中心主任。

荐读理由

每年，巴菲特都会在网上拍卖与自己共进午餐的资格。2012 年，“巴菲特午餐”拍卖价达到了历史性的345.67 万美元。“这一经历是不能用金钱来衡量的，巴菲特的建议会惠及一生。”曾经参与过竞拍的中国富豪赵丹阳如是说。但除了午餐，我们还有一个可以跟巴菲特学习的机会，那就是读他写给公司股东的信件。投资大师巴菲特本人虽然没有写过什么书，但是他每年都要在伯克希尔—哈撒韦的公司年报中给股东写一封信，总结在过去一年中公司的成败得失。这些信件涵盖广泛，包括挑选经理、选择投资目标、评估公司、金融信息的使用等重要内容。这些内容蕴含着巴菲特个人的投资理念和公司管理经验，对投资者或是公司管理者来说，是不可多得的鲜活教材。据说，不少投资人和管理者都表示，阅读巴菲特在伯克希尔—哈撒韦股东大会上的报告时，总能收获很多教益，胜过任何一本金融教科书。甚至还有人仅仅为了目睹一下巴菲特撰写的年报，不惜花上几万美元买一股伯克希尔—哈撒韦公司的股票。由此可见，巴菲特写给股东的信的含金量有多高。

如今，想要目睹巴菲特投资理念的读者再也不用购买伯克希尔—哈撒韦公司的股票了。美国著名法学教授劳伦斯·A. 坎宁安协助巴菲特将他多年来的信件按各个主题分类组织整理，提炼出了巴菲特投资思想的精华，呈现在读者面前。《巴菲特致股东的信：股份公司教程》被《纽约时报》誉为历史上最成功的投资人的投资策略精华。巴菲特自己也声称该书比目前任何一本关于他的传记都要好，如果他要挑选一本去读，必定是这一本。

在该书中，巴菲特论述了诸多与众不同的投资管理理念。例如，他认为用股票期权酬报经理会对股东产生毒害作用，他更倾向于直接用现金奖励经理。因为假如经理真的看好公司的股票，完全可以去二级市场购买。而公司的留存收益假如可以产生高于市场平均收益的回报，那么，留存收益是明智的。但是假如回报率比市场的平均收益低的话，股东就会蒙受损失。然而现实状况是，很多经理明知回报率低，还喜欢留存收益，通过他们手中的股票期权价值的提高来为自己谋利益。诸如此类独到的观点本书还有很多。

总之，这是一本绝佳的上市公司教程，涉及公司治理、公司财务与投资、普通股、兼并与收购、会计与纳税诸多方面，是一本既精练又富于实用性的投资手册。再加上精彩的内容、妙趣横生的语言，让人在轻松的阅读中领略到一个崭新的投资世界。《巴菲特致股东的信：股份公司教程》被誉为百万富翁的十本必读书之一。

先睹为快

尽管我们的形式是法人组织，但我们的经营观念却是合伙制。查理·芒格和我将我们的股东看作是所有者合伙人，并将我们自己看作经营合伙人。（由于我们的持股规模，不管怎样我们还是有控制权的合伙人。）我们并不将公司本身作为我们企业资产的最终所有者，而是将企业看成是一个通道，我们的股东通过它拥有资产。

我们的长期经济目标（受一些下文将会提到的条件影响）是使伯克希尔公司每股的企业内在价值的平均年增长率最大化。我们不以规模来衡量伯克希尔的经济意义或表现，而以每股的增长来衡量。我们确信每股的增长率在将来会降低——大大膨胀的资本基础要对此负责。但是，如果我们的增长率没有超过一般大型美国股份公司的增长率，那么我们将会大为失望。

在伯克希尔，完整的报告意味着给了你们这样的信息，就是如果我们的位置调换，我们希望你们给我们的信息。在那种条件下，查理和我想要的是关于当前营运的所有重要事实，以及 CEO 对公司长期经济特征的坦率看法。我们不仅期待大量的财务细节，而且还有对任何重要数据的讨论，我们需要对发布的数据作出解释。

尽管有缺点，期权在某些条件下仍可能非常合理。我的批评只与不加区别地使用它们有关，而且，在这个联系中我想强调三点：

第一，股票期权必然应与公司的总体表现挂钩。因此，逻辑上它们只能授予那些负有全部责任的经理们。部分负责的经理们应当有与他们的成果相关的激励机制。

第二，期权应当精心设计。除了特殊因素之外，他们应当把递延收益因素或者置存成本因素嵌入其中。同样重要的是，他们应当现实地定价。当经理们面对其他公司的报价时，他们可以准确无误地指出不切实际的市场价格怎样才能作为一种实际价值的指标。

第三，我要强调的是，一些我极为敬佩的经理们——他们的营运记录比我的好得多——不同意我对固定价格期权的看法。他们已经建立了行之有效的公司文化，而且固定价格期权已经成为一种帮助他们的工具，通过他们的领导和榜样作用，还有期权作为激励，他们已经教会他们的同事像所有者那样思考。……但是，在伯克希尔，我们使用一种奖励那些可以在自己的职责范围内达到目标的主要经理们的激励——补偿机制。即使 See's 表现出众，也不会在《布法罗新闻报》产生激励补偿——反过来也一样。

延展阅读

《巴菲特传：一个美国资本家的成长》：〔美〕罗杰·洛温斯坦著，蒋旭峰、王丽萍译，中信出版社，2008 年。

该书被称为是投资者不可不读的投资经典。该书从巴菲特如何巧妙地寻找价值洼地，如何出其不意地挖掘潜在的投资价值以及如何将伯克希尔—哈撒韦塑造成美国最大的集团企业的角度，真实再现了巴菲特的创业过程。书中也详细分析了巴菲特充满传奇色彩的投资策略、人生哲学和管理智慧。对巴菲特不了解的读者，可以先读一读该书，作为《巴菲特致股东的信：股份公司教程》的背景补充。

《动物精神》

〔美〕乔治·阿克洛夫、罗伯特·席勒　著

关于作者

提起乔治·阿克洛夫，大家首先想到的必然是“信息不对称”“柠檬市场”这些信息经济学的著名概念。确实，乔治·阿克洛夫是信息经济学的奠基人。他对市场不对称信息的研究曾被广泛地用来讨论市场失灵，并已经成为现代微观经济学的经典理论，他也因此而荣获2001年的诺贝尔经济学奖。

乔治·阿克洛夫1940年出生于美国的康涅狄格州的纽海文。1966年获美国麻省理工学院博士。从1980年至今，一直担任加州大学伯克利分校的经济学首席教授。阿克洛夫的研究借鉴了社会学、心理学、人类学以及其他学科以确定经济学的影响和结果。他的研究领域包括宏观经济学、贫困问题、家庭问题、犯罪、歧视、货币政策等。

然而，信息经济学奠基人的标签也导致他在“发展信息经济学”之上的另一个更大的学术梦想未能引起学术界的关注和讨论。

早在诺贝尔经济学奖的颁奖典礼上，乔治·阿克洛夫就指出，他的最终目标是根据凯恩斯《通论》的精神发展出一门宏观经济学，将诸如认识偏差、互惠互利、认同、公平感、从众、社会地位等被当今的主流经济学抛弃的心理和社会因素引入经济学的假设，并在对这些行为观察的基础上，为宏观经济学理论提供更为坚实的基础。

时隔多年，阿克洛夫的这一梦想终于变成了现实。他推出的《动物精神》一书，就是立足于“动物精神”这一心理分析的角度，从一个全新的角度提出了重建另一种宏观经济学的构想。

该书的另一位作者罗伯特·席勒则是行为金融学的开创者之一。有别于传统金融学研究中“理性人”的假设，行为金融学侧重从人的心理和行为出发，来研究和解释现实金融市场中的问题。

罗伯特·席勒于1972年获得麻省理工学院经济学博士学位，现为美国耶鲁大学经济学教授，兼任美国国家经济研究局研究员、美国艺术与科学院院士、计量经济学会资深会员以及纽约联邦储备银行学术顾问小组成员。

席勒教授的研究范围广泛，遍及金融市场、行为经济学、宏观经济学、不动产、统计方法以及市场公众态度、意见与道德评判等领域。他和另一位经济学家卡尔·E. 凯斯（Karl E. Case）开发的凯斯－席勒（Case-Shiller）房价指数是衡量美国住房市场走势的主要指标。

他著作颇丰，先后出版有《终结次贷危机》《非理性繁荣》和《金融新秩序》等著作。

荐读理由

《动物精神》是一本极富创意的著作。作者从“动物精神”这一全新的角度，对传统的宏观经济理论和政策进行了颠覆。

“动物精神”最早见于凯恩斯的预期理论，他指出人们在不确定的经济环境中进行的长期预期有很大的非理智冲动，这种冲动就是“动物精神”。在《动物精神》一书中，阿克洛夫和席勒对这一概念进行扩充，指出动物精神包括信心、公平、腐败、货币幻觉和故事等五个方面。而影响经济波动的驱动因素是什么？不是技术革命，不是劳动力，更不是太阳黑子。罗伯特·席勒相信，导致这一切的正是“动物精神”，人们的心理变化和社会环境都会左右全球经济的走向和趋势。

该书的出版正值美国2007年爆发严重的金融次贷危机，作者希望通过此书找到根本的解决之路。该书直面持续一年之久的金融危机，利用“动物精神”解释了为什么经济会陷入萧条，为什么有人会失业，为什么房地产会有周期，为什么股票价格和公司投资如此多变，为什么通货膨胀和失业此消彼长等一系列现实问题。

该书指出，“动物精神”的破坏性是金融市场大幅震荡的成因之一，“动物精神”一旦造成大“乘数效应”，就可能带来财富大规模的毁坏。另一方面，大规模的政府干预市场计划是把恐惧转化为支出和投资激情的唯一办法，因为“动物精神”是推动经济复苏的一个重要组成部分。

在本书结尾，作者指出，当前的主流经济模型能够讨论的经济行为相当有限，通过这次代价惨痛的金融危机，经济学理论范型的转变时机已经来临，而检讨和审核经济学理论的基本假设必将是其中不可或缺的一环。作者相信，人的心理和行为中包含的“动物精神”必须重新引起学者的注意，纳入到这一体系中。

《动物精神》被《时代》周刊称为奥巴马时代的必读书，它包含全新的理念，使用轻松简洁的语言，引人入胜，是一本面向普通大众的读物。正如安德鲁·罗森布鲁姆（Andrew Rosenblum）在《纽约观察》上所言：“《动物精神》瞄准普通读者，这样做无疑是正确的，因为宏观经济学是现在所有人都应该关心的事，银行正拿我们的钱不当回事。”

先睹为快

动物精神这一术语在古语和中世纪拉丁文中写作 spiritus animalis，其中 animal 一词的意思是“心灵的”或“有活力的”。它指的是一种基本的精神力量和生命力。但是，在现代经济学中，动物精神具有略微不同的含义。它现在是一个经济学术语，用来指经济中的不稳定因素。它还意味着我们和模糊性或不确定性之间的特有联系。有时候，我们被它麻痹，有时候它又赋予我们能量，使我们振作，克服恐惧感和优柔寡断。

尽管公平理论可以解释，在某些交换中，什么是公平的，但还有一个更宽泛、更一般的公平理论。社会学家认为，它就是行为规范，而行为规范描述的是人们如何看待自身和他人应该或不应该行事。本书作者之一的阿克洛夫同雷切尔·克莱顿就这一主题撰写了大量著作。我们已经指出，让人们感到幸福的多数东西，其实就在于实现了人们认为应该做的事情。从这个意义上看，人们绝大多数时候都想得到公平。如果别人觉得他们不能公平处事，他们会觉得这是一种侮辱。我们已经指出，这种行为规范的引入将如何改变经济学的几乎每一个领域。与此同时，人们也想让别人做到他们要求做到的事情。当人们认为其他人不公平时，就会烦恼不安（想一想费尔实验中的受试者以及他们对惩罚的渴望吧）。

很多过去发生的事情都起源于人类的本性，这些本性历来都具有强大的力量。人们还是那么在意公平，还是容易受到腐败诱惑的攻击，还是憎恨别人被揭发出来的恶劣行径，还是为通货膨胀困扰不已，他们的思想还是被空洞的故事而非经济理性占领。我们深感怀疑，和我们刚刚讲过的前两次萧条一样的事件，能否被完全归作过去的旧事。

在宏观经济理论中加入动物精神，对于更好地理解经济到底真正是如何运行的非常必要。在这个意义上，过去30年的宏观经济学走错了方向。在过去的尝试中，它们把宏观经济学重新整理而且弄得更加科学化。标准的宏观经济学采用的研究结构和定律，集中在如果人们只有经济动机而且完全理性时经济会如何变化。如果画一个方块再把它分成四格，两列分别表示经济和非经济动机，两行分别表示理性和非理性的反应，那么现在的模型只填充了左上角那一格。它回答的问题是：如果人们只具有经济动机，而且他们都会对其作出理性反应的话，经济会如何变化？但是它立刻就又引出三个问题，分别对应另外三个空格：如果人们具有非经济动机和理性反应，经济如何变化？如果具有经济动机和非理性反应，如何变化？如果是非经济动机和非理性反应，又会怎样变化？

延展阅读

作者还有下列精品：

《非理性繁荣》：〔美〕罗伯特·席勒著。

该书是根据许多公开发表的研究报告和历史事实，对股市空前繁荣现象所做的全面研究。作者将市场情况仅仅作为整个股市繁荣的一部分来考察，有力地指出股市的飙升只不过是一场正在上演的、大规模的偶发性骗局，最终只能以悲剧收场。

《金融新秩序：管理二十一世纪的经济风险》：〔美〕罗伯特·席勒著。

在该书中，作者列举了许多现行风险管理领域中被我们忽略的基本风险。他告诫世人，过分迷信股票市场让人们对经济中一些更为持久的因素缺乏必要的关注，从而助长金融系统的不稳定性，影响人们的工作、社区乃至整个国家的经济。在书的后半部分，作者提出了6种利用现代信息技术和高级金融理论来化解这些基本风险的设想，值得我们借鉴。

《经济增长的秘密》

〔以〕埃尔赫南·赫尔普曼　著

关于作者

埃尔赫南·赫尔普曼是新贸易理论和新增长理论的重要奠基者。他是以色列当代著名经济学家，以色列特拉维夫大学经济学教授和美国哈佛大学经济学教授。

赫尔普曼1946年出生于苏联，后移民以色列，先后毕业于以色列特拉维夫大学和美国哈佛大学，获得哈佛大学经济学博士学位。

毕业后，赫尔普曼回到特拉维夫大学任教，并先后访问哈佛大学和麻省理工大学等著名高校。他曾当选为经济计量协会会员，以色列经济协会会长，美国经济协会外籍荣誉会员和美国艺术与科学研究院外籍荣誉会员。也曾先后荣获马哈拉诺比斯纪念奖章，以色列奖和伯恩哈德—哈姆斯奖等多项荣誉。

1980年以前，赫尔普曼主要研究以色列关注的财政理论、城市经济学、国际贸易理论和金融理论等问题。1980年之后，他更多的是从收益递增和不完全竞争的角度出发，关注新贸易理论和新增长理论领域，并取得了巨大成就。他与克鲁格曼合著的《市场结构和对外贸易：

报酬递增、不完全竞争和国际贸易》一书，综合了各种理论模型，在借鉴传统贸易理论的基础上，建立了自己的以规模报酬递增和不完全竞争为特征的国际贸易模型。该书的出版标志着新贸易理论的正式形成，同时也奠定了赫尔普曼和克鲁格曼新贸易理论的开创人地位。

20 世纪 80 年代末，赫尔普曼又与格罗斯曼合作，提出了以有意识的研究与开发活动为创新的来源、以创新的垄断收益为动力的新增长理论。

赫尔普曼博学多产，富有创造性和合作精神。1974 年至今，他已出版或编辑了 13 部著作、发表有 120 多篇学术论文，内容涉及城市经济学、公共经济学、国际贸易、国际金融、经济增长和政治经济学等诸多领域。

荐读理由

对于经济增长秘密的探索，是所有经济学家孜孜以求的奋斗目标。斯密的《国富论》就曾提出专业化分工和市场交换对经济增长的好处。李嘉图的比较优势理论指出了国际贸易的财富效应。马尔萨斯则从人口与资源的矛盾出发，找到了技术进步、制度变迁和生产率的提高对经济发展的影响。熊彼特的创新理论、道格拉斯的产权制度理论……都从不同角度探索了经济持续增长的原因。

然而这些理论过于零散，不成体系。直到索罗提出“趋同假说”，才开创了经典的经济增长理论。索罗认为经济增长率会随着资本密集程度的变化而变化，当一个国家的资本密集程度上升时，经济增长会放缓，反之亦然，因而最终各国的边际增长率会相同。随后，巴罗、曼昆和罗默等经济学家又为“趋同假说”打补丁，提出了“条件趋同说”。

赫尔普曼不赞成趋同说，他指出增长理论应该更关注技术进步，因为技术进步能够导致全要素生产率的提高，而不只是资本的积累。

创新具有正面的外部性，能够促使收益递增，抵消资本积累带来的边际收益递减趋势，从而维持经济的持续增长。《经济增长的秘密》一书中，赫尔普曼总结了近年来对这一主题的理解发生革命性变化的大量研究，从资本积累、技术进步、知识创新、开放贸易、收入分配和制度变迁等角度，清晰、准确又通俗地对这些研究做了解释，并在前人的基础上提出了自己的观点。

在国际贸易方面，赫尔普曼认为开放贸易与经济增长之间的关系不像人们想的那么密切。国际贸易并不能给所有国家带来增长，反而会导致各国贫富差距的拉大。

此外，赫尔普曼还综合了前人对产权、交易信用、法律、殖民地等诸多因素的考察，来探究制度如何在经济增长过程中起作用，并强调制度是解开经济增长秘密的钥匙。

全书分析严密，涵盖领域广泛，为我们构筑了一幅研究经济增长理论的宏图。阅读该书，解开经济增长的奥秘，有助于我们制定正确的政策，享受经济增长带来的好处。

先睹为快

上述结果引发了下列问题：世界经济中趋异的力量是什么？如果人均收入仅靠资本积累和共同的技术进步来推动，那么贫穷与富裕国家间的增长率已经趋同了。原因在于，资本在资本稀缺的贫穷国家生产率更高，因而为发展中国家更快的资本积累提供了激励，从而这些国家的人均收入应该增长得更快。但实际情况并不是这样。这意味着其他因素必定在形成增长模式中起了主要作用。

人们也许怀疑，理论和数据不符是因为没有论及人力资本积累的外在的作用。实则不然。而后面我们将讨论有关人力资本的证据。在此我仅指出，只要人力资本的积累也服从边际生产率递减，其结论不会改变基本的预言。有较低人力和物资资本的国家，资本生产率较高，比起有着更多受过高等教育的工人以及更大的物质资本存量的国家，应该增长得更快。在长期，人均收入的增长率应该等于技术进步率。在此情况下，有条件的趋同仍然成立。因而，我们仍然预期贫穷和富裕国家间的差距将随时间而逐步缩小。因此，未出现趋同意味着积累不是主要的决定因素。

贸易条件的变化为增长效应的国际转移提供了一种重要的机制。正如阿斯莫格鲁和文图拉所说，如果经济增长的国家贸易条件恶化，那么它们的贸易伙伴则享受着改善了的贸易条件。因此，经济增长的国家把利益赠与其贸易伙伴。换句话说，通过贸易条件调整，增长带来的利益向世界扩散。

尽管阿斯莫格鲁和文图拉这样说，贸易理论却认为，积累对贸易条件的影响随着经济增长的国家的特征而改变。另外，这些影响取决于什么因素推动外贸发展。例如，国际贸易的要素比例理论没有预言一国的资本存量与其贸易条件间存在无条件的反向关系。根据这种理论，较大的资本存量恶化了出口资本密集型产品的国家的贸易条件，但是提高了出口劳动密集型产品的国家的贸易条件。由此，阿斯莫格鲁和文图拉所估计的0.6%的系数最多代表了跨国的平均效应，特别是它也许不适用于任何国家。

由于制度结构的不同，资源禀赋相似的国家可能具有不同的发展路径。因为制度影响一国改进和开发新技术的动力，影响一国为了获取新机遇重组生产和重新分配的动力，也影响一国积累物质和人力资本的动力。基于这些原因，我们可以认为，与研发投入或物质及人力资本积累相比，制度是决定经济增长的更基本因素。

延展阅读

《市场结构和对外贸易》：〔以〕埃尔赫南·赫尔普曼、〔美〕保罗·R. 克鲁格曼著。

该书是贸易理论的新著。作者为不完全竞争的市场结构提供了一个全新的分析框架。书中提出的新的贸易模式，尤其是工业国家的贸易模式，将贸易和跨国公司的作用结合了起来。该书的出版被誉为是国际贸易理论方面的“重大突破”。研究国际贸易理论或是对国际贸易感兴趣的读者，都应该读一读。

《品牌之源》

〔美〕阿尔·里斯、劳拉·里斯　著

关于作者

阿尔·里斯和他的女儿及工作伙伴劳拉·里斯是两位世界知名的营销咨询师，阿尔·里斯于1999年被《公共关系周刊》杂志评为20世纪100位最有影响力的公关人物之一，也曾是《商业周刊》的封面人物。

目前，阿尔·里斯是里斯和里斯咨询公司的主席，该公司的主要业务是为众多知名企业提供战略选择服务。

阿尔·里斯1950年毕业于德堡大学，曾在通用公司纽约分公司的广告与销售部工作。随后，他在尼德汉姆、路易斯和布罗比（Needham, Louis & Brorby）公司担任过销售代表，在博雅（Marsteller）公司担任过客户主管。1963年，阿尔·里斯开始筹建自己的公司。里斯·卡佩罗·科尔威尔（Ries Cappiello Colwell）是他的第一家广告公司，后来改名为特劳特和里斯广告公司。

1972年，阿尔·里斯和杰克·特劳特联手在《广告时代》杂志上发表了《定位新纪元》一文，将“定位”一词带入人们的视野。1980年的《定位：头脑争夺战》一书则再次掀起了营销学界的“定位潮流”，阿尔·里斯也因此而有了“定位之父”之名。随后，两人一发而不可收，先后出版了《市场营销的战争》《自下而上的市场营销》《马的竞争》《市场营销的22条法则》等书。

1994年，阿尔·里斯和他的女儿劳拉·里斯在纽约成立了里斯和里斯咨询公司。但他并没有放弃他的写作事业，1996年，阿尔·里斯出版了《聚焦》一书，随后和女儿合作有《打造品牌的22条法则》和《打造网络品牌的11条法则》两部书。

荐读理由

《品牌之源》是一本教你如何打造品牌、如何在投资不菲的打造品牌的过程中获得成功的作品。该书是美国营销大师阿尔·里斯2004年的又一力作。在该书中，里斯父女运用了达尔文生物进化论中关于分化的观点，勾勒出了一条行之有效的打造品牌之路。

作者指出，在自然界中，生存的压力导致了新物种的产生。为了生存，各物种之间都有某种分隔，正如长颈鹿用它的长脖子找寻脖子比它短的竞争者无法企及的食物一样，商业界也是如此。要打造一个新品牌，就应该创建一个与原有品类不同的新品类，而不是对原有品类中的产品进行改造。而这一新品类，又往往是原有领导品牌的对立面。

作者认为，处于老品类与新品类之间的中间地带产品，往往是对老品类的大胆改进却又脱离不了老品类的框架，这样的品牌是难以成功的。只有脱离中间地带，重新开辟一个新品类才可能打造出一个成功的品牌。

再者，打造品牌的过程，需要利用推销品类和扩展市场的方式进行，而不是直接推销品牌。因为当消费者接受了你的新品类时，新的品牌也就自然而然受到消费者的青睐了。

另外，在该书中，作者也强调了他的“定位”“聚焦”和“修剪”理论。他反对将一个品牌融合多项品类或是多种功能。因为融合的产品会让消费者无法将你的品牌和产品明确归类。相反，若是遵守“修剪”原则，将原有品牌的多余部分修剪掉，则会使得你的品牌像树木一样茁壮成长。

该书文笔流畅，充满智慧，又拥有丰富的案例，引人入胜，是一部既有助于初学者了解品牌，也有利于专家进一步理解品牌的书籍。阅读该书，将教会你如何开创品类、确立敌人、推出品牌，如何在品牌大战中赢得主动。它们将改变你对品牌的看法，也必将影响企业的战略决策。

先睹为快

如果你想打造一个强势新品牌，你应该想办法让你的产品或服务从原有品类分化出去。换句话说，打造品牌的最佳途径不是追逐现有品类，而是创建一个你能第一个进入的新品类。

打造强势新品牌的方法就是分立并征服。

市场有多大？从打造品牌的角度看，最佳答案是零。

要打造新品牌，你就必须克服为市场提供服务的传统观点。你必须把注意力集中于创建一个新品类。

分化造成了生命形态的增加，这股力量可以被看成是积极的力量。达尔文在《物种起源》的最后两句话中概括了他对生命的看法：“这样，从自然界的战争中，从饥饿和死亡里，产生了自然界最可赞美的东西——高等动物。认为生命及其种种力量是由大自然注入少数几个或仅仅一个类型中去的，而且认为地球这个行星按照地球引力法则旋转不息，从最简单的无形物体演化出如此美丽和令人惊叹的无穷无尽的形态，而且这一演化过程仍在继续，这才是一种真正伟大的思想观念！”

第一者创造领导地位。如果你的品牌是品类中的唯一品牌，你的品牌就必定是领导品牌。当竞争对手加入时，你的领导地位就会为你的品牌建立更好的认知。

心智中的第一品牌能存活很长时间，并且能继续保持领导地位。可口可乐 118 年来一直是可乐第一品牌。通用电气 102 年来一直是灯泡第一品牌。舒洁 80 年来一直是纸巾第一品牌。

品牌有多强大取决于品类有多强大。如果没人想买昂贵的瑞士手表，那么劳力士品牌就没有多大价值。如果高端咖啡消费直线下降，那么星巴克品牌就会失去很大价值。

公司应该考虑开创品类，而不是创建品牌。如果你能够构想出新品类，然后用一个独特的新名字抢占新品类，你就有了强势组合。

很多品牌是复杂发明的成果。但是品牌不必如此打造，也不必总是成为第一。有时候，你要做的就是成为通才中的专才。耐克、阿迪达斯和锐步是运动员鞋中的通才，但是很多小品牌通过专业化切取了一小块市场。比如，盖世威（K-Swiss）的网球鞋、范斯（Vans）的滑雪板鞋、西迪（Sidi）的自行车鞋。

延展阅读

《公关第一，广告第二》：〔美〕阿尔·里斯著。

该书通过众多案例的支撑，表明了公关创造品牌、广告维护品牌的理念。阿尔·里斯在文中指出，市场营销要从公关开始，只有通过公关，才能使自己的品牌在消费者心中占据一席之地。市场营销始于公共关系，而广告则是公共关系的延续，因而公共关系打造品牌，而广告则能够起到提醒消费者的作用。

一生读书计划

经济书架

典藏版

读书——最美好的生命举止

经济脉络

《世界经济千年史》

〔英〕安格斯·麦迪森　著

关于作者

安格斯·麦迪森（1926—2010）是世界著名经济学家，是国际收入和生产率比较领域中生产法的创始人，在长期经济增长和国际比较研究方面享有极高的声望，也是当代公认的最伟大的经济历史数据考证和分析专家。他建立的有关世界各国产出、人口以及其他宏观经济指标的长期时间序列数据库，对长期经济增长和国际比较研究有着深刻的影响。

麦迪森于1926年出生在英格兰泰恩河畔的纽卡斯尔。早年先后在剑桥大学、麦吉尔大学和约翰·霍普金斯大学求学。毕业后，麦迪森曾在苏格兰圣安德鲁斯大学执教。

1953年到1962年，麦迪森担任经济合作与发展组织（OECD）的前身欧洲经济合作组织（OEEC）经济部的主任。在OECD成立后，又担任新的发展中心的研究员。随后，他离开OECD，参与20世纪研究基金会以及哈佛大学发展顾问服务计划的研究工作。1971年，麦迪森又回到了OECD，主持中央分析部的工作，直至1978年被聘为格罗宁根大学的经济学教授。

在格罗宁根大学任教期间，麦迪森专心学术，创立了格罗宁根增长与发展研究中心，领导了“国际产出与生产率比较”研究计划，发展了生产法购买力评价理论及其在国际比较中的应用。

麦迪森曾经担任过巴西、加纳、希腊、墨西哥和巴基斯坦等多个国家政府的经济顾问，也曾经到访过很多个发展中国家。他之前的研究兴趣是影响各国长期经济发展的因素，焦点是经济史的计量分析和国际比较。在这一领域，他本人撰写并与别人合作发表了约30本专著，同时也发表了大量学术论文。

荐读理由

《世界经济千年史》是麦迪森半个世纪学术生涯达到的顶峰，其中关于中国经济增长的权威研究，涵盖了对过去两千多年中国长期表现和在世界经济中相互作用的分析，是对经济史学科的宝贵贡献，被誉为计量经济史研究领域新的里程碑。

他的这本新著在一定意义上既是他1995年完成的《1820至1992年世界经济之考察》一书的延伸，又是同他1998年完成的《中国经济的长期表现》一书的结合。

在该书中，麦迪森对各国学者在各个有关历史研究领域中所发掘出来的各种数据和资料进行了系统地整理、诠释和经济分析，其中特别重视新的研究和发现。通过将各国经济长期表现的系统量化和对经济发展阶段的重新划分，麦迪森对富裕国家之所以成功，落后地区之所以落后的原因进行了探索，同时考察了富裕国家同其他国家之间的相互作用，并在此基础上评价在何种程度上这个关系是剥削性质的关系。

麦迪森在处理历史数据和资料方面的最大特点是：强调个别经济

事件之间在当时历史和国际背景下的因果关系和它们的微观经济学基础，以系统地揭示长期经济增长的内在逻辑，而不是逸闻趣事式地着重阐释个别事件或人物的影响，更没有囿于任何有影响的学说或信仰。因而，该书的论断客观严谨，令人信服。

另一方面，该书视野宏阔，作者以全球化视野，不仅考察了经济增长在不同时期的变化，也考察了增长在不同地区之间的差异。更为重要的是，该书有着宏大的分析视野、广阔的地理和历史覆盖，同时，作者吸收了历史学、地理学、人口学及其他学科的研究成果，呈现出跨学科的面貌。OECD 秘书长唐纳德·约翰斯顿评价道："本书所涉及的内容远远超过了以往任何 OECD 的出版物，事实上，也几乎超过了我们可以在全世界范围内见到的任何著作。"

计量经济史的研究在中国国内还是一个空白，几乎没有人从事以国民核算理论为基础的、以增长核算为目的的对中国历代经济发展的度量工作。《世界经济千年史》的出版，一方面填补了这一领域的空白，另一方面也对我国的经济学界是一个冲击和鼓舞，正如汪丁丁所言："我曾推测，麦迪森撰写的《世界经济千年史》的中译本几乎马上就会成为每位学者案头的参考书。并且，这一译本也将是填补国内'统计经济史'领域空白的经典译本。"相信在麦迪森式的对待数学的科学精神的影响下，我国国内的计量经济学研究必将出现一个质变。

先睹为快

从我们的宏观统计证据来看，世界发展的一个主要特征是西欧经济在相当长的时期内的超常表现。到公元 1000 年时，它的收入水平降到了亚洲和北非之下。但经过漫长的复兴后，它在 14 世纪时追赶上了中国（当时世界的领先经济）。到 1820 年时，它的收入和生产率水平超出世界其他地区两倍。到了 1913 年，西欧及西方衍生国的收入水平已相当于世界其他地区水平的六倍以上。

作为欧洲的主要沿海岛屿，英国向来与海外有着千丝万缕的联系。直到11世纪，英国一直是异族征服和野蛮人侵略的一个目标。在12世纪和15世纪之间，即在诺曼和安茹王朝统治时期，它极为热衷于在法国获得领土的侵略活动。

从那以后，英国曾在欧洲卷入许多战争，主要敌手是西班牙、法国和荷兰，但都是出于商业和外交目的。到了16世纪的中期，征服欧洲的思想被摒弃了。虽然英国在波罗的海和地中海的贸易得到发展，但它的海外野心主要集中在美洲和亚洲。直到19世纪，英国在非洲的唯一重要的兴趣就是奴隶贸易。

最近半个世纪的世界经济表现要优于以往任何时代。1998年世界的GDP水平相当于1950年的6倍，年均增长率达到3.9%。与此相比，1820—1950年间的年均增长率为1.6%，而1500—1820年间的年均增长率仅为0.3%。

收入增长的加速在一定程度上维持了较快的人口增长。该时期实际人均收入平均每年增长2.1%，相比之下，1820—1950年的人均收入年均增长率为0.9%，而1500—1820年的速度仅为0.05%。因此，该时期的人均收入增长速度相当于原始资本主义时期的42倍，也相当于我们资本主义时期最初130年速度的两倍多。

在这个时期，世界经济不同部分之间的相互联系极大地加强了。商品贸易量的增长快于GDP的增长，出口额与世界GDP之比从1950年的5.5%上升到1998年的17.2%。国际旅行、通信及其他服务性交易也有了巨额增长。这些变化改进了国际劳动分工，促进了国际思想和技术的扩散，并把各种高水平的需求从发达的资本主义国家集团传播到世界的其他地区。

延展阅读

《中国经济的长期表现》

这是作者的另一部精品。

该书对两千多年来中国经济的发展线索作了科学的分析。作者运用 OECD 国民经济核算原则与技术和比较分析的方法，探索了中国跨越千年尤其是最近半个世纪的经济增长轨迹，分析了影响中国经济进步的重要因素，并对中国未来的发展作出了预测。

《15 至 18 世纪的物质文明、经济和资本主义》

〔法〕费尔南·布罗代尔　著

关于作者

布罗代尔（1902—1985）是法国著名史学家，曾经占据了世界史学第一人的位置。他是新史学的开创者，也是年鉴学派的掌门人。史学界曾经流传这么一句话："如果设立诺贝尔史学奖的话，那么获奖的第一人必定是费尔南·布罗代尔。"

布罗代尔出生于法国东部的农村，20 岁大学毕业后被派往阿尔及利亚的一所中学教书，1935 年又在巴西圣保罗大学任教。二战中，布罗代尔应征入伍，但不幸在马其诺防线被德军俘虏，在集中营中度过了五年的战俘生涯。他最重要的两部著作之一《菲利普二世时代的地中海和地中海世界》的初稿就是在集中营里用练习簿写下的。该书的出版，为布罗代尔带来了极高的学术地位。他的另外两部巨著是《15 至 18 世纪的物质文明、经济和资本主义》和一部没有完成的《法兰西的特性》。

布罗代尔三部著作的结构大致都可分为三部分，第一部分是讲人与社会公共关系的历史，第二部分是研究社会经济状况，第三部分类似于传统的政治军事外交史，力图通过第一、二部分的研究，找出推动历史进程的内在要素。

布罗代尔后来将这三种历史事件归结为长时段、中时段、短时段，并提出与这三种时段分别对应的结构、局势和事件三个概念。结构是指长时间不变或者变化极慢的，但在历史上起经常、深刻作用的因素，例如地理、气候、生态环境等。局势是指在一定时期内起伏兴衰、形成周期和节奏的对历史产生重要影响的现象，诸如人口增长、物价升降、生产增减等。而事件是指突发的事变，例如革命、地震等。其中，突发事件只是闪光的历史尘埃，对历史进程的影响很小。

荐读理由

《15 至 18 世纪的物质文明、经济和资本主义》是年鉴派代表布罗代尔的代表作之一。据说该书原本计划由年鉴派创始人之一的费弗尔和布罗代尔合著。费弗尔负责精神文明部分，布罗代尔则负责物质文明部分。但是由于费弗尔于 1956 年逝世，未能完成精神文明的内容，因而，只留下了布罗代尔完成物质文明三卷，即现在的《15 至 18 世纪的物质文明、经济和资本主义》一书。

该书探讨了 15 至 18 世纪前工业革命时期，以西欧为中心，包括世界主要国家和地区的经济及经济活动。布罗代尔倡导研究全面的、整体的历史以及长时段的历史。他认为，历史是建立在同一社会内部几个叠加的历史层面之上的，每个历史层面都以时刻变化的节奏展开。首先是长时段史的东西：历史以非常缓慢、几乎世代不变的速度将几乎不变的地理景观和文明的传承强加给所有人类集团。二是中时段史：变化较为迅速、尽管还是节奏缓慢的历史，以几个十年的长周期，改变着时而动荡时而安定的国家和社会。三是短时段史：即飞快变化的历史，每天都充满着多变的事物。就像我们每天在报纸上看到的历史一般。全书正是按照这样的思路，将经济活动分为三个层次，分别进行论述。

第一卷是《日常生活的结构：可能与不可能》。主要探讨15至18世纪400年间，全世界各地区的人口、衣食住行、能源、器物、技术等这些与日常生活最直接相关的事物的发展状况。作者从“总体史”的观念出发，认为发掘这些连锁的、系列的长时段的历史是理解资本主义兴起的必不可少的重要环节。

第二卷是《形形色色的交换》。主要探讨位于物质生活之上的经济活动和更高层次的资本主义活动。作者先是论述了经济流通领域的各个部门，随后分析了资本主义生产的众多问题，最后将资本主义和经济活动重新置于社会的大框架中进行了研究。

第三卷是《世界的时间》。这一部分论述了资本主义发展的线性过程，即它是如何一步步在西方发展起来并影响全世界的。

布罗代尔认为对资本主义的研究，既要进行长时段的考察，又要从世界整体上把握。资本主义是一个多种形式的混合体。纵向上，它是社会成分的集合体，囊括自上而下的整个社会；横向上，它是由多个经济世界组成的一个整体的经济世界，而每个经济世界内部，又存在着心脏地区与边缘地区、支配与被支配、剥削与被剥削的不平等关系。

“今日世界的百分之九十是由过去造成的，人们只在一个狭小的范围内摆动，还自以为是自由的，负责的。”布罗代尔的这句话深刻地体现了他的“全面的历史观”。无论是否赞同布罗代尔的观点，认真阅读此书，都会让您从中受益。

先睹为快

第一条规律：变动缓慢的一块地域

一个经济世界与同类型的另一个经济世界分别位于一条边界或一个边缘区域的两侧，遥相呼应，除开个别例外，翻越边界从经济上看没有什么好处。两个经济世界之间的大部分贸易对双方都是“得不偿失”。因此，按照一般规律，经济世界的边界是些人烟稀少的不毛之地，犹如难以突破的、厚实的外壳，往往是“无人的陆地”“无人的海域”这类天然屏障。

第二条规律：有一个占统治地位的资本主义城市作中心

每个经济世界都有一个极点，都有一个城市作为其商业活动的后勤中心：信息、货物、资金、信贷、商人、指令和商业信件潮水般地向这里涌来，又纷纷向各地四散。大商人在这里发号施令，他们往往极其富有。

不论经济依附是多么显而易见，不论这些依附产生什么后果，如果以为经济世界的秩序主宰整个社会，并单独决定社会的其他秩序，那就错了。除开经济秩序以外，还有其他的秩序，经济从不是孤立的。经济活动场所也是其他实体——文化、社会、政治——的安身之地，其他实体不断向经济渗透，以便推进或者阻碍经济的发展。这些实体很难互相分开，因为我们所观察到的经验实在，或如弗朗斯瓦·佩鲁所说的“实在之实在”，构成一个整体，即我们曾确指为典型社会的“集合之集合”。为便于理解而区分出来的每个特殊集合，在实际生活中，仍与其他集合相混杂。

似乎没有比“民族市场”这一古典概念更言之成理的了。当然这只是对于历史学家而言，因为今天各种经济词典都不收此词。这一概念确指某个政治地域业已取得的经济统一性，该地域必定相当宽广，其范围首先是今天我们所说的“领土国家”，也即是从前人们更常说的“民族国家”。既然在这一框架里政治成熟先于经济成熟，那么就需要知道，从经济上说，这些国家在何时，以何种方式并基于何种原因取得某种内部统一性以及作为一个整体出现在世界其他地区面前的能力。总之，我们试图弄清，民族市场的出现怎样改变了欧洲历史的发展方向，并使以城市为主体的经济集合降到次等地位。

延展阅读

《论历史》

该书是布罗代尔关于历史学本性思考的总结，凝结了他多年治史经验的思想精华。该书主要探讨了三个问题：历史的时间、历史学和其他人文学科的对话；历史写作与现实的关系。作者指出，历史学家应该透过历史事件的表层，揭示隐藏在下面的、影响集体存在的力量。

《经济通史》

〔德〕马克斯·韦伯　著

关于作者

见《新教伦理与资本主义精神》之“关于作者”。

荐读理由

《经济通史》是马克斯·韦伯（1864—1920）生前的最后一部著作，也是第一部被翻译成英文的著作，而英文译者就是世界著名的经济学大师、当代经济学芝加哥学派的开山鼻祖弗兰克·奈特。这位经济学界的巨擘能够在20世纪20年代放下自己的研究和著述，翻译韦伯的这部《经济通史》，足以看出这部著作的重要性了。

该书是根据韦伯于1919年至1920年第一学期在慕尼黑大学讲授“普通社会经济史概论”课程时的笔记整理出来的。

与一般的经济史著作相比，该书有着独一无二的价值。因为在所有公认的社会科学的古典先驱中，只有韦伯的这一部著作，为当代资本主义的发展提供了一种全面的历史分析。该书的重要意义并不在于内容的详尽，也不在于细枝末节的精确，而是在于它对纷繁复杂的经济现象所作的出色的解释。在韦伯看来，不论历史学家如何在自己的文本中再现历史，也不管思想家基于自己的知识论背景如何看待现代资本主义，现代资本主义的经济秩序早已是一个历史和现实的社会存在了，韦伯的工作更多的是从不同民族的文化信念和宗教信仰中来探寻资本主义经济秩序产生的精神资源。因而，该书与其说是一部详尽而全面的世界经济史，不如说是一部资本主义经济秩序的生发和型构史。

从经济思想史的理论角度来看，书中韦伯对于世界经济史的叙述，尤其是对现代市场秩序的型构过程的论述，恰好印证了哈耶克的自发社会秩序理论。他延续了亚当·斯密—卡尔·门格尔—哈耶克的产权自发生成观，认为市场运行中产权制度安排本身是市场发展演化的一个自发生成结果。

另一方面，韦伯的《经济通史》对我国经济的发展也有指导作用。我国过去三十多年的经济发展以及当下正在进行的社会内部市场秩序的生长和扩展过程，尤其是正在逐步壮大的民营经济的发展轨迹，与韦伯在书中所描述的近代西方市场秩序的生成和扩展的史实是何其相似，熟悉西方市场经济的历程，对于预测我国经济的发展必然有重要的借鉴意义。

先睹为快

从经济观点来看，工业——就改变原料这个意义来说——普遍是从满足家庭共同体需要的那种劳动形式发展起来的。就此而论，它是一种家庭副业；在生产已超出家庭需要的范围时，工业才开始引起我们的兴趣。这种劳动可能是为另一个家庭进行的，尤其是由领主依附者为领主家庭进行的；在这种情况下，一个家庭的需要是由另一个（农民）家庭的生产品来满足。辅助性的工业劳动也可能是为一个村落进行的，像在印度的情形那样。在这种情况下，手工业工人都是不能单单依靠份地产品维持生活的小农。他们附着于村落，受任何一个需要工业服务的人的支配。他们基本上是领取一份产品或货币报酬的村落农奴。我们称这种劳动为“造物主式”劳动。

起初，商业是种族集团之间一种事务，它并没有出现于同一部落或同一社会成员之间，而是最古老的社会共同体中的一种对外现象，只以异族部落为对象。但它可能是作为集团之间的生产专门化的结果而开始的。在这个场合下，不是出售部落产品的贸易，就是贩卖异族部落产品的贸易。无论如何，最古老的商业乃是异族部落之间的交换关系。

合理的商业终于在整个经济生活范围内成为占支配地位的一个领域，在这个领域内首先出现了数量的计算。凡是由公司进行的业务，有必要进行精确计算。起初，商业的周转是如此之慢，而利润又是如此之大，以致精确的计算并无必要。货物都是按照传统规定的价格购买，因而商人尽可能把精力集中在如何尽量取得将要出售的货物。在贸易由群体进行时，为了清算账目就必须有精确的簿记。

簿记是在贸易组合的基础上成长起来的。家庭到处都是支持继续不断的贸易活动的最古老单位，在中国和巴比伦，在印度，以及在中世纪早期都是如此。从事贸易的家庭的子弟是可靠的伙计，以后则成为父亲的合伙人。

哪里有用企业方法来供应人类集团所需要的工业，哪里就有资本主义存在，而不管需要的内容是什么。更具体地说，一个合理的资本主义企业就是一个附有资本会计制度的企业，也就是，根据现代簿记和结算的方法来确定它的收益能力的一个机构。平衡法是荷兰理论家西蒙·史蒂文在1698年首先主张的。

延展阅读

《经济与社会》

这是作者的另一部精品。

该书共有两卷，全面而系统地阐述了韦伯的社会学观点和对现代文明本质的见解。书中首先对社会学的定义、对象、方法以及一些基本范畴和概念作了详细阐释，然后又分别交叉地阐发了韦伯的经济社会学、法律社会学、政治社会学和宗教社会学思想。

《资本主义的诞生——对古典政治经济学的一种诠释》

〔美〕迈克尔·佩罗曼　著

关于作者

迈克尔·佩罗曼是美国著名的马克思主义经济学家，是主流经济学的怀疑者和批判者，现任美国加利福尼亚大学经济学教授。

佩罗曼自称是“一个堕落的经济学家”。他总是用怀疑的眼光盯着主流经济学，总在尝试以自己独特的发现来给主流经济学以致命的一击。例如他在《经济学的终结》一书指出，奠基于完全竞争假设的主流经济学严重脱离事实和逻辑，不可能对现实作出任何有意义的解释，也不可能对人们的实际经济活动提供任何有意义的指导作用，因而，主流经济学已经成为了理论发展和实践进步的威胁，甚至于只有终结经济学，才能为构建新的思维方式和更有价值的生活方式开创前提。

他的著作还有：《经济学的目标》《美国经济的病态：一个低工资体系的成本》《信息时代的阶级福利》等等。

荐读理由

《资本主义的诞生——对古典政治经济学的一种诠释》一书主要探

讨了西方古典政治经济学中力图回避或极力掩盖的资本收益的积累问题，并由此展开讨论了关于资本主义市场经济背景下小农经济的破产和小资产阶级的生存理想。

对资本主义的起源和逻辑的探讨，从古典政治经济学的创始人亚当·斯密开始到大卫·李嘉图和詹姆斯·史都华，他们创造了一套话语系统，来论证资本主义的根本正确性。然而，在这个话语系统的许多重要文字中，他们忽视了资本主义诞生的一个重要条件，那就是资本的积累过程。资本主义要想成功，农民就必须放弃他们自足的生活方式，到工厂里为工资而工作。那么他们究竟为什么愿意这样做呢？

在书中，佩罗曼指出，农民是被迫进工厂的。主流经济学支持的政府政策，剥夺了小农场主自给自足的生活方式，强迫他们接受雇佣。圈地运动、《狩猎法》、惩罚流浪者乞讨的法律……所有举措的核心只是一条：促使农民失去自给自足的任何依靠而彻底破产，让他们走进工厂成为效力于工业化大生产的产业工人。

著名的古典政治经济学家詹姆斯·史都华说："过去的人被迫劳动，是因为他们是别人的奴隶，现在的人被迫劳动，是因为他们是自己需求的奴隶。"农民转变成无产者后为了养家糊口，必须用自己的"劳力付出"来参与商品交换。但是由于社会劳动分工决定劳动成果分配，加上同阶层无产者的竞争恶斗，他的劳动并不能为他积累到资本。相反，他付出的劳动越多，受到的奴役就越大，并且同样的劳动会随着技术进步和货币贬值而使实际价值量下降。劳动依附资本，资本统治劳动，劳动和资本始终存在着内在的既相互依存又激烈对抗的关系。

全书对资本主义的研究全面而深刻。作者不仅挖掘了大量资料，包括古典经济学家的日记、信件和更有实用价值的文字，也得出了令人难以反驳的结论。佩罗曼尖锐地指出，亚当·斯密等古典经济学家似乎故意模糊了对劳动力的控制的性质，而破坏了乡村农民经济独立的那些政策，根本上都是为原始积累而服务的。古典经济学家这些私下的、实用的文字，提示了古典政治经济学的真正用意和目标，是把农民和土地分隔开来。

作为一名马克思主义经济学家，佩罗曼的一些观点大家可能并不陌生。但作为一名成长于西方资本主义国家的经济学家，他的观点更有针对性，其对古典政治经济学家的批判力度也是空前的。作者新颖的观点、犀利的文字打开了我们的视野，让我们用不同的眼光重新看待我们的世界。

先睹为快

换一种说法，任何构建于原罪或原始积累基础上的理论，都是既“过分历史”又“历史性不足”的。说它“过分历史”，是因为这一理论将主题置于一个遥远的过去，与现实社会相脱离。说它“历史性不足”，是因为它所依赖的那个过去是假想出来的。艾迭纳·巴里巴尔的表述，即“非历史的历史决定论，或者说马克思思想中没有历史的历史真实性”，是对马克思这部分著作恰如其分的描述。

为了强调他与斯密的距离，马克思在《资本论》第一卷最后一部分的标题前加上了一个贬抑的形容词——“所谓的”，而这一部分即是他关于原始积累的研究。本质上来说，马克思抛弃了斯密假想的“预先”积累。马克思这样做的目的，是要把人们的注意力引到实际的历史经验上来。与“所谓的”原始积累形成对比，马克思详尽分析了实际历史经验中发生的暴行，并试图暴露资本主义体系的起源，即使人们和他们的生产资料相分离。

非生产性劳动者依附于贵族们，而生产性劳动总是植根于市场关系——事实上，大概只有这一点可以解释，斯密对非生产性劳动为什么态度恶劣。斯密认为，非生产性工人身上有他所不赞同的那些特点。与之相反的是，生产性劳动更有可能吸纳小资产阶级的价值观。而斯密希望看到的，正是这种价值取向在社会中广泛传播。

带着这种想法，斯密将商业城市的活力，与存在大量封建侍从的社会中所弥漫的那种闲散之风相比较。他说道："在商业性和制造业性质的城镇中，社会地位较低的人主要通过受雇于资本，以维持生计。这些城镇一般来说都勤劳、朴素无华而繁荣兴旺。"

就像马克思一样，列宁强调将传统生产者消灭殆尽的技术和经济力量。当然，家庭能否获得生产资料，不单是科技的结果。卡尔·考茨基关于农业的作品，曾经赢得列宁的赞扬。考茨基指出，一些政治行为，诸如剥夺农民收集木材和打猎的自由等，可以增加一个家庭生产同样的使用价值的小时数。

家庭可以通过降低生活水平，来应付原始积累造成的困境。例如，随着对传统农业经济的压力的增加，肉的消耗量似乎降低了。生产力更强的家庭可能会试图为市场生产更多的产品，来克服困境。

延展阅读

《市场的天生不稳定性》

这是作者的另一部精品。

该书中，佩罗曼结合各国经济改革的历史事实，在分析市场社会内在危机的本质和原因的基础上，揭示了市场经济的不稳定性，指出市场经济的胜利只是暂时的，竞争实际上只是在衰退和萧条期起作用，竞争激烈时，它会不加选择地对正当和不正当的事物进行破坏，从而对社会造成严重损害。

《资本主义的起源——比较经济史研究》

厉以宁　著

关于作者

厉以宁是享誉海内外的著名经济学家，现任北京大学光华管理学院名誉院长、国民经济学专业博士生导师等职务。他的主要研究领域是西方经济学、中国宏观经济问题和宏观经济的微观基础。在比较研究中国以及其他许多国家的经济运行实践的基础上，他发展了非均衡理论，并用这一理论解释了中国经济的运行。

厉以宁对经济学与中国经济改革与发展作出了巨大的贡献。在中国经济改革之初，他就提出用股份制改造中国经济的构想，包括用股份制改造国有企业、集体企业、乡镇企业以及其他所有权不明晰的企业。这一构想对中国的经济改革与经济发展产生了积极而又重要的影响，也被实践证明确实是行之有效的。

另一方面，厉以宁也是一个经济史专家，他在资本主义起源的问题上有过相当深入的研究。自 1955 年从北京大学经济学系毕业后，他就留校在北大经济学系的资料室工作，直到 1962 年第一次登上讲台。

他教授的第一门课是“外国经济史”，第一节内容就是“西欧封建主义向资本主义的过渡”。虽然改革开放后，他转向国民经济学研究，但经济史方面的工作一直没有放下。2003 年，他出版了《资本主义的起源——比较经济史研究》一书，以一种全新的角度重新审视了经济史的发展，在国内外引起轰动。

厉以宁教授获奖颇丰，并且都是中国经济界的最高奖项。例如：孙冶方经济科学奖、国家中青年突出贡献专家证书、金三角奖、国家教委科研成果一等奖、环境与发展国际合作奖等。2013 年，他还被授予了“中国经济年度人物”的终身成就奖。

至今为止，厉以宁教授出版有著作 50 余部，发表论文 100 余篇。1990 年后的主要著作有《非均衡的中国经济》《走向繁荣的战略选择》《中国经济改革与股份制》《股份制与现代市场经济》《经济学的伦理问题》《环境经济学》等。

荐读理由

《资本主义的起源——比较经济史研究》一书，是探讨资本主义起源问题的创新之作。自 20 世纪 30 年代以来，关于中国资本主义萌芽问题的探讨一直没有停息过。厉以宁教授厚积薄发，通过多年的学术研究，向我们展示了关于资本主义起源的一种全新的研究方法和全新的理论模式。

新的研究方法是：把封建社会分为刚性体制和弹性体制，把封建社会中的异己力量分为体制内的异己力量和体制外的异己力量，把资本主义分为原生型的资本主义和非原生型的资本主义，以此对资本主义的起源作出解释。

新的理论模式是：作者认为西欧的封建社会体制是刚性体制，在这种刚性体制下出现了体制外的异己力量和体制外的权力中心，从而导致向资本主义的过渡。但是亚洲、非洲、拉丁美洲等地区则不同，他们因为各地的民情不同，历史的发展有异，因而从封建社会转向资本主义社会的过渡途径也各有特点。较之西欧资本主义的原生型，这些地区的资本主义属于非原生型的资本主义范畴。

在这本书中，作者以封建社会的刚性体制和弹性体制为基本构架，分析了由此导致的资本主义产生的不同道路，并且具体指出了各国的发展差别。

书中对于一些非原生型资本主义的分析尤其深刻。例如朝鲜是弹性体制，所以在内忧外患的情况下直到二战之后被美国占领，朝鲜的资本主义才得以发展。日本是刚性体制，可是缺乏体制外的权力中心与异己力量，再加上所处的国际环境，因而也不能成为原生型的资本主义国家，只能通过自上而下的改革过渡，由体制内转向体制外，所以封建残余很是严重。

该书对于中国资本主义产生的论述尤为精彩。作者指出中国在宋代就建立起了弹性体制的封建社会，随后日益完善。因而虽然明清产生了资本主义的因素，但却是根植于中国封建社会的内部体制，为体制所接纳和统和，因而仅有体制内的异己力量，却无体制外的异己力量，这样，纵使有资本主义萌芽，却不能长足发展。直到鸦片战争，在巨大的外界震荡下，中国才产生了体制外的异己力量，从而开始向资本主义过渡。因而，辛亥革命前后的资本主义因素彼此之间是没有过多关联的。

从缺少取代封建制度的力量、中国封建制度再生产的特点和中国封建社会基层组织的结构三个方面，该书对中国资本主义的起源进行了深入分析，这种全新的理论框架对于我国学术界关于资本主义起源问题的研究必将产生重要意义。

先睹为快

因此，要说明资本主义的起源，应当以上述对资本主义的第三种解释为依据。这就是说，只有把资本主义看作是一种特定的社会经济制度，我们才能够清楚地说明资本主义究竟是怎样产生的，究竟是怎样逐渐取代封建主义的。资本主义社会经济制度的确立，意味着封建主义社会经济制度的结束，这种确立和结束只有从社会经济制度的角度进行分析，才能清楚地说明问题。

历史表明，在一个限定的区域范围内，确立了这种社会经济制度，就意味着另一种与之对立的社会经济制度的结束。而在一种社会经济制度已经确立的区域范围内，则可以存在不同的经济关系，正如封建主义社会中可以有资本主义经济关系（如私人经营的手工工场），以及在资本主义社会中可以有封建经济关系（如封建的土地租佃关系）一样。

从中国封建社会同西欧封建社会的比较研究可以了解到：由于西欧封建社会中存在着体制外的权力中心，形成了体制外的异己力量，从而使得封建社会逐渐解体，并由封建制度转变为资本主义制度；而在中国封建社会中，无论在刚性体制下的前期还是在弹性体制下的后期，都不存在体制外的权力中心，也没有形成体制外的异己力量，所以中国不可能像西欧那样产生原生型的资本主义。

同西欧封建社会不同，即使在中国封建社会晚期出现了封建社会体制外的异己力量，但中国封建社会中始终不曾在地域上形成体制外的权力中心。中国封建社会中的城市，直到封建社会的解体，也一直是封建的政治中心和经济中心。虽然已经出现的封建社会体制外异己力量主要在城市（包括广州、上海、武汉、长沙、北京等）中开展活动，但始终处于地下活动状态，他们是隐蔽的，因为城市被封建政权牢牢控制着。由于鸦片战争以后外国侵略的结果，在中国的上海、武汉、广州、天津等地有外国的租界，不受清政府的直接管辖，因此使得封建社会体制外的异己力量在租界上有藏身之地和活动的场所。此外，英国占领的香港和葡萄牙占领的澳门，也成为这些异己力量开展活动的地点。至于国外一些城市，如美国的纽约、旧金山、檀香山，英国的伦敦，日本的东京，还有英国占领下的新加坡等地，既是倾向于变革的华侨聚居之地，也是中国封建社会中体制外异己力量活动之地。但以上所说的这些地方，都不能被看成是中国封建社会的体制外权力中心，而只能说是封建社会体制外异己力量聚会与活动的地点。

延展阅读

《非均衡的中国经济》

这是作者的另一部精品。

厉以宁围绕中国经济的非均衡性这一特征，从政府、企业、市场三者的关系角度分析了当前中国经济发展中亟待解决的问题，例如资源配置、产业结构、制度创新和经济波动等。本书揭示了中国经济宏观和微观运行机制的特点，并探讨了以企业改革为中心，通过改革调整走出困境、实现顺利发展的途径。

《资本主义与二十一世纪》

黄仁宇 著

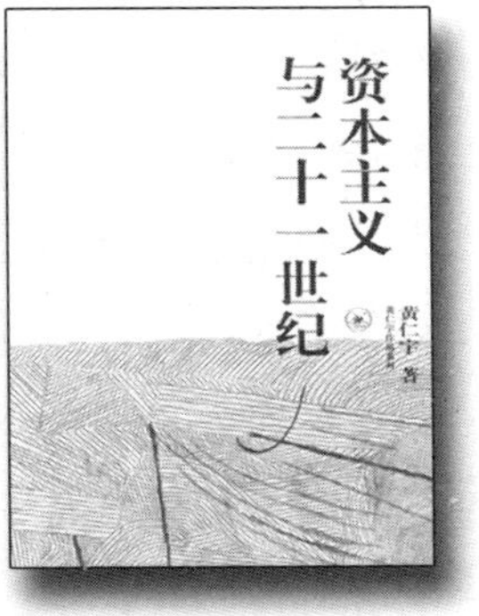

关于作者

黄仁宇（1918—2000）是著名的旅美华人历史学家。他的《万历十五年》一书曾经风靡全球，为他赢得了史学大师的地位。

黄仁宇出生于湖南长沙，他的父亲黄震白是同盟会的成员。1936年，黄仁宇进入天津南开大学电机工程系学习。然而，抗日战争爆发后，时为大学一年级新生的黄仁宇毅然退学，参与到长沙《抗日战报》的工作中去。后来，他进入国民党成都中央军校学习，毕业后分配到陆军步兵第14师，先后担任过少尉排长、中尉代理连长、第一军上尉参谋等职。抗战胜利后，黄仁宇身为国民党军官，参与了国共内战。后来还成为中华民国政府驻日本军事代表团团长朱世明将军的副官。

然而，1950年朱世明因被怀疑投共而被迫解职。黄仁宇也随之退出军界，开始了他的学术生涯。黄仁宇以34岁的“高龄”进入密歇根大学新闻系读书，后转至历史系，1954年大学毕业后，又继续在该校的研究所学习，于1957年和1964年分别获得硕士和博士学位。毕业后，黄仁宇先后在南伊利诺大学和纽约州立大学任教，曾担任哥伦比亚大学访问副教授和哈佛大学东亚研究所研究员。他曾参与《明代名人传》《剑桥中国史》的研究工作，协助李约瑟搜集整理研究有关“中国的科学与文明”的材料等。

黄仁宇学术地位的奠定经历了一个戏剧性的过程。在他博士毕业后，担任大学教授的多年间，一直没有新著问世。纽约州立阿雪纽普资分校以此为由将他从正教授的职位上解聘，当时他已是62岁高龄。然而，在他被解聘后的第二年，他屡屡碰壁的著作《万历十五年》由耶鲁大学出版社印行，并由当时美国的著名作家厄卜代克在纽约杂志上撰写书评推荐。该书备受推崇，先后获得了美国国家书卷奖历史类好书的两次提名，也让他成为家喻户晓的人物。此后，黄仁宇的著作一部接一部地出版，几乎每本都受到读者的热烈欢迎。从早期的英文著作到后期的中文著作，都有学者为其撰写书评，一时“黄书走红”，有人开始筹办“黄学研究会”，甚而申请创办《黄学研究》学术丛刊。

黄仁宇被称为是史学界的异数，他所坚守的“将宏观及放宽视野这一观念导引到中国历史研究里去”，高瞻远瞩地考察中国历史的“大历史观”，在史学界影响深远。他的作品能够在不失史学家之严谨的原则下，让广大读者喜爱，使得了解历史不再被视为畏途、不再是几个历史学家的斋中之物。

荐读理由

提起黄仁宇，绝大部分读者仅知道他著名的作品《万历十五年》，很少有人知道他对资本主义的发展也有精深的研究。《资本主义与二十一世纪》是黄仁宇的代表作之一，全书通过翔实的资料和照片为我们回顾了各国资本主义的兴起、发展和21世纪商业的兴起过程，深入研究了资本主义的社会制度在21世纪的发展脉络，剖析了这一制度的发展给人类社会生活带来的影响。

该书以意大利、荷兰、英国、美国、日本、德国、法国和俄罗斯等国的社会转型为中心，从资本主义在这些国家的兴起开始，研究当地的社会经济和经营方式在转型期前后的演变过程，以及给人民生活带来的变化，同时作者也比较分析了各国不同的民族特性和文化背景给各国经济发展带来的不同影响。书中侧重对资本主义技术性格的分析，作者将资本主义综合为一种组织和一种运动来看待。

全书无处不体现着作者的“大历史观”。作者认为在拉长时间、放宽视界的情况下，历史的发展有它自身的一个长期路径，但是作为历史演进过程中的当事人，是无法知晓历史的纵深，更无法预知历史未来的状况的。所以，当我们长距离地回顾历史之时，我们不能将今人的观念套用于历史当事人身上，同时，作为目前正在发展的历史的当事人，我们也无法准确预知未来，只能够根据过去以及现状，做有限的努力。

这一历史观放到《资本主义与二十一世纪》一书中给我们的启示是：虽然长期看来，市场的发展有其自身规律可循，但是那只是在事情发生之后的回望，历史本身无法逆转，历史演进的当事人无法知晓历史前进的方向，也自然无法预测未来市场发展的状况，因而，我们唯一能够把握的即是过去和现在，在做投资决策时，我们更多地是针对过去和现在作出一个决策，而不是基于对不可知的未来的预测。

《资本主义与二十一世纪》全书虽然主要论述的是西方资本主义的发展过程，但是作者在分析诸多经济问题时，却是将其当作中国社会发展的参照系来看待的，因而，阅读该书，也有助于思考中国社会的性质，进而为我国经济发展提供有益的借鉴。

先睹为快

前剑桥大学讲师陶蒲分析当代有关资本主义之论文，归纳为三派。一种注重生产关系之转变。资本主义一行，生产者开始出卖劳动力，此后对制成品无法过问。这也就是马克思学派。陶蒲自称属于此派。第二派着重资本主义的精神，亦即新时代的资本家将存积资本当作一种高尚的事业，并且赋予以虔诚的宗教性。还有一派则重视自然经济蜕变为金融经济的过程。资本主义之特征，组织上本就预备对付遥远的市场，于是批发商出资垫买商品，因之也干预着零售商及生产者的业务。

威尼斯之属于资本主义的体制，大部分由于商业资本垄断了政府的功能，有如“提供资本的人操纵了工业的很多部门，而主要提供资本的人则是经商的贵族”。而这体制，也是由于此城市特殊环境及特别机缘而产生。韦伯所谓资本主义的精神出诸清教徒，宋巴特谓之出诸犹太教，与威尼斯的情形都不符合。说到宗教，我们还可以提出自中世纪以来，天主教对于“高利贷”有极广泛的解释，甚至一般的贷款收息，也属于usury，不仅禁之于僧侣，也及于一般信徒。威尼斯首先不顾这种禁例，后来教堂的申饬比较严格，威城表面服从，也颁布了一些防制高利贷的法令，实际则留下技术上的漏洞，放贷收息进行如故。

我们综合这两种观点，即可以看出旧社会拒绝改造，大部分是由于内部之因素不能公平而合理地与外界新因素自由互动（金钱总是交换之媒介）。这种缺乏互动的弱点迫使它用宗教的名义，施展一种对经济生活紧束性的限制，构成对本身的掩护。因为它借道德上最高的和最后的名义做主，不容辩驳。只要能达到抗拒新经济力量于门外之目的，这种自卫的手段不一定要彰明较著。对命定论作不同的解释，或强迫荷兰工人到英国教堂做礼拜，又像荷兰的教堂一度拒绝供给放贷者圣餐，或不给予他们大学学位，都可收同样的功效。总之，这些因素与趋向出入于是非黑白之间，心理与现实成分参半，虽当事人也不一定能彻底了解其间奥妙。只有靠时日及事迹的累积，其前后之痕迹才容易在历史上呈现出来。

延展阅读

《万历十五年》

该书是黄仁宇的成名作，也是其代表作之一。本书融汇了黄仁宇数十年的人生经历和治学体会，首次以“大历史观”的思考，考察中国古代社会的种种问题所在。作者从万历十五年这一看似平凡的一年入手，以这一年发生的几件波澜不惊的小事为线索，连缀起明代前后几百年的发展脉络，让人看清明代社会危机的症结之所在，读来启发良多。

《货币的祸害——货币史片段》

〔美〕米尔顿·弗里德曼 著

关于作者

见《资本主义与自由》之“关于作者”。

荐读理由

《货币的祸害——货币史片段》是一本具体细微的货币史。书中记录了历史上种种细微的货币现象，然而正是这些货币现象，给社会乃至国家的命运带来了巨大的影响。弗里德曼希望通过这些历史事实与理论的结合，揭开货币的神秘面纱，让更多的人了解货币的运作机理和通货膨胀的根源及疗法。

弗里德曼指出，货币史与货币理论一样，都像“一座日本式花园。花园的整体美来源于花园的多样性；表面的简单之中隐藏着复杂的实体；厚重的景观则叠化在表象之下。如果我们从各个不同的角度进行观察，如果我们从容但深入地进行研究，我们就能充分领会这两个方面的妙处”。因而，在该书中，他选择从细微的货币史实出发，进行种种理论推理，从而挖掘出其中复杂而真实的实体。

全书共有十章内容，大致可以分为三个部分。第一章、第二章内容为第一部分，是作者对自己的研究思路和货币理论的一个交代。第二部分是对历史上一些货币片段的分析，包括铸币法中删掉的一句看似简单的话怎样对美国几十年的经济与政治产生影响、两个默默无闻的苏格兰化学家的工作如何毁掉了19世纪最引人注目但最少受人称赞的政治家威廉·詹宁斯·布莱恩总统的前程，等等。第三部分则是运用货币经济学的一些相关理论对一些货币政策的分析。例如：对复本位制的研究。作者指出对作为货币体制的复本位制之优缺点的传统认识，有很严重的错误。还有对美国20世纪30年代白银收购法案的讨论、对通货膨胀原因的探究等。在后记中，作者根据前面数章对关于货币的种种事件的研究，总结出了几条教训。

总之，全书从石头到羽毛到黄金的价值创造谈起，勾勒了货币的支配性作用，揭示了货币如何引发或是加深通货膨胀，也通过多姿多彩的历史片段，证明了历史上对货币经济学的种种误解所带来的货币之祸害，并运用平实的语言，向读者阐释了美国当前的货币体系对个人的工资、储蓄账户以及全球经济的意义。

阅读该书，会让人想起弗里德曼的另一部巨著《美国货币史》。然而《美国货币史》鸿篇巨制，内容精深，若非专业人士，一般很难读懂。所幸我们有了这本《货币的祸害》，它将深奥的理论与具体的历史事实结合起来，并用浅显的语言进行阐述，浓缩并浅释了《美国货币史》的内容，是一本适合大众阅读的理论著作。

先睹为快

雅浦岛民将他们在遥远的岛屿上开采出来，经过打制并运回自己居住岛屿的石头，视作为自己财富的具体表现形式。一百多年以来，文明社会则把从地底深处开采出来，花大力气进行冶炼，再经过长距离的转运，再次埋进精心设计的地下金库中的金块，视作为自己财富的具体形式。

这两个例证（我们还可以另外举出一大批例证）所阐明的是，既定的无可置疑的信念，一些重要的现象或错觉或“神话”，是如何成为货币事件的。我们自己的货币，即伴随我们长大的货币，以及管理货币的体制，在我们看来，显得那么“真实”而且“合理”。但是其他国家的货币，就算是单位购买力很高的货币，我们也常常将其视为是一张纸，或不值钱的金属而已。

“法定货币”的含义是，政府将接受这张纸作为偿债和纳税之用，法院也将认可这张纸可以清偿按美元计算的债务。那么，为什么私人在进行货物和劳务交易的时候，也会接受这张纸呢?

简单的答案——也是正确的答案——是，私人之所以接受这些纸张，是因为他们相信，别人也会接受这些纸张。这些绿色的纸张之所以有价值，是因为每个人都认为这些纸张有价值。每个人之所以认为这些纸张有价值，是因为每个人的经验告诉他们，这些纸张有价值。这个道理同样适用于第一章谈到的石币。要是没有这种大家共同且普遍接受的交易媒介（或是这种媒介的数量不够），美国经济就几乎不能运行，但大家共同并普遍接受的交易媒介的存在，依赖的却是约定俗成的力量，也就是说，我们整个货币体制依赖的是人们相互接受的一种从某种观点来看不过是一种虚构的东西。

我们不太可能非常精确地评估美国白银购买计划在将中国共产党人推向权力的道路上所起的作用。但毫无疑问的是，战时的通货膨胀，尤其是战后的恶性通货膨胀，极其严重地削弱了人们对国民党政府的信心，“1949 年 10 月共产党掌握政权并没有在中国的商业和金融圈子里引发很大的不安”。但这并不能简单地或在很大程度上归因于美国白银购买计划的余波效应。“普遍的看法是（在共产党人掌握权力后），再没有什么比之前那个政权的不称职和腐败更坏的事情了。”

延展阅读

《美国货币史（1867—1960）》

这是作者的另一部精品。

该书融合了繁杂详尽的历史统计资料和具有敏锐洞察力的经济分析，以货币存量为主线，研究了美国1867年至1960年近一个世纪的货币发展历程，以及货币存量的变化对美国一系列重大历史事件的影响。作者通过对货币供应变化和通胀水平因果关系的研究，证明了货币政策对一国经济运行的深远影响，指出了货币在稳定的经济周期中的重要作用。

#《经济学思想史讲义》

汪丁丁 著

关于作者

汪丁丁是国内著名经济学家，任北京大学国家发展研究院经济学教授，浙江大学经济学院经济学教授。他的研究不仅限于经济学、博弈论，还有道德哲学和政治哲学等领域。近年来，他越加关注道德、知识、自由三个命题，在经济学者中，这是少有的，他也因此被认为是最富有人文关怀的经济学家之一。

汪丁丁有着复杂的人生经历。他于 1953 年 5 月生于沈阳，1969 年赴黑龙江生产建设兵团，曾做农活、机械修理、炼钢浇铸等工作；1974 年调回北京某电子研究所做工人，其间曾发明“抗跳键积分电路”；1981 年，汪丁丁才开始他的求学之路。他先后获得首都师范大学（原北京师范学院）理学学士学位、中国科学院理学硕士学位，1985 年赴美国东西方文化研究中心访问研究，随后转入夏威夷大学经济系博士班，获经济学博士学位，1991 年后，汪丁丁先后任教于香港大学、浙江大学以及北京大学。

汪丁丁是国内较早提出用博弈论重建经济学的学者之一，他致力于用知识论来解读传统的经济学问题，极大地推动了我国的经济学研究。然而，汪丁丁不满足于做一个经济学家，他对把经济学工具化的做法非常反感。他试图为经济学寻找“失落的精神家园”，为经济学也为人类寻找一条“回家的路”，这一旨趣使他明显不同于其他的经济学家，而是更多地像一位思想家。

在公共领域内，汪丁丁持有批判主流、关注思想、拒绝媒体的矛盾态度。他对任何学说及其说服者都持有温和的怀疑主义态度。其著作《我思考的经济学》被评为1997年度10本最有影响力的书之一。

荐读理由

《经济学思想史讲义》是汪丁丁教授在北京大学讲授“经济学思想史”课程的“讲堂实录”，也是一部以经济学核心概念的发展为中心编撰的经济学思想史。

这本《经济学思想史讲义》跳出了单一的经济学的专业化视角，结合政治学、社会学、心理学等学科对经济学进行反思，在更高的层次上思考和研究经济学的基本问题，如价值、价格、均衡、货币等。作者的思想并未满足于停留在这些传统意义上的“经济学基本问题”，而是将这些问题与我们每个人以及全社会的生存状态一起讨论：“善与幸福”“情感与心灵”“社会正义”都是作者的关注所在。

作者始终认为，“经济学思想是对经济学核心议题的反省”。“专业化的过程使经济学家的反思越来越局限到人类浩劫的经济方面，却忽略了其他方面。而经济学思想史所做的工作，就是在更高的层次上把经济学的‘知识’当成一种‘意见’，并通过与各专业学科（政治学、社会学、法学、心理学、生物学等）的对话，让处于更高层次的真理自行呈现出来。”

在该书中，作者以十几个“元概念”为骨架组织叙述全书。例如

“财富”“效用”“价值”“成本”“利润”“货币”“均衡”等。作者反复强调这些核心概念所具有的“生命”与“张力”——概念越是基本，所包含的不同方向就越多，围绕它的争论和对话的可能性就越多，“生命力”就越旺盛。

沿着时间之流，作者把有史以来著名的思想家对社会、伦理和经济方面的思考，演绎给我们看，娴熟地描绘了经济学思想发展的动态图像，使得我们得以站在更高的位置俯瞰经济思想的历史变迁。

改革开放后，我国的经济学研究更多地集中在了对我国经济发展的研究之上，对经济学理论的梳理长时间陷入了停滞。随着西方现代的经济学研究方法的引进，经济学思想史的相关教材已经远远不能满足学生的口味，这门学科也被不少人理解成一门无用的知识。

汪丁丁教授从多年的跨学科的经济研究出发，将经济学思想的脉络推广到一个更广的层面，使我们对那些早已熟悉的经济学和历史知识有了焕然一新的认识。汪丁丁教授的《经济学思想史讲义》可谓在新时期为我国经济学教育开启了一个崭新的思路。同时，这本视角全新的讲义也为新一代的经济学说史教材开辟了思路，是任何想要更深一步研究经济学的同仁不得不读的好书！

先睹为快

实际上，有两种看法来解释这个世界，一种是演化的，一种是理性建构的。近代以来的科学理论，在解释历史或解释世界的时候，往往偏爱理性建构，而到了今天，我们又回到了演化理论，亦即，试图用演化理论来取代完备的理性理论。这个思路是经济学家非常熟悉的，但这有一个问题，是不是真的能够取代，我不敢保证，所以用了“似乎”二字。但不管怎样，演化给我们提供了观察日常生活的一个视角。

昨天我们论述了“生存困境”。每个人都面临着一些生活的问题，这些问题当然吸引我们最多的注意力。可以说每个人每天日常生活的范围都是一个“局部”。基于局部的个人体验，每一个人都有属于自己的特定世界观，这在英文里叫作 opinion（意见）。柏拉图区分了“知识”和“意见”，他认为，每一个基于局部经验的看法叫作 doxa，亦即“意见”。在柏拉图之前，前苏格拉底哲学家、辩证法的奠基人赫拉克利特把从各个不同局部提出的“意见”之间的对话中自行显现的世界秩序叫作 logos，这秩序可以是自然的秩序，即 cosmos（宇宙），也可以是思想的或者生活的秩序。用今天的语言，就是“理”或者“真理”。它的形式语言的描述就是“逻辑”（logic）。对“意见”的超越，柏拉图称为“知识”——特指认识真理的过程（epistem），又称为“理论”（theoria）。但是知识不是我们教的英文的 knowledge，knowledge 在希腊语里有单独的意思，表示“亲切”。知识在古希腊语里面的词根是 epistem，是英文“认识论”（epistemology）一词的词根。epistem 在希腊文里特别指称一种过程，即“真理自行显现”的过程。从这种过程中显现出来的知识又称为理论（theoria），故而，在古希腊人看来，“理论”是从“天上”来的，和神相通，不是我们局部的经验，而是对整体的把握。这一整套前学术史的考察所揭示出来的问题意识，一直延续到今天。所以罗素说，两千年的西方哲学史都是柏拉图的脚注，这话很值得回味。

什么是根本问题？

对日常生活问题的反省提供了辨识“根本问题”的机会。如何发现这样的问题呢？假如说，某人坐在教室里，下定决心——我这一生，要做一门大学问，找到一个根本问题是可以救中国的，然后解决这个根本问题，解决了就拿诺贝尔奖。抱着这种态度去寻找根本问题，那是找不到的。根本问题之所以能成为根本问题，必源于“自行显现”。你自己找，那只是从一个角度出发，那是找不到的，你必须要去倾听生活，从各个角度让它自行呈现。什么样的环境能够提供让根本问题自行显现的机会呢？下面这句话提供了一个线索，并且符合我们的逻辑直觉：我们关注的问题或者说我们等待它们显现出来的那些问题越根本，可以想象，参与对话的、卷入这类问题那些对话的这些意见，就越趋向于“整全”。

延展阅读

作者还有下列精品：

《我思考的经济学》

该书集中反映了作者对日常生活中的一些问题的经济学思考。比如从消费问题引发的“为什么‘边际效用递减’”，从国际长途电话收费想到的“山长水阔无尺素”，以及由医疗改革引出的“生命诚可贵，制度价更高”，等等。启发读者从个人生活中思考经济学。

《回家的路：经济学家的思想轨迹》

本书表现了作者在人类知识森林中的探索历程，用作者自己的话说，即是填补“当代经济学和哲学之间沉默距离”的一种努力，在这一努力过程中，作者试图使经济在更深远的领域中与其他人类知识相接。

《几位著名经济思想家的生平、时代和思想》

〔美〕罗伯特·L. 海尔布罗纳　著

关于作者

罗伯特·L. 海尔布罗纳（1919—2005）是美国著名经济学家。他曾就读于美国哈佛大学，学习历史、政治和经济学的相关知识，毕业后，正值二战爆发，他应征入伍。战后，他成为一名研究商品交易业务的经济学家。然而，他意识到自己还是更喜欢写作，在休假一年之后，他再也没有回去过。

从研究生阶段开始，海尔布罗纳就一直从事经济思想史方面的研究。他研究生阶段的著作《几位著名经济思想家的生平、时代和思想》就显示了他在这一领域的极大天赋。后期，海尔布罗纳开始转向社会学、政治学以及经济组织方面的研究。

海尔布罗纳认为自己更像是一个“历史哲学家”，经常能够发现传统经济学家在引导社会发展和政策制定领域的问题。

他曾当选为纽约人文学院的年度学者。1971 年，他成为美国经济协会的会员，随后又担任了主席一职。

荐读理由

《几位著名经济思想家的生平、时代和思想》是海尔布罗纳的第一部著作，写作时海尔布罗纳还只是一个研究生。然而，该书一出版就备受读者的欢迎。1961 年该书再版，1967 年第三版，1972 年第四版，1980 年第五版，1986 年第六版……至今该书已经被翻译成 25 种文字，销售量约有 400 万册。

该书指引了成千上万的读者踏入经济学领域，也为海尔布罗纳开启了经济学的学术之门。

该书书名的英文直译原为“世俗哲人”，意在指出书中所写人物的与众不同之处。这些经济学家把“人们一切活动中最富于世俗性的欲望——追求财富——包含在他们的思想方案之中”。他们不像一般的哲学家，他们更为接近现实，他们的理论直接指导着现实世界的运作。因而，虽然书中所载的人物很难在历史课本上出现，但是“他们的所作所为，比之许多政治家的光辉业绩，往往具有更大的决定性意义；比之敌军的出入国境，往往更加使人心慌意乱；比之国王或立法院的出于善意或出于恶意的法令，往往具有更加有力的作用”，“他们的影响所及，会使国家毁灭，大陆爆炸，会支持政权，也会破坏政权，使这个阶级反对那个阶级，甚至使这个国家反对那个国家”。

书中着重介绍了斯密、李嘉图、马尔萨斯、欧文、傅立叶、圣西门、马克思、凡勃伦、凯恩斯、熊彼特等多位著名经济思想家的生平、时代和思想。详细评述了各人的主要学说，例如斯密的市场分析，李嘉图的分配论，凡勃伦的有闲阶级论，马尔萨斯的人口论，马克思的价值论、剩余价值论，熊彼特的创新理论和凯恩斯的有效需求理论等。

作者指出，虽然这些经济学家各司其职，形形色色，既有哲学家，也有牧师、股票经纪人、革命者、贵族、美学家、怀疑论者，甚而是流浪汉，然而，他们拥有一个共同的特性，那就是——求知欲。他们希望揭开现实世界表面的混乱，探究背后的规律。他们专注于自己同胞的行动，关注每个人切实的利益得失。

他们执着于探究社会史的秩序和意义，在他们的演绎下，一个平淡无奇、混乱的社会就变成了一个有秩序的社会，就有了它自己的意味深长的生活史。

该书是经济学说史方面一本颇有参考价值的读物，是西方很多大学经济学说史方面的“标准著作”。书中既有思想解剖，又有历史陈述，是一本值得一读的好书。

先睹为快

经济学家要等到解决生存问题的第三个方法发明以后才会出现。这一惊人的发展是，让各个人（只要他遵守着一个主要的指导原则）做他认为对他来说最适合的那种工作，社会借此即得以持续存在。这个新奇策略叫作“市场制度”，其规律出奇的简单——每个人所要争取的是最大的金钱上的利益。在市场制度下，促使每个人努力工作的是求利这一吸引力，而不是“传统”的拉力或统治者的高压手段。此时，虽然每个人可以随着他贪得本能的指导，喜欢做哪一行就做哪一行，但是，由于人与人之间的相互影响，结果自然会使社会的必要工作安排就绪。

使经济学家得以应时而起的，正是对生存问题这种似是而非的、微妙而困难的解决方式。它不像习惯和命令那样简单明了，只是出于每个人的求利之心，就可以使社会得以持久存在，这不是一眼就可以看穿的。只要习惯和命令不再管理这个世界，社会上的一切工作——肮脏的以及舒适的——就可以完成，这一点是不容易一下子就弄清楚的。当社会不再听从某一个人的命令行事时，谁还能说，事情究竟会演变到什么样为止？

现在可以看一看斯密是怎样为社会构成一个永久存在的事态的。社会就像一系列连锁的数学命题那样有规律地、必然地从开始一直向上进展，试探性的市场机制，从任何起点开始，先使劳动和资本在各种用途中的报酬归于均等，务必使所需求的那些商品按正确的数量生产，还得保证商品的价格，通过竞争，不致脱离生产成本的范围。事情并不到此为止，因为社会是动态的。从起点开始，就发生了财富的积累，由这一积累所导致的是增加生产便利和扩大分工。到此为止，看来一切都很顺利。但是，出于积累的结果，当资本家为新厂物色工人时，会使工资提高。工资提高后，进一步积累时就会觉得无利可图。体系势将陷于止步不前状态。但是，工人使用他们的高工资时，会在使死亡率降低的情况下抚养他们的孩子。因此工人的来源将增加。在人口增长的情况下，出于工人间的竞争，将再次压低工资。这样，积累就可以继续下去，又一次盘旋上升将重新开始。

穆勒的命意所在是很清楚的：生产的经济规律关系到自然。劳动在这一用途还是在那一用途中具有较大的生产性，是不能任意决定的，至于土地生产力递减这类经济现象，也不是变幻莫测，或者是可以任意选择的。自然的稀缺和冷酷无情是实际存在的事物，一切经济行为准则（它告诉我们怎样使劳动成果扩大到最大限度）就跟气体的膨胀或化学物质的相互作用一样，是与人力无关的，是绝对的。

延展阅读

《经济社会的起源》

这是作者的另一部精品。

该书对中世纪到现在的经济社会的发展历程作了一个描述，在分析历史现象的基础上，解释了为什么经济会如此发展，也预测了它今后的发展方向。

《从马克思到凯恩斯》

〔美〕J. A. 熊彼特 著

关于作者

J. A. 熊彼特（1883—1950）是美籍奥地利经济学家，当代资产阶级经济学的代表人物之一，现代经济学家。他采用静态和动态方法，建立了静态经济学和动态经济学两个体系，并且提出动态利润说，弘扬垄断资本家的作用，为高额垄断利润辩护。

熊彼特 1883 年出生于摩拉维亚的特利希镇，是一位纺织厂厂主之子，后来进入维也纳大学学习法律和经济学。1908 年，他因出版了《经济理论的本质和主要内容》这一重要著作而成名，成为奥地利经济学家中的后起之秀。1911 年，熊彼特成为克拉兹大学的经济学教授，随后出版了他的名著——《经济发展理论》。1939 年和 1942 年，熊彼特先后出版了《经济周期》和《资本主义、社会主义和民主》两书，这两本巨作为他带来了极高的荣誉，也奠定了他在经济学界的大师级地位。

1925 年至 1932 年，熊彼特任波恩大学的教授。1932 年，他成为哈佛大学经济学终身教授。1950 年，熊彼特在康涅狄格的塔科内克辞世，在他逝世后，他的妻子布迪编辑出版了他的不朽之作《经济分析史》。

熊彼特在经济学上的突出贡献一方面是他对于经济生活动态学的研究，打破了传统的静态分析方法，为经济科学的发展指出了新的方向。另一方面，他对经济思想史的贡献也常常被人称颂。他的《经济思想和方法》《从马克思到凯恩斯》都是这方面的著作，而《经济分析史》一书在该领域更是持久地居于顶峰的地位。

熊彼特还是一位社会理论家，他对于个人主义政治和个人主义方法论的区分，站在了马克思阶级分析的对立面。熊彼特认为，民主是公共部门的一种横向协调，可与私人经济部门的市场机制作用相比拟。政治过程也是市场的过程，选民是需求者，政治家和官僚是供应者。

熊彼特是个不留情面的人，学术上与他人争端众多，而且经常走极端，以激怒旁人。但是无可置疑，他是一位学术巨人，为后来的许多经济学家指明了方向。作为一名经济学家，无论在理论意义还是实证意义上，他都站在了经济舞台的中央。

荐读理由

《从马克思到凯恩斯》是熊彼特为十位著名经济学家所写的传记集子。这些传记都写于 1910 年至 1950 年之间，都是为一些杂志写的文章，有的是为某位经济学家的去世而写的，有的是为了某些事件的周年纪念而写的。

正如作者所言：“绝大多数智者的创造或幻想经过一段时间以后，便永远消失了。这段时间可能只是一顿饭的工夫，最长不超过一代人的时间。但另一些作品却不是这样。它们经历过失落，但它们重新出现了，它们不是作为未被认识的文化遗产的一部分出现的，而是以作者个人的方式、带着个人的印迹出现的，这些是人们能看到、感受到的。”

《从马克思到凯恩斯》收录的十位经济学家，都是经历过历史的淘洗依旧光彩夺目的学者，他们的思想贡献每个人都应该看到、感受到。该书介绍的十位经济学家是：马克思、瓦尔拉、门格尔、马歇尔、帕累托、庞巴维克、陶雪格、费雪、米切尔和凯恩斯。熊彼特和该书传记文章中的主人公大多有着密切的关系，和他们较为熟悉，有的还建立着深厚的友谊。然而这并不妨碍他为不熟悉的或是与他有学术争端的学者写传记。作者在书中表露的更多的是对各个经济学家学术成就的钦佩，完全站在一个客观的立场上。例如对于马克思，虽然作者自己是资产阶级的经济学者，但他依旧佩服马克思的成就，十分推崇马克思关于经济过程的见识。同时，他也极力推崇与他只见过一面的瓦尔拉的纯经济理论。作者详细介绍了这十位经济学家，剖析了他们的经济思想，让读者在不长的篇幅里就能领会和把握这些经济大家的经济思想精髓。

“经济学是一辆大公共汽车，它载着许多兴趣和能力不相称的乘客。”阅读完该书，你可以梳理出经济思想史上这些大师的某些线索：真正的经济大师不仅需要具有超越时间的生命力，具有创新精神，还必须具备某种特立独行的“反潮流”的精神。熊彼特客观公正的立场和犀利的文笔都增强了本书的可读性。阅读本书，读者可以在最短的时间内掌握经济学的基础知识，顺利开启经济学大门。

先睹为快

马克思本人没有详细地描绘社会主义的细节，这是非常明智的。他重点说明它的产生，一方面，已经存在的巨大的工业控制体系极大地便利了社会化的进程；另一方面，存在着压迫、奴役和剥削，同时也产生了为数众多的、有纪律的、团结的、有组织的无产者。两个阶级之间经过长期斗争，已到了决战阶段，每个阶级都严阵以待，准备作最后的斗争。马克思还说明了这以后的情形，阐明了这样的观点：无产阶级将接管政权，通过无产阶级专政，消灭人剥削人的现象，建立一个无阶级的社会。如果我们要证明马克思主义只是信念家族中的一员，这也就足够了。既然我们关心的不是那个方面的问题，而是一个科学的预见，这就明显不够了。施穆勒的理论更有把握一些。虽然他拒绝描述社会主义的细节，但他明确地把它设想为一个逐步的官僚主义化、国有化等等的过程，不管我们喜欢与否，至少他给出了一个明确的表述。因此马克思并没有把实现社会主义的可能性确定下来，即使我们承认整个毁灭理论；如果我们不这样认为，这个预见可能就会失败。

然而，从另一种意义上说，马歇尔的启迪永远不会过时，它的影响会持续相当长的时间。这不仅因为这种广泛而强大的启迪力量已为后世所继承，而且因为在它身上有一种独特的品质，能有效地抵御腐蚀。马歇尔生活在充斥着“发展变化”口号的气氛中，他首先认识到经济学是一门发展的科学（然而，那些反对他的批评家们不但忽视了他思想中的这一因素，而且有时实际上指责他的经济学忽视了发展这一方面），尤其是认识到他要研究的人类本性是可以培养和改变的，并具有改变环境的功能。但这对我们来说，仍然无关紧要。关键是，他把他的发展思想贯彻到了理论研究中，毫无终止的意思。他不像穆勒，永远不会说某个问题从此解决了，再不需要他或任何其他作者来对其加以进一步的解释。正相反，他充分认识到自己正在建造一个临时的结构。他的目标总是指向力所不能及的本不该由他涉足的领域。新的问题、新的观念以及新的方法对别人的研究而言都是敌人，他在研究中却将其引为盟友。在他所建造的庞大而坚固的阵营里，有容纳所有这些“盟友”的空间——事实上是预先为它们准备好的栖身之所。过去和现在虽然还有许多人在反对他的做法，但其中绝大多数都是些比较狭隘的人。有时这些反对者会发现（或是别人替他们发现），马歇尔提前实现了他们的目标，而使他们的反对变得毫无意义。

延展阅读

《经济分析史》

该书是熊彼特所著的一本涉及范围最广、分析最为详尽深入的经济史专著。该书描述了从希腊罗马到现在，经济分析这一领域的发展过程。书中论及了西方的市场机制、竞争体制、企业创新、技术进步、自由贸易、保护政策、财政金融与货币管理等内容，对于有关学派的学说主张和分析方法，都有十分详尽而深入的分析，从中也可以找到作者本人的一些具有独特见解的评论。

《经济思想的成长》

〔美〕亨利·威廉·斯皮格尔　著

关于作者

亨利·威廉·斯皮格尔是美国美利坚天主教职工大学的经济学名誉教授，著有多本经济学史专著。

荐读理由

《经济思想的成长》是一部梳理经济思想流变的巨著。该书初版于1971年，1983年增订再版，出版后一直深受读者的喜爱，著名经济学史专家马克·布劳格也对它倍加推崇。全书从经济思想的萌芽时期说起，上溯圣经、古希腊、早期基督教作家的经济思想，依次对以前的古典经济学、边际主义经济学、新古典主义经济学，以及当代经济学的流变和发展作出了详尽、中肯和独到的介绍和评论。

该书论述范围非常广泛。上自《圣经》下至当代经济学，书中对具有一定影响的思潮、学派和人物都有论述，并勾勒了他们思想发展的脉络。另一方面，作者的论述很客观，对于每个时代的各种反对派和非主流的经济思想，书中也都有涉及。

全书思路清晰，叙述井井有条。作者以不同历史时期的各种学派和学者如何认识和处理资源稀缺条件下的资源配置问题和生产发展或财富增长问题作为主线，将一个宏大曲折的历史过程完美地体现了出来。同时，在勾勒全局、整理脉络之时，作者也有意关注细节和要点，从而将高度的概括和重点深入相结合，增加了文章的趣味性。

另一方面，全书充满人文精神，作者从文化的角度而不单单是技术的层面对经济思想史的脉络进行了梳理。书中并没有充斥数字和公式，而是将经济思想同人文学科联系起来，把经济思想史放到一定的经济、政治和文化环境中加以考察，必要时穿插人物的出身经历、性格等方面的细节，增加全书的可读性。

此外，全书分析严谨，论证充分。书后提供了一套内容丰富的参考文献。作者不厌其烦地对参考文献中的著作的中心思想、历史地位和影响，甚而是各种版本的优劣长短都作了比较说明。对于想要进一步了解思想史方面内容的读者，无疑是非常有益的。

总之，这是一部非常好的经济学思想史的专著，堪称可与熊彼特的《经济分析史》比肩。对于经济思想有兴趣的读者，阅读一番，必定受益匪浅。

先睹为快

公民不得持有金银，但可持有货币。他们不得以足值货币的形式去积累财富。得到政府允许，他们可以出国旅游；偶尔获得外国的货币，必须上交当局。信用交易不受鼓励，一旦发生，也必须严格建立在信任的基础上，因为借方并无法律责任去偿还本金与利息。如同外贸一样，商品的价格与质量由公共当局控制。只有必需品方可进口，不需之物方可出口。个人财富不得低于某个最小量——不可缺少的家庭财产——也不可超过某个最大量，即，家庭必需财物与其他财产之和不得超过最小拥有量价值的4倍。如此一来，极端的贫穷与富裕得以避免。公民将会免于因商业化而导致的腐败的危险。经济上的不平等将主要来自农业管理中的节俭与效率的差异，而不是来自贸易、手工艺和投机倒把，这些活动使一部分人发了横财，而另一部分人变得贫穷。柏拉图争辩说，富的人不可能同时是有德之人。对财富的关心应被列于第三位乃至最后一位——位于对心灵与身体的关怀之后。

斯密的哲学观点反映了他那个时代的精神，即，相信自然界有牛顿式的秩序——一个机械论者的宇宙，其和谐与有利于人的结构证明了造物主的智慧与善意。牛顿发现了统一物理世界的万有引力定律，18世纪不列颠的道德主义者（斯密是其中之一）提出了几条定律，试图以相似的方式统一道德和社会交往。洛克资助人的嫡孙沙夫兹伯利第三伯爵（1671—1713），也是洛克的信徒，他把人看作是被赋予“道德感”的，认为这使人能够分辨是与非，并且选择正确的行动。这样的行动会在人的利己主义和利他主义之间建立一种完美的平衡，它会给人带来愉快，也会有助于社会的福利。在沙夫兹伯利看来，自然的和谐带来了一种社会秩序，在这一秩序下，正是“根据私人利益和每个人的作用，导向了普遍的利益”。

李嘉图说到工资“像一切其他的契约一样”，它们“应该留给市场进行公平而自由的竞争，绝不应该受到法律干预的控制”，要阻止静止状态的到来，除了严格遵循自由放任之外，他没有看到任何别的补救办法。在相关的文字中这意味着放弃限制从外国进口农产品，尽管是逐步地放弃。有可能以这种方式防止国内事物生产的扩张及其对地租、工资和利润的一切影响。于是，李嘉图进而提出了赞成自由贸易的最有力的论证，其基础是比较优势原理。

延展阅读

《西方经济思想史》：〔意〕荣卡格利亚著，罗汉、耿筱兰、郑梨莎、姚炜堤译，上海社会科学院出版社，2009 年。

该书全面梳理了西方经济思想发展的脉络，侧重论述不同经济学家的研究思路。作者认为经济思想史的研究对人们了解经济是至关重要的，而方法论的考察能够让人们获得启示。

《非凡的经济智慧：44 位诺贝尔经济学奖得主的卓越贡献》

〔美〕玛丽卢·赫特·麦卡蒂 著

关于作者

玛丽卢·赫特·麦卡蒂是佐治亚理工学院经济学退休名誉教授。她已撰写或与他人合著了六本经济学的教科书，其中《美元和理智》一书已是第八次印刷了。麦卡蒂博士同时也是一个很受民间团体和学术机构欢迎的演讲家。

荐读理由

《非凡的经济智慧》是一本经济学原理的入门之作，受到诺贝尔奖得主的大力推荐，一度被西方誉为不朽之作。

诺贝尔经济学奖是经济学领域的最高奖项。自 1969 年以来，已颁布 44 届，共有 71 位经济学家获此殊荣。该书向我们介绍了其中 44 位诺贝尔经济学奖得主的主要经济学思想。此书并没有采用编年体的形式，甚至根本没有参考任何现成的经济学史的概览，而是把一块块零散的思想拼合起来，原汁原味地展现在读者面前。让读者在拜读各种不同的经济学见解的同时，享受一场思想的盛宴。

44 位最具传奇色彩的经济学家，他们或谦卑、或傲慢、或外向、或腼腆，但都不拘一格、勇于创新、敢于藐视传统。究竟是什么让他们摘得了经济学桂冠的明珠？他们的思想是如何影响了世界？这些思想背后又有怎样的渊源？在该书中你都能找到答案。

该书诠释理论的方法新颖独特。作者不是纯粹地罗列一连串的经济学理论、符号或是模型，而是从实际出发重新诠释了这些思想在生活中的应用，将现代社会的经济现象放在宏观的历史背景中分析、解构。让读者在清楚经济学发展脉络的同时，也更深入地理解了这些经济现象背后的原因。

该书将经济理论应用到现实问题中，例如货币危机、经济稳定政策和经济增长等，能够引导读者更深入地探索奇妙的经济世界。另一方面，该书也解答了普通百姓关注的日常生活中的经济现象。例如消费者、企业和政府的相互作用，储蓄、价格、投资和就业的状况；社会秩序的建立；社会与个人自由的问题，等等。通过理论的介绍给读者提供一个全新的视角去重新审视这些问题。

总之，该书解读了 44 位经济学大师的思想历程，挖掘了他们伟大思想的根源。《非凡的经济智慧》一书将经济理论、哲学、历史和个人传记完美地结合在了一起，用通俗易懂的语言为读者梳理了一条有关现代经济理论和实践的清晰脉络，让读者能够站在巨人的肩膀上鸟瞰整个现代经济思潮。虽然诺贝尔经济学奖得主并不能囊括这个时代所有的重要经济学家，但却代表了经济学各分支学科的最高成就。走近他们，就是走近经济学本身。

先睹为快

斯蒂格勒的所有思想都反映了他对已有信条的怀疑，同时他也探求以客观事实为依据的观点，即在理论和实证之间游刃有余地演绎。以下是斯蒂格勒对经济学的主要贡献：对以往和当今经济学家关于人类行为的解释进行批判性审视，弃其糟粕，并将所有思想建立在事实的基础上。

斯蒂格勒承认，大多数的新思想都是错误的或者是毫无用处的，但这并不见得是坏事。的确，社会需要接受各种新思想，但同时也应该对其进行修改、补拙和深化，使其以可信且可靠的方式应用，把新思想转化成为指导人们行为的准则。

哈耶克主张的自由主义具有高度的个人主义性和极度的放任性。同斯蒂格勒一样，哈耶克仅主张政府最小限度地干预经济事务。哈耶克强调，个人品位和喜好对整个社会的宏观目标而言至关重要。他说，在一个自由的社会，平民百姓作出的理性的、最大化的决定可以促进整个经济效率的改善，即通过有效调配资源使福利最大化。自由选择权允许经济自由发展，并且只受有限资源和科技进步的限制。

阿罗把我们的决策分为两类：一类是私人决策，另一类是公共决策。他认为，在私人决策中我们通常作为买方或卖方在市场中作出我们的经济选择。我们在市场中所作的选择其实是一种“体验”，包含了我们对于一些物品的偏爱，喜欢葡萄酒还是啤酒，喜欢书籍还是音乐，喜欢山地游玩还是沙滩假期等。通过参与到市场中去，我们为那些使我们的个人福利最大化的产品“投票”。

揭示生活的规律是理解的本质，最终也是物种生存的本质。我们毫无意识地用我们的感官感知着生活的规律。我们通过视觉、嗅觉、感觉和听觉来判断世界，我们也有意识地通过实验来探索生活的规律。实验方法的使用确实是能够增强我们感觉器官收集信息功能的一种途径。在弗里希看来，计量经济学的重要性就在于“将我们不得不倚靠的本能和感觉的界限大大缩小”。

并非所有的规律都是因果关系的凭证。弗里希告诫，不要单因两个事物同时出现就妄下结论，它们之间还得确实存在引起与被引起的关系才行。误述因果关系而作出结论在计量经济学里被弗里希视作假性相关的典型例子。弗里希提出了一个数据，此数据将挪威沿岸旅游观光的人数同该地区记载在案的苍蝇数目联系起来。误将一个地区对游客的吸引力归结为苍蝇数量的多少，这可能会误导决策者，使其作出增加苍蝇数目的决定。

延展阅读

《高小勇、汪丁丁专访诺贝尔经济学奖得主：大师论衡中国经济与经济学》：高小勇、汪丁丁著，朝华出版社，2005 年。

该书共采访了 12 名经济学家，深入剖析了中国的经济发展与中国经济学术界的状况。内容包括“大师谈企业改革”“福格尔访谈录”“米勒访谈录”等。当时的采访内容被国务院研究室以“送阅件”的形式报送给了中央和国家主要领导，并被列入 1995 年中央经济工作会议文件，并由国家计委指示中国计划出版社将这次采访结集出版，可见这本书的重要意义。

经济学应用

《国家兴衰探源：经济增长、滞胀与社会僵化》

〔美〕曼库尔·奥尔森　著

关于作者

曼库尔·奥尔森（1932—1998）是美国著名经济学家。他于 1932 年出生在美国北达科他州，曾任美国马里兰大学经济学教授。

奥尔森的大部分时间在大学里从事教学与研究，也在美国空军服过役。1963 年至 1967 年间，他曾在约翰逊当政时的美国的健康、教育与福利部任职。

他的主要论著除《国家兴衰探源：经济增长、滞胀与社会僵化》之外，还有《战时短缺经济学》（1963）、《集体行动的逻辑》（1965）、《一份准备中的社会报告》（1969）、《没有增长的社会》（1974）、《健康护理经济学新方法》（1982）等。其中《集体行动的逻辑》一书影响广泛，先后被译成德、法、意、日、葡等国文字。

荐读理由

为什么国家会有兴衰？不同国家为什么会出现不同的经济增长速

度？同一国家在不同历史时期的发展为什么有快有慢？二战后，西德和日本为何能够如此迅速地崛起，而英国为什么会衰落？……面对上述这些问题，各个领域的学者作出了不同的解释。然而，奥尔森认为这些解释都是有问题的，他们没有找到问题的最终根源。

《国家兴衰探源：经济增长、滞胀与社会僵化》一书是奥尔森的成名作《集体行动的逻辑》的姐妹篇。《集体行动的逻辑》成功推翻了“具有共同利益的人们一定会自愿、自动地组织起来为实现他们的共同利益而采取集体行动”这一沿用百年的“公理”。而在本书中，作者在前书中个人与群体关系研究的基础上，进一步探究了群体与社会、国家这个更高层次的关系。

作者指出，一个社会政治稳定的时间越长，就越可能发展起造成更低经济效率的强大特殊利益集团。而大量分利集团、分利联盟的出现，则是国家衰落的一个重要原因。

奥尔森以英国的衰落和日本、西德奇迹般的增长为例，指出允许自由地建立各种组织而又长期没有动乱或入侵的国家，其经济增长受到分利集团的阻碍和危害也就更严重，而极权主义政府或外来入侵者削弱或废除了分利集团的那些国家，在建立了稳定或自由的法律秩序之后，其经济就会相当迅速地增长。作者进一步指出，分利集团的活动会减少社会总收入，像行会、工会、卡特尔以及议会院外活动集团等这样一些分利集团因为具有排他性而会阻碍经济的增长。它们阻碍了技术进步、资源的流动与合理配置；它们降低了生产经营活动的报酬，而提高了利用法律、政治与官僚主义进行讨价还价等活动的报酬；它们提高了社会交易成本而降低了社会经济效益。

西欧共同体的建立以及各国经济的迅速增长，作者认为也可以从分利集团受到限制、管辖权统一和贸易自由的角度得到解释：管辖权统一取代了地方分割，使行会等分利集团失去了垄断和影响；贸易限制从社区上升到国家层次，会使关税壁垒长度减少许多倍，从而促进生产要素的自由流动。

总之，考察分利集团对经济社会的影响并分析其作用机理贯穿了全书始终。另外，对于传统经济学理论无法解释的滞胀、失业和经济周期等现象，作者也从分利集团作用的角度作出了合理的解释。这一全新而独特的分析方法不仅适用于西方社会，对于研究东方社会经济的发展也有着重要的借鉴意义。我们不仅可以利用奥尔森的理论解释中国经济腾飞的秘密，还可以以此来指导经济改革。改革既要打破“分利集团”的影响和制约，又要让全体人民分享改革成果，这对我国未来发展意义重大。

先睹为快

人们往往在历史的神秘法则面前感到困惑：为什么许多声威赫赫的庞大帝国逐渐衰亡或毁于一旦？为什么许多蛰居蛮荒默默无闻的民族崛然兴起，创造了巨大的财富与灿烂的文化？众所周知，一度威震西方的罗马帝国竟败于散居的蛮族部落之手，终于从历史上消失；号称东方巨龙的中华帝国也不止一次地被它视为蛮夷的蒙满部族或穷乡僻壤的贫苦农民所灭亡。在中东与美洲也不乏同样的例子：印第安文化的灭亡，甚至在墨西哥的阿兹特克帝国被西班牙的特遣舰队征服之前，就曾多次被不知名的部落夺取了王位，帝国内原有的繁华城市与壮丽的金字塔早已被夷为废墟。南美洲的安达斯山区，或吴哥窟和世界其他文化的遭遇也大同小异。希腊古代的伟大历史学家希罗多德在总结当时希腊城邦兴衰史时曾经指出：“繁华都市的衰亡与弱小城邦的崛起，雄辩地说明了一个结论：好景从来不久长。”

本书的论述从分析集团行为中的矛盾现象入手。一般认为，具有相同利益的个人或企业的集团，均有进一步追求扩大此种共同利益的倾向。因此，美国政治学科的许多学者长期以来都认为：具有共同政治利益的公民会组织起来进行议会的院外游说活动来维护自己的利益。全体人民中的每一个人均可归属于某一个或几个这样的集团，从而这些相互竞争集团所施加的压力汇总起来就决定了政治活动的进行。同样，他们还相信，如果工人、农民或消费者遇到垄断势力侵犯他们的利益，他们可以通过代表其利益的组织（工会或农会）来干预市场或要求政府采取保护政策，从而最终消除这种威胁。从更大范围看，一般认为整个的社会阶级将代表其成员的利益而行动。当然，这种观点中最突出的代表就是马克思的论点：在资本主义社会中，资产阶级控制了政府并使之为本阶级的利益服务，但当资产阶级对无产阶级的剥削加剧到一定程度，而且其伪装被揭露之后，工人阶级就会起来革命以捍卫自己的利益，并建立无产阶级专政。总之，如果属于某一集团或阶级的个人之间的共同利益足够大，同时他们又都意识到了这一事实，则该集团或阶级将在某种程度上按照其共同利益采取行动。

正如作者在本章开头时所述，如果某种宏观经济理论只能解释宏观经济现象本身，而不能解释任何别种现象，则宏观经济学家未免感到遗憾；反之，如果该理论不仅适用于特定的宏观经济情况，而且可以解释其他现象，则经济学家对其正确性信心更强。当然，这一条件是与第一章内所提出的要求相呼应的，即该理论应能解释广大范围内的各种不同现象，而同时又应当十分简洁。这样，我们又回到一开始提出的“令人满意的答案应切合的标准”问题上来了。

延展阅读

《集体行动的逻辑》

该书是奥尔森公共选择理论的奠基之作。作者在书中回答了一个简单的问题，即人们为什么会组成集团？作者指出，人们之所以加入集团，不是因为拥有公共利益，而是因为集团本质上提供了一种集体性的公共商品，集团的存在本质上是一种“搭便车”的行为。

《富裕社会》

〔美〕约翰·肯尼斯·加尔布雷思 著

关于作者

见《经济学与公共目标》之“关于作者”。

荐读理由

《富裕社会》被认为是加尔布雷思著作中最为著名的作品，曾被美国图书界列入20世纪百本优秀英语著作。

随着经济的发展，我们摆脱了冻饿和疾病，步入一个看似富裕的社会。然而，在这富裕之中，加尔布雷思看出了问题。“全家开着内饰桃木、装有空调、使用动力转向和具有机动刹车功能的汽车出游，穿过路面不平、垃圾横飞、房屋破败、广告牌东拉西扯、电线横七竖八夹在空中的城市，到达充斥着商业艺术的乡村。”

这是现代富裕社会的写照，也向我们揭示了富裕社会的本质：一个经济不断发展，已经具有消灭贫困和饥饿的力量，却漠视调节社会收入的分配，导致“私人的富足和公共的贫困”的社会。富裕社会虽然市场上消费性商品充斥，但社会服务不足，发展起来的经济并未满足社会需求。

加尔布雷思指出，在财富积累的时候，我们不能忽略社会的均衡发展，而要注意效率与社会公正的平衡。“如果听任诸种经济力量自行其是，则其除了为有权有势者造福外，绝不会为了行善运作。”因而，国家在市场中要扮演积极角色。“让我们把消除富裕社会的贫困置于社会和政治议题的中心地位……让我们捍卫自己的财富，不让某些人以保护财富之名，而只给这个星球留下毁灭的灰烬。”从加尔布雷思的书中，我们看到了自己的影子。多年来，我国所秉承的治国理念不正是“消除贫困，消除两极分化，最终达到共同富裕”吗？

私人富裕和公共贫困的鲜明反差，是加尔布雷思始终坚持的看法，借助《富裕社会》一书，他尖锐地指出了美国社会存在的问题，批判了美国政府只强调生产、不关心公共事业的政策导向，这一理念在当时起到了积极的作用。

正如作者所言：“财富不是单单用金钱来衡量，真正的富贵，是能在这个世上对其他需要你帮助的人有贡献，这是内心的财富，也是真财富。”在如今经济高速发展，人们为财富所迷失的社会，无论是国家政策制定者还是每个追逐财富的个人，都应该好好阅读这本书。

先睹为快

传统智慧的敌人不是理念本身，而是事件的发展。传统智慧与它所要解释的世界并不相容，但会与听众对这个世界的看法保持一致，我已经在前面指出了这一点。因为后者还包括了那些安逸舒适的环境和人们熟悉的事物，但现实世界在不停地发生变化，传统智慧始终处在过时的危险中。当传统理念明显不能处理偶然事件的时候，过时使它们不再具有适用性，这就成为对传统智慧的致命打击。这种打击迟早会来，这必定是那些理念失去与现实世界关联的结局。在这一阶段，无关性总是被某个人夸大了。他把推动传统智慧、建立新理念都归功于自己，事实上，他只不过是对一清二楚的事实进行了归纳，尽管其功劳并不算小。与此同时，就像保守人士一样，虽然传统智慧消失了，但它并不会投降。社会残酷地把自己的代表人物从聪明人转变成老顽固甚至自鸣得意之徒。

主流经济学对这种不平等现象忧心忡忡。财富的继承就是这种不安的主要来源之一。也许人们认为，最初的创造者通过技能、勤奋、远见和精明获得回报的财富是合理的，但这并不意味着他就应该理所当然地将财富转让给他的儿子。垄断也被给以严重的关注，因为垄断回报的不是生产，而是回报了对生产的控制。进一步说，在当时特别强调的竞争原则是一个根本的问题，也是这一体系的最彻底和最基本的内在逻辑，由垄断而导致的不平等现象可能警示了这一体系自身的致命缺陷。

这也是一个遍布贫穷和堕落的时代。创造这些财富但与财富无缘的工人只能生活在臭气熏天的贫民窟中，周遭到处都是乞丐。在此，我们不妨说，财富的获取似乎总是要以他人的贫穷为代价的。有时候，获取财富的手段还颇为残酷，但这一切都无需置于任何人的良心之上，自然选择在发挥着作用。正如在纽约举行的成功者盛大晚宴上，乔赛·德配踌躇满志地提醒与会的人那样，富人可以将他们看成是自然神奇的造化。还有最重要的一点，他们的儿子也是这样，因为优秀的品质总是能够遗传的。这也使得他们继承的遗产合法化，因为它只赏赐给那些遗传上优秀的人。同时，贫穷问题只能通过它能够被解决的手段来解决：不适合生存者将被淘汰。受到同情心驱使的私人或者公共的救济可能变得很不方便或非常昂贵，但仍然应当禁止，这倒不是因为铁石心肠在作祟，而是因为要有意识地遵循自然法则。

延展阅读

《不确定的时代》

这是作者的另一部精品。

该书追述了过去 200 年间，近代经济学家和社会哲学家面对越来越不确定的社会所阐发的不同观念。该书上溯亚当·斯密，中经马列社会主义，下及凯恩斯、冷战年代、第三世界等。在阐述各种理论的同时穿插历史事件，纵横经纬，向读者展开一幅广阔的思想史画卷。

《国富国穷》

〔美〕戴维·S. 兰德斯　著

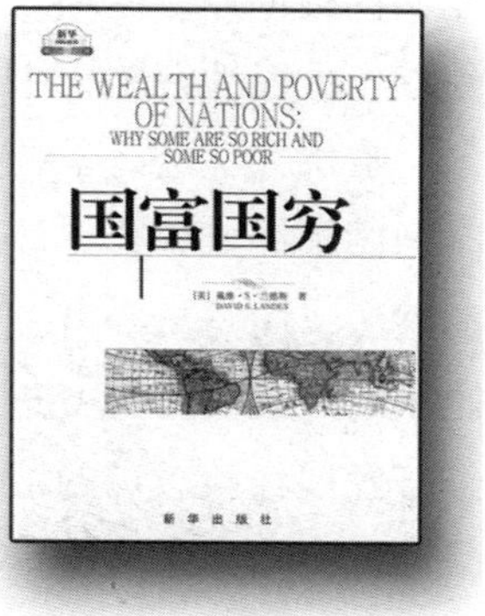

关于作者

戴维·S. 兰德斯，1924年在纽约出生，1953年毕业于哈佛大学。现在是美国哈佛大学经济学荣誉教授，华盛顿大学历史系教授。现散居于麻州剑桥、鳕鱼角和巴黎等地。

兰德斯是“欧洲中心论”的忠实支持者，也曾因此而备受人们的争议。然而，他的巨作《国富国穷》却丝毫没有受此影响，一度成为《纽约时报》的畅销书，轰动学术界，也为他赢得了极高的荣誉。

兰德斯善于运用比较的手法分析经济学。他的其他经典著作有：《银行家与总督》《解放的普罗米修斯》《时间革命》等。

荐读理由

全世界邦国林立，为什么富的这么富，穷的这么穷？五六百年前，地球上只有欧洲和中国两个最发达的经济文化中心，为什么在随后的历史发展过程中，这两者之间拉开了如此大的差距？为什么有的国家能够称霸世界，但随之又一度衰落？……关于国富国穷的问题，一直是一项世界性课题，令人着迷又困惑。

哈佛大学经济学教授戴维·S. 兰德斯的巨著《国富国穷》对这一问题做了深入分析。该书一改以往著作仅从经济和技术层面解释发展的做法，而是从经济、文化、制度、自然资源、历史传统等多方面对国家的兴衰贫富演变进行了深刻考察。该书是一部总结世界各国社会经济发展经验教训的著作，可以与亚当·斯密的《国富论》相媲美。

该书将经济学与世界历史相结合，通过深入浅出的笔法，避开了单纯的经济分析与经济理论框架，点线面相结合地对世界各个区域的经济及社会发展进行了详尽的分析与比较。例如欧洲与东亚、南欧与北欧、北美与南美，以及日本、伊斯兰教文化圈等。在分析各国经济发展状况的基础上，该书也探究了许多诸如工业革命为什么发生在欧洲而不是其他地方这样一些令人感兴趣的问题。最后，作者指出，人类应该吸取历史教训，创造性地走一条“人—自然—社会”协调发展的道路。

值得我们注意的是，《国富国穷》的作者十分关注中国的经济发展问题，尤其是中国在世界历史发展中的位置。该书用了相当多的篇幅探讨中国为何会从曾经的世界经济中心逐步走入困顿，最后被西方的坚船利炮所打败，陷入被欺侮掠夺的境地。虽然我们一直在思索、反省中国经济在封建时代逐渐没落的原因，并卓有成就，但兰德斯鞭辟入里的分析依然让人印象深刻。兰德斯的许多观点已经被学术界、被大众所认可、所推崇。

正如美国著名经济学家、1972 年诺贝尔经济学奖获得者、美国斯坦福大学经济学荣誉教授肯尼思·阿罗所言：“戴维·S. 兰德斯对现今世界各国贫富分布的由来，作出了新的历史性的研究，展示出一幅辽阔画卷，（该书）充满真知灼见。历史事件固然有其偶然性，但此书会让读者通过各国种种际遇反复体会到一个主题思想，看出欧洲为何在经济上领先。难以置信的渊博学问体现在一种轻快有力的散文式叙述中，它将使读者手不释卷。”全书主旨宏大，思想精深，作者视野开阔，坦陈己见，笔锋犀利，是一本不可多得的好书，值得读者静心品读。

先睹为快

过去，世界分为两大权力集团：“东方”和“西方”。现在，这种划分已不复存在。人类现在面临的巨大挑战与威胁是因贫富不均而导致的财富和健康方面的差距。它们常被称为“北方”和“南方”，这种划分主要是地理上的。但一个更精确的划分是“西方国家”与“其他国家”，因为这一划分标准也是历史性的。这正是在第三个千年的世界我们所面临的最大课题和危险。与之相关的唯一迫在眉睫的忧虑是环境的恶化。这两个问题有着内在的必然联系，其实是一个问题。因为财富不仅带动消费，也带来污染；不仅促进生产，也引起破坏。随着产出和收入的增长，污染和破坏也急剧增加，正是它们威胁着人类的生存空间。

自然是不平衡，它使国家或地区有了一种天然差别。故而出现了热带地区不幸的图景，在宜人的温带地区欧洲是最好的，特别是西欧。中国的发展最为早熟，发达的农业文明、人口增长、朝代更迭，自然环境却受到破坏。

1000 年前的欧洲拥有世界主导地位的可能性几乎等于零，500 年后欧洲却完全有可能主宰世界，欧洲也曾经历过无数次战争和痛苦，但欧洲是幸运的，好运气在于罗马帝国的衰落及其随后的虚弱和分裂，也在于尘世与宗教的分离。

亚当·斯密指出，劳动分工和市场的扩大促进了技术创新。这确实是中世纪欧洲所发生的事实。那是人类历史上最具有创造力的社会之一。

历史憎恶跳跃，大的变化和经济革命都不是突然来临的，它们必定是经过了周全的和长期的准备。可是，连续性并不排除变化，甚至是剧烈的变化。

我们已经说明了穆斯林和中国人的学识和技术进步所受到的阻碍。那不仅是改进的迟滞，而且是停顿的制度化。而在欧洲，情况却截然不同：我们具有连续不断的积累。诚然，在欧洲，如同在别的地方，由于政治的变故和个人的禀赋，科学和技术也有其坎坎坷坷，或强或弱的领域以及重心的转移。但是，如果必须指出关键的、富有欧洲特征的成功根源，那么，我想强调以下三点思考意见：(1) 越来越大的进行学识探求的自主权；(2) 以一种共同的、具有含蓄对抗性的方法和形式，在不统一中发展统一，亦即创造一种论证的语言，使其跨越国界和文化差异得以确认、使用和理解；(3) 发明的发明，亦即研究的常规化及其传播。

延展阅读

《世界上最伟大的家族企业》

这是作者的另一部精品。

家族企业是当今世界上最普遍的企业形式之一。《财富》500强企业的三分之一都是家族控制的。该书以此为对象，试图揭示号称“王朝”的家族企业兴衰成败的原因。全书按照业务领域的不同，将家族王朝分为银行业、汽车业和地球的宝藏三部分分别进行论述。在银行业中，作者讲述了巴林家族、罗斯柴尔德家族和摩根家族的故事；在汽车业中，他讲述了福特家族、阿涅利家族、法国汽车家族和丰田家族的发展轨迹；在地球的宝藏中，他描述了依靠自然资源兴旺发达的洛克菲勒家族、古根海姆家族、斯伦贝谢家族和温德尔家族。全书内容丰富，例子精彩，读来引人入胜。

《财富的是与非》

〔美〕亨特·刘易斯　著

关于作者

亨特·刘易斯是美国知名经济学家和热门话题专栏作家，著有多部畅销书。

刘易斯出生于1947年，毕业于哈佛大学，获得哈佛大学文学学士学位。他曾担任波士顿公司的副总裁，是全球著名投资公司剑桥协会有限公司的合伙创始人，现任公司总裁。该投资公司致力于为许多研究院校、慈善组织和家庭提供投资咨询服务，在投资公司中位列全美第21位。

刘易斯还在15家著名的非营利机构（含环保、教育、研究、文化单位），以及世界银行，担任过理事和委员。

刘易斯经常为《纽约时报》周刊、《财富》杂志等媒体刊物撰写文章，尤其擅长分析经济学和价值方面的问题，先后出版有数部经济学通俗读物。

主要著作有：《真实的世界战争》《探问价值》《原罪之蛇》等。

荐读理由

《财富的是与非》是一本讨论贫富差距的专著。该书受到罗斯柴尔德勋爵、福特基金会董事会主席和洛克菲勒基金会前主席等重量级人物的极力推荐。在美国首印近10万册，销量极佳。连美国总统奥巴马也非常喜爱该书，一度把它作为自己的枕边读物。

该书以如今日益扩大的贫富差距问题为立足点，探讨了以下几个问题：富人有必要存在吗？他们跟民主社会相容吗？我们该不该接受社会的巨大不平等？利润制度是不是等于提倡贪婪？

刘易斯在书中先用通俗易懂的方式将经济学界对上述问题的著名论点清晰地呈现在读者面前，然后再客观地对他人的观点进行分析，从而找出问题的答案。他总是采取观点交锋的生动形式，对每一问题正反双方的立场提出质疑。以旁观者的立场，静观当今“经济论战场”，然后揭开不同主张背后的不同价值体系，因而，阅读该书就像一次思想的冲浪。书中没有教科书式的“你对我错，他好他坏”的说教，而是让你在各种思想的交锋中提升自己的思维。让读者能够了解不同观点背后的真正内涵，从而有更深的领悟。

在全书最后，作者提出了一套全新的经济解决方案，即主张大规模地扩张慈善组织和非营利部门。这一重要的新主张能够即时改变我们对经济问题的看法，摆脱过去对政府调控力度的无谓争论，并给需要帮助的人们带来更多希望。

正如雅各布·罗斯柴尔德爵士所言：“刘易斯的这部著作新颖独到，启迪心智。该书讲述了当今不平衡的世界上最重要、最密切相关的问题，他提出的解决办法很激进，极富启发意义，应该被尽可能多的人考虑。”

总之，该书不仅能让你更深入地了解经济学，更好地回答那些影响你工作和经济生活的重要问题。还会对你原有的知识体系产生冲击，让你重新咀嚼以往深信不疑的观点。该书明白晓畅的语言为文章增彩不少。相信该书一定会成为读者爱不释手的读物。

先睹为快

我们为何如此贫穷?

如果你把10美元存到银行里,年息3%,那么你的存款每25年会翻一番。即便如此,终你一生账户里也只能涨到三四十美元。你可能会想:"唉,这辈子变富是无望了。"

然而人类在繁衍。假如说这个每25年翻一番的账户存在了1000年,那么初始存入的10美元就会变成天文数字——是今天全球财富的两倍多!

长远来看,财生财会积累起巨额财富。可是人类今天并没有那么富裕,为什么呢?原因再简单不过:纵观人类历史,我们创造资产,也在毁灭资产,如此反反复复无数次。因此,财很少有生财的机会,更别提倍增成巨额数字了。

原因有一箩筐:有自然灾害,如瘟疫爆发、洪涝、干旱等,也有战争,更有其他劳民伤财的事。可是,人类也在苦苦探索如何组织自身来消除贫穷和资源匮乏。

凭直觉我们知道,光找到正确答案是没有用的,必须让大家认同该答案。社会不是靠着保有和增长资产变富的,而是依靠协同合作。合作愈多,保有、投入和扩大资产的潜力愈大。我们需要合作,可笑的是,没等合作开始,大家便忙着就该如何最好地展开合作而争论不休了。

经济学是科学吗?

遗憾的是,用纯粹科学的方法研究经济学并不管用。首先,经济学研究的终极问题是人类行为,而人是难以预测的动物,今天想要这个，明天又想要那个，找不到什么必然的逻辑。

这只是其一，另外还有更重要的原因。譬如，我们观察苹果落地，这对苹果毫无影响；若换成观察他人，那么我们所汲取的东西就可能改变自身甚至是对方的行为。

举例如下：假如说有人研究股市历史，觉得股票是最佳、最安全的投资，那么他（她）会怎么办呢？

显然，他（她）会买进越来越多的股票。如果大伙儿都这么做，股价就会被推动和飙升，股市就会承载很高的风险。最终，所有的潜在购买者几乎都买了股票，那些想卖股票的人（如退休者）却找不到买家，此时，股价便会狂泻，让数以百万计的投资者倾家荡产，备受打击。

这并非耸人听闻。类似的事在1929年、1973年和2000年的美国股市大崩盘中都上演过。教训很明显：当我们认为经济生活中的某事是“真”的时候，它可能就不真了。

延展阅读

《贫富与政治》：〔美〕图洛克著，梁海音、范世涛译，长春出版社，2006年。

该书从政治学的角度讨论了贫富与政治制度的关系。作者指出，乐善好施与实际结果之间存在着巨大差距。在考察这种差异在民主社会中所隐含的重要政策含义的基础上，他主张，如果转移给穷人的财富数量确实反映了投票者的意见，那么，对政策的改进必须限制在民主国家所能支配的资金数量之内。

《财富的诞生：现代世界繁荣的起源》

〔美〕威廉·伯恩斯坦　著

关于作者

威廉·伯恩斯坦，美国人，哲学与医学双料博士。经济学最初只是他的业余爱好，却在最后让他成为备受欢迎的专栏作家。伯恩斯坦是一位精神病专家，但多年来，他在经济学尤其是投资学领域方面投入了大量精力。

一开始，伯恩斯坦的兴趣在于储蓄、投资和资源配置的整个过程方面，也许他的最终目标是把他挣的钱投入到医学研究中。为了与人们分享他学到的知识，他建立了网站 efficientfrontier. com，如今该网站已经深受独立投资者的喜爱。

伯恩斯坦在《华尔街日报》和《晨星》上的专栏文章拥有大量忠实的读者。他的著作有：《聪明地配置资产》《投资的四大支柱》等。

荐读理由

苏格兰经济学家麦迪逊绘制了扑朔迷离的世界经济增长图谱。在图谱中，实际人均国内生产总值在前 1500 年内，几乎没有任何实质的变动。然而，在 1820 年前后，人类经济呈现出爆发性的增长，一直延续至今。

为什么会出现这一现象？是什么力量推动了这一转变？为什么工业革命发生在英国？为什么日本会成为东亚最早走向资本主义的国家？……在《财富的诞生：现代世界繁荣的起源》一书中，作者威廉·伯恩斯坦为我们揭示了引发这一伟大经济腾飞的文化、历史、法律、技术等因素。

他认为，四大要素或称四种制度是实现经济增长的前提条件，即可靠的财产权、科学理性主义、现代资本市场和交通与通信技术。只有当这四个要素全部具备后，一个国家才能繁荣昌盛。

全书一共分为三个部分：增长的来源、国家和结果。第一部分主要是回顾历史，描绘财产权、科学理性主义、现代资本市场和交通通信技术四个要素的变化轨迹。第二部分从前述的四大要素入手，解释各个不同国家间财富差距不断扩大的原因。第三部分分析了宗教、意识形态和财富之间的关系，探讨了经济增长和幸福、民主和财富积累、财富分配不均的影响及财富和国家力量的关系。

该书资料翔实，内容丰富。在书中我们不仅可以看到作者围绕着哥白尼、培根、布拉赫、开普勒、伽利略、牛顿和哈雷的贡献而对科学理性发展史展开的描述；也能看到摩根财团为爱迪生的新发明——灯泡的商品化进行融资，共同打造通用电气公司的传奇故事；还可以了解英国知识产权保护制度的建立以及现代印刷技术、蒸汽机的发明对人类社会产生的巨大影响。

其实，对于财富的问题经济学家的论述早已很多，伯恩斯坦的观点也算不上非常新颖。然而《财富的诞生：现代世界繁荣的起源》一书却能够梳理前人的研究成果，将其按照一定逻辑综合起来，能够一改学术著作艰涩的话语，换以轻松睿智的面貌出现，让读者爱不释手。

先睹为快

实现现代繁荣要具备四个基本要素：财产权、科学理性、立即可用的资本，以及高效的交通和通信技术。在这四个基本要素中，财产权首先出现，是带来繁荣最重要的元素并最先在古代世界里看到繁荣的曙光。即便是在现代社会中，财产权也是四个要素中最为关键的一个。正如伟大的经济学家奥鲁尔克（P. J. O'Rourke）所说："朝鲜人民的受教育率达到了99%，他们有纪律，工作努力，但他们的人均国内生产总值只有900美元。摩洛哥人的受教育率只有43.7%，他们成天喝咖啡和说服游客买小地毯打发日子，但是他们的人均GDP达到了3260美元。"

重要的是制度——包括财产权、个人自由、法律、科学理性主义中的理性包容和资本市场的架构。上一章我们重点讨论了前现代时期技术的快速发展，但并不会减弱对制度的强调。要不是自由的科学探索成就了惠更斯和帕平，要不是对专利和财产保护日益成熟成就了瓦特和莫尔斯，要不是资本市场的出现成就了库克和惠斯通，伟大的铁路、电报和电网是不可能出现于人类社会的。

经过两个世纪的发展，这个世界已经变得越来越繁荣了。这一过程并不平衡，一些国家在18世纪早期就开始高速增长，一些国家则要晚许多，而另一些国家则根本没有发展。这使得全球的发展水平差距悬殊。公元1500年，世界上最富裕的国家意大利的人均国内生产总值不会超过最贫穷国家人均国内生产总值的3倍，而到了1998年，美国的人均国内生产总值则超过最贫穷国家人均国内生产总值的50倍。媒体在当代生活中的渗透，使得世界上最贫穷的国家能够目睹西方的繁荣。让最富裕和最贫穷的人直接面对面，扩大了由这种不平衡带来的伤害，使得全球不同文化、政治与宗教之间的冲突升温。

如果说成熟的个人财产权制度并没有为古希腊和中世纪英国的经济作出很大的贡献，那么现代社会在获得了其余三个要素——科学理性主义、资本市场，以及现代动力和交通通信技术之后，个人财产权就开始发挥最为关键的作用。后三个要素在现代社会里都可以得到。任何一所大学都会教授物理学、工程学、经济学和法律知识，你也能在书店里买到传播这些知识的书本。资本可以在当地或国外的银行里获得。道路修建起来了，汽车、飞机、计算机和移动电话可以很方便地买到。而在西方世界最受欢迎并且得到科克（Coke）、洛克（Locke）和斯密高度赞扬的对个人财产的保护却并不能轻易实现。今天，环顾全球，它依然是区分一个国家经济成功或失败的最重要的因素。

延展阅读

《有效资产管理》

这是作者的另一部精品。

该书从资产风险和收益说起，描述了近十年来，各种不同证券资产在西方资本市场发展历史上的风险和收益情况，从而介绍了风险和收益之间的必然联系。同时，作者还介绍了从单个资产的风险到不同资产组合的构建，以及如何根据市场价格变化进行再平衡。全书通过翔实的历史数据分析，指出了投资者在投资中经常发生的认识误区，从而让读者能够提早认识，规避风险。

《城市与国家财富：经济生活的基本原则》

〔加〕简·雅各布斯　著

关于作者

简·雅各布斯（1917—2006）是一位犀利的作家，一位果敢的社会活动家，一位无惧的权威批判者和一位睿智的思想家。她没有文凭，却凭着自己的努力，成为一位“最值得珍惜的公共知识分子”。

雅各布斯出生于美国宾夕法尼亚州斯克兰顿，早年做过记者、速记员和自由撰稿人。1952年，雅各布斯担任《建筑论坛》的助理编辑。在负责报道城市重建计划的过程中，她逐渐对传统的城市规划观念发生了怀疑，并由此写出了《美国大城市的死与生》一书。她凭着深厚的文字功底、敏锐独特的城市观察和浓重的人文关怀色彩一举成名，该书成为城市规划领域的一部巨著，雅各布斯也被誉为“新都市生活之母”。

1968年，雅各布斯迁居多伦多，此后她在有关发展的问题上扮演了积极的角色，并担任城市规划与居住政策改革的顾问。1974年成为加拿大公民。

雅各布斯划时代的观点和理念，指引了世界各地众多的城市规划者、建设者、社会学家、经济学家。直到今天，她对城市、经济、文化、社会的诸多思考和观点，仍起着深远而不可替代的影响。在2006年她辞世时，全世界各大媒体纷纷发表消息和评论，竞相发掘她留给后人无尽的精神遗产。

她的著作还有《城市经济学》（1969）、《分离主义的问题》（1980）、《城市与国家财富》（1984）、《生存系统》（1993）等。

荐读理由

《城市与国家财富：经济生活的基本原则》一书紧紧围绕城市对一国经济发展的重要作用，指出了城市的发展和衰落是国家经济兴衰的根本性原因。

该书提出了很多新颖的观点，读来让人启发良多。

首先，作者指出，聚居、交通、贸易、分工、语言文字……这些人类跨入文明时代所必需的要素都与城市的诞生密不可分。城市主宰了人类发展的进程，城市的兴衰影响着广阔的腹地乃至整个国家的命运。作者进而得出了一个彻底颠覆传统思想的惊人结论：城市和城市的经济事实上是先于乡村和乡村经济出现的。

其次，面对各国地区发展不平衡的现象，作者也提出了她的看法。当今世界上，很多国家都有着落后地区与富裕地区共存的现象。政府为了改善落后地区的经济面貌，经常给落后地区提供贷款、拨款和补贴，或是引进大型企业。然而，雅各布斯对此却提出了质疑。她指出，这些经济被遗忘的地区只有依靠彼此之间活跃的贸易往来才能走出停滞的局面。单凭政策式的输血是解决不了问题的。如果不能发展起自己的进口替代型产业，用转移支付和其他补贴制度来维持经济的运转，就会遇到一系列问题。例如消耗城市的资源、牺牲城市间的贸易、削弱城市的消费力等。另一方面，对于落后地区，一味的扶植会造成它们惰性的、不均衡的以及永远依赖其他地区发展的经济模式，无助于它们创造能够实现自我运转的经济模式。

再次，关于城市反馈机制的缺陷问题，作者的见解也颇为独到。作者指出，货币交换有其辐射范围，一国地区发展的不平衡带来了货币在地域之间的投射和影响范围的差别。因而，如果不同地区的货币可以调节贸易，起到补贴和关税的作用，则会比政策更为灵活和有效。在国家这个大经济体中，不同的城市经济体是最重要的构成元素，在既定的时间点上，它们需要不同的调节，这也越发显现了地区货币的重要价值。

此外，该书向读者讲述了经济发展和城市化进程的新思路，提出用一种不同寻常的、断裂式的发展模式来避免衰退——人们要有能力在主权国家陷入终极混乱之前成功实现和平分裂。该书提供了诸多经济发展和城市化进程的新思路。对于我国当前的经济发展和城市化进程，读者可以辩证地学习、吸纳这些理论，为其提供有益的借鉴。

先睹为快

先入为主的国家经济的概念还带来了另一个不幸的后果，就像当年的格拉迪一样，许多发展专家们并没有把进口替代理解为城市的发展过程，而是当成一个全国性的现象。他们经常提议，把一些很发达的生产线建立在很随意的地方（当然是为了替代生产来自外国的进口品），例如小城镇或者乡村，以便提供当地急需的就业机会。所有这些项目虽然名为进口替代，却与真实世界中发生的成功的进口替代过程迥然不同。它们非但未能帮助落后国家实现繁荣，反而有可能甚至已经导致了这些国家的破产。好心而博学的人们想当然地接受了那个古老却未经检验的假设，接受了重商主义者的套套逻辑，把民族国家当成最主要的实体来分析经济生活的结构，这个小小的原罪于是受到了实践的惩罚，并直接落到我们每个人头上。

从表面上看，这似乎是一个相当精彩的永动机式的设计。利用补贴这种机制，城市贡献的资源反过来又刺激了城市的出口订单。乍一看，这样的措施只要无限保持下去，经济就会无限地向前发展。正像马克思所说的那样，这只是一个如何有效地分配购买力的问题。需求主导的经济规律自然会发挥作用。在这种永动机的体制安排下，城市经济的意义仅仅在于，它们只需要专注于创造财富，特别是提供某些产品和服务即可。

然而，这并不是城市在经济生活中拥有独特的、不可或缺的地位的原因。城市最重要的功能是推动经济生活的创造和扩张，这与永动机的功能完全不同。城市需要持续不断地输入两种特别的能量：其一是创新，它的基础是人类的创造力；其二是不断完成进口替代，也就是发挥人们的才智，根据本地的需要进行模仿。城市的作用在于，它为这两种投入——洞察力和适应本地需要——提供了合适的环境，能够把它们成功地纳入日常的经济生活。

延展阅读

《集体失忆的黑暗年代》

这是作者的另一部精品。

该书通过大量的历史事实，向浑浑噩噩的大众敲响警钟，揭示了这样一个沉重的现实：我们正在集体失忆，忘记自己的文明，回到下一个黑暗的世纪。作者思考了困惑现代社会和现代人生活的诸多问题，讲述“黑暗时代”的教训，以维护并发展我们的文明，使它不至渐入死巷。

《白银资本：重视经济全球化中的东方》

〔德〕贡德·弗兰克　著

关于作者

贡德·弗兰克，西方著名学者，加拿大多伦多大学社会学系教授，是当今世界最负盛名的左派学者之一。他一直致力于世界体系史、当代国际政治、经济和社会运动的研究，是依附理论的代表人物之一，也是全球史研究的开拓者之一。

弗兰克的学术生涯极富戏剧性。他于1929年出生在德国柏林，50年代中期前往美国芝加哥大学，攻读经济系的研究生。他的导师是大名鼎鼎的诺贝尔经济学奖得主弗里德曼。然而，身为学生的他拥有激进的左翼政治立场，无法认同导师弗里德曼的新自由主义经济学。结果，弗兰克的研究生生涯过得极为艰苦，甚至差一点就毕不了业。

在思想上，弗兰克推崇美国马克思主义者巴兰和斯威奇的观点，特别关注殖民地和前殖民地的欠发达状况。毕业后，弗兰克只身一人来到拉丁美洲，先后在巴西大学、墨西哥国立大学和智利大学等地任教。

在拉丁美洲的十多年，是弗兰克最为锋芒毕露的时期。他不仅深入研究了美洲欠发达的原因，还以本地人的身份参与当地的社会主义政党，在卷入拉丁美洲社会政治斗争的同时也考察了当地的政治状况。在这段时间里，他发表了《资本主义与拉丁美洲的欠发达》《拉丁美洲：欠发达还是革命》《流氓资产阶级》《依附性积累与欠发达》等著作，也让他成为"依附理论"的主要代表人物之一。

一定程度上，战后拉丁美洲的依附理论依旧是世界体系理论学术思潮的一部分。直到20世纪80年代后期，弗兰克才开始探索新的世界体系理论，与主流的学者产生越来越大的分歧。1989年阿拉伯裔美国学者阿布·卢格霍特发表的《在欧洲霸权之前：1250—1350年间的世界体系》一书，对弗兰克产生了巨大影响。他开始怀疑原有的世界经济体系，设想世界体系内部的欧洲部分的变化是和整个体系以及体系的其他部分密切相关的。

随后，弗兰克一直致力于这方面的研究，先后出版有《世界体系：五百年还是五千年》《白银资本：重视经济全球化中的东方》等书，在学术界引起了轰动。

荐读理由

《白银资本：重视经济全球化中的东方》是一部具有颠覆意义的著作。它在重新论述1500年以来世界各地之间经济联系的基础上，对现代社会理论和世界历史研究中的欧洲中心主义做了一次总的清算。1998年该书由加州大学出版社出版，1999年即获得世界历史学会图书奖的头奖。

主流的经济全球化理论和解释模式把欧洲作为一个独立的社会实体，在这基础上认为：资本主义标志着世界历史的断裂和质变，影响决定着整个世界命运的裂变发生在欧洲内部并且是由于欧洲社会内部的某些特殊性而发生的。这种观念深刻地影响了同时代的学者，影响十分深远。

对于这一由三位一体的假设前提构成的理论，弗兰克表示怀疑。在《白银资本：重视经济全球化中的东方》一书中，弗兰克就是要突破这一传统理论，看看究竟是欧洲造就了世界，还是世界造就了欧洲。

在该书中，弗兰克找到了数百年来的贵金属生产和流通这一线索。五百年前，哥伦布虽然没有到达目的地印度，却同样找到了巨大财富，那就是美洲的贵金属。从此，贵金属开始源源不断地流入亚洲，而亚洲商品则源源不断地进入欧洲市场。弗兰克指出，贵金属和商品在欧洲和亚洲之间的反方向运动，说明了亚洲和欧洲各自在世界体系中的位置。

欧洲存在着严重的结构性贸易逆差，而亚洲在当时世界体系中无疑占据更重要的地位。对于欧洲来说，征服拉丁美洲并占有其贵金属并不意味着它的内部诞生了一种全新的生产方式或是一个现代体系，而只是意味着欧洲获得了进入以亚洲为中心的全球经济的机会，为欧洲有可能站在亚洲的肩膀上，并最终在19世纪成为全球经济新的中心创造了条件。

因而，弗兰克认为从航海大发现直到18世纪末工业革命之前，整个世界都是亚洲的时代，而中国和印度是当时全球经济体系的中心。“美洲的金银首先使欧洲能够在亚洲经济列车上购买一张三等舱的车票，然后又能够包下一节车厢，最后才是取代亚洲，成为经济列车的火车头。”

全书论证严谨，分析清晰，并且广泛利用了其他学者的研究成果，包括诸多研究亚洲和欧洲经济史专家的最新成果。

虽然弗兰克的有些观点存在偏颇，有待进一步论证，但我们依然要为弗兰克的诸多观点以及他勇于探索的精神喝彩。正如陈燕谷所言，该书“成功地把读者带入一个更为广阔的天地，让我们看到世界历史更为复杂的互动关系。仅就这一点而言，弗兰克也不愧是我们时代最有远见的学者和思想家”。

先睹为快

在我看来，整体大于部分的总和，如果我们要分析任何部分（包括欧洲）的发展，我们都必须分析整体。对于“西方的兴起”就更是如此，因为事实表明，从一种全球视野看，在近代早期的大部分历史中，占据舞台中心的不是欧洲，而是亚洲。因此，最重要的问题与其说是在欧洲发生了什么，不如说是在整个世界、尤其是在主导的亚洲部分发生了什么。我将从这种更全面的全球视野和目的出发来展示历史事件，从而说明在世界整体中“东方的衰落”和随之而来的“西方的兴起”。这种方法将会摧毁马克思、韦伯、汤因比、波拉尼、沃勒斯坦以及其他许多现代社会理论家的反历史的、科学的——其实是意识形态的——欧洲中心论的历史根基。

另一个推论是，近代早期的欧洲在世界经济中既不比世界其他地区更重要，也不比世界其他地区更先进。即使把它的大西洋外围地区都考虑在内，也是如此。当时的欧洲绝不是任何世界范围的经济体或体系的“中心”或“核心”。布罗代尔、沃勒斯坦以及其他人，包括弗兰克等所谓的以欧洲为“核心”的那种“世界经济和体系”本身实际上是很次要的，而且在很长时间里一直是真正的世界经济整体的一个边缘部分。我们还将看到，欧洲拥有的加入这个世界经济的唯一有效的手段是它从美洲获得的金钱。如果说在1800年以前有些地区在世界经济中占据支配地位，那么这些地区都在亚洲。如果说有一个经济体在世界经济及其“中心”等级体系中占有“中心”的位置和角色，那么这个经济体就是中国。

因此，在1400—1800年这一时期，美洲、欧洲、东南亚或中国是不是“地区”，完全取决于我们的定义。就西半球大部分“亚地区”而言，美洲内部的贸易关系肯定不如这些“亚地区”各自与欧洲某一部分之间的关系更密切，更不用说文化上的联系和接触或政治关系了。欧洲某些部分之间的关系也不如它们各自与美洲和亚洲民族或区域的关系更密切。但是，在印度次大陆或“中国”内部的大部分地区，印度内部或中国内部的地区间贸易可能比它们与世界其他部分的贸易更频繁。（后面有对印度内部和地区间贸易的一些研究，并附有地图。）但是，东南亚某些部分，尤其是马尼拉和马六甲以及西亚的亚丁和霍尔木兹则是货物集散地。它们在 16 世纪和 17 世纪与世界其他部分的贸易关系强于它们与各自实际上并不存在的“地区”内的穷乡僻壤的关系。

延展阅读

《现代世界体系——16 世纪的资本主义农业与欧洲世界经济体的起源》：〔美〕伊曼纽尔·沃勒斯坦著，罗荣渠等译，高等教育出版社，1998 年。

该书是一部整体阐述近五个半世纪世界历史进程的综合性宏观著作，论述了资本主义世界的经济体系，即现代世界体系的起源与发展历程。该书主要持传统的世界体系观点，认为现代世界体系发端于欧洲的部分地区，后来不断发展，逐渐把世界其他一些地区纳入其中，直至覆盖全球。可以与弗兰克的《白银资本：重视经济全球化中的东方》对照着看。

《世界是平的》

〔美〕托马斯·弗里德曼　著

关于作者

托马斯·弗里德曼是美国公认的最有影响力的新闻工作者，是唯一曾三次获得普利策奖的记者。

弗里德曼毕业于牛津大学，从1995年至今，一直是《纽约时报》的专栏作家。他每周三、五为《纽约时报》撰写的国际事务专栏文章，固定被全球范围的700多家报纸转载。转载频率之广，无人能出其右。

弗里德曼精通希伯来语和阿拉伯语，曾经担任《纽约时报》驻黎巴嫩的采访主任，专事报道中东问题。他先后获得五所美国大学的荣誉博士学位。新闻工作之余，他也是哈佛大学的客座教授，与前哈佛大学校长萨默斯等人共同开设“全球化”课程。

在《世界是平的》之前，弗里德曼已经出版过三本畅销书：1980年的著作《从贝鲁特到黎巴嫩》被授予非小说类国家图书奖，至今仍被认为是研究中东问题的必读书之一；1999年他出版了《直面全球化》一书；2002年，他出版了《经度与态度：探究9·11后的世界》。

而《世界是平的》一书的出版，更是有力地奠定了他“趋势大师”的地位。如今，他的影响力早已越出国界，得到了全世界的认可。

荐读理由

《世界是平的》被誉为是一部对世界经济及商业最富洞察力和预见性的巨作，并受到诺贝尔经济学奖得主斯蒂格利茨和全球商业领袖比尔·盖茨的推崇。曾连续64周销量位居亚马逊书店十大畅销书之列，在全球销售近1000万册。

在该书中，弗里德曼描述了当代世界发生的重大变化。科技和通信领域如闪电般迅速地进步，使全世界的人们可以空前地彼此接近，并且在印度和中国创造爆炸式增长的财富；全球化让世界连成一体，世界各地的人都能成功挑战我们中的一些人，比我们更快占领地盘。

在作者看来，全球化不只是一种现象，也不只是一种短暂的趋势，它是一种取代冷战体系的国际体系，是资本、技术和信息超越国界的结合。这种结合创造了一个单一的全球市场，也让全世界成为一个地球村。

在《世界是平的》一书中，弗里德曼将全球化分为三个阶段：

“全球化1.0”主要是国家间融合和全球化，开始于1492年哥伦布发现“新大陆”之时，持续到1800年前后，是劳动力推动着这一阶段的全球化进程，这期间世界从大变为中等。

“全球化2.0”是公司之间的融合，从1800年一直到2000年，各种硬件的发明和革新成为这次全球化的主要推动力——从蒸汽船、铁路到电话和计算机的普及，其间因大萧条和两次世界大战而被迫中断，这期间世界从中等变小。

而在“全球化3.0”中，个人成为主角，肤色或东西方的文化差异不再是合作或竞争的障碍。软件的不断创新，网络的普及，让世界各地包括中国和印度的人们可以通过因特网轻松实现自己的社会分工。

在该书中，作者通过其对复杂外交政策和经济问题的非凡解读能力，解释了世界的平坦化趋势是如何在21世纪来临之时发生的；这个趋势对于国家、公司、社会和个人而言意味着什么；政府和组织要作出而且必须作出怎样的调整以应付这种趋势……对于全球化过程中产生的一系列问题，作者深入浅出地一一进行了分析。

阅读《世界是平的》一书，能让你开阔视野、理清思路，从另一个角度重新审视这个世界。正如诺贝尔经济学奖得主斯蒂格利茨所言："伟大的著作的一个标志就是它可以使你从新的角度来看世界，弗里德曼的这本书成功地做到了这一点。"在全球化浪潮迅速发展的今天，阅读《世界是平的》不仅可以让你以更清晰的视角看待这个世界，更可以教会你新的思维角度和思维方式，让你在新的时代领先一步。这一步，可能就是成功的基石。

先睹为快

我想全球化分为三个主要纪元。全球化1.0自1492年，持续到大约1800年。全球化2.0大概从1800年持续至2000年，中间曾经被大萧条及两次大战打断。2000年世界进入了一个新纪元：全球化3.0。世界从小缩成微小，竞赛场也铲平了。

在"1.0"，推动全球化的力量来自国家；在"2.0"，推动力来自企业；在"3.0"，推动力则来自个人。个人的力量大增，不但能直接进行全球合作，也能参与全球竞逐，利器即是软件，是各式各样的电脑程序，加上全球光纤网络的问世，使天涯若比邻。如今人人都可以自问，也应该自问：我在当今的全球竞逐与机会中，如何占得一席之地？

柏林围墙倒塌还让我们开始以不同的角度去思考这个世界，把这个世界看成是一个没有界限的整体。因为柏林围墙阻碍的不仅是路，还有视野，阻碍我们去把世界想象成是一个单一市场、单一的生态系统、单一的社群。1989 年之前，你可以有一个东方政府或西方政策，却很难想有一个全球性的政策。

最后，柏林围墙倒塌不仅打开了取用别国人才库的途径，还导向共同标准的采用：经济如何运作、会计如何做账、银行如何管理、PC 如何生产、经济报告如何写。简单说，就是共同标准是可以创造出一个更平坦的竞技场的。

【成功法则 1】世界被铲平，你也感受到铲过来的那股力量时，请找一把铲子向自我的内在挖进去。千万别想要筑墙。

【成功法则 2】小应该做大。小公司想要发展，就要学做大。关键就在快快学会怎么利用新工具，参与全球竞合，把事业搞得更远、更快、更广、更深。

【成功法则 3】大应该做小。大公司要在抹平的世界里蓬勃发展，方式就是借着学会让客户做大，自己则做小。

【成功法则 4】最好的企业将是最好的合作者。在抹平的世界中，愈来愈多的任务都必须通过企业内外的各种合作来达成，道理很简单：未来的价值创造，无论在科技、营销、生物医药，还是制造，都会变得复杂至极，绝非单一部门或单一企业就能掌握。

【成功法则 5】世界抹平后的第一流公司会定期照胸部 X 光来保持健康，并把结果卖给客户。

【成功法则 6】第一流公司外包是为了致胜，而非缩编。外包是为了更快、更便宜的创新，是为了成长，为了取得更大市场，为了请更多、专长更不同的人才，而不是为省钱而炒更多人鱿鱼。

【成功法则 7】把工作包去海外的，不是那些不爱自己土地的人而已。有理想的人也在做。

延展阅读

《直面全球化》

这是弗里德曼重点论述“全球化”的专著。该书指出，全球化不只是一种现象或潮流，更是一种取代冷战的国际体系，是资本、技术和信息超越国界的融合。“凌志汽车”与“橄榄树”代表了全球化体系与文化、地理、传统以及社会的古老力量之间的紧张冲突。在该书中，弗里德曼详尽地分析了这一冲突，并清楚地说明了应该如何保证这一体系的平衡。

《货币战争》

宋鸿兵　著

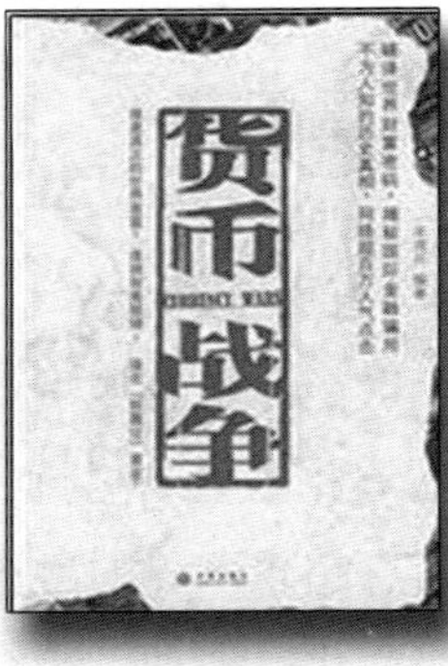

关于作者

2008 年夏天，被称为财富天堂的华尔街忽然陷入困境。金融泡沫在一夜间破灭，顿时美国金融市场风云突变，形势急转而下，来势凶猛的金融风暴转眼间席卷了全球。突如其来的危机让各国政府一时间措手不及，谁也没曾料想到繁荣昌盛的华尔街背后竟蕴藏着如此杀机。

然而，在大洋的彼岸，一位中国的金融学者却早就预测到了这一危机的出现。他就是《货币战争》的作者宋鸿兵。他曾明确指出："美联储完全清楚问题的严重性，一场巨大的金融海啸已不可避免，发生的时间段就是 2008 年 6 月到 2009 年夏，但直到目前为止，美联储完全没有向世界投资者发出任何预警。在毫无警觉和预防的情况下，世界范围内的广大投资人势必遭受重创。"

宋鸿兵 1968 年出生于四川，毕业于东北大学自动控制系。1994 年赴美留学，主修信息工程和教育学，并获得美利坚大学硕士学位。他长期关注和研究美国历史和世界金融史。1996 年后曾在美国媒体游说公司、医疗业、电信业、信息安全、联邦政府和著名金融机构供职。

2002 年，宋鸿兵先后担任美国最大的非银行类金融机构房利美和房地美的高级咨询顾问，主要从事房地产贷款自动审核系统设计、金融衍生工具的税务计算分析、MBS（资产抵押债券）的风险评估等方面的工作。

2009 年，宋鸿兵参与创办新型独立全球战略智库——环球财经研究院，并担任研究院院长。同时他还担任宏源证券首席国际金融战略分析师、结构融资部总经理。从 2008 年至今，他还担任着多所大学的客座教授。

宋鸿兵是一位有着强烈爱国热情的学者。然而，具有内省传统的中国缺乏一种面向全球的战略思想体系，尤其在金融领域。他为中国未来的金融定位而担忧，因而，在紧张的工作之余，他不知疲倦地撰写了《货币战争》一书，用他的话来讲：希望“货币战争”这一全新的战略思想体系，对于中国未来的和平崛起有一定意义。

荐读理由

“金融是现代经济的核心。”在市场经济中，一个运作良好的金融体系能高效地分配资本、提高投资回报率，在推动经济增长中扮演着举足轻重的角色。而脆弱不稳定的金融体系往往导致金融危机频发，引起经济衰退、失业攀升，甚至触发严重的社会与政治危机。2008 年，一场金融危机席卷全球，华尔街则是危机的起源地。而在此之前的 2007 年，中国经济学家宋鸿兵便准确地预言了这场危机，而《货币战争》则阐述了他的思想精华。

宋鸿兵先生的《货币战争》一书以金融为脉络，交错穿插近 200 余年的世界经济、政治、社会乃至军事战争，将许多最有名的政治家、军事家与富有戏剧性的历史事件与金融联系起来。大胆的构思、宽广的跨度，再加上历史故事的趣味性，将枯燥的金融问题变得引人入胜，读来令人叹服。

自2007年6月出版以来，《货币战争》深受读者的喜爱，被誉为是“破解美元的‘达·芬奇密码’”。作者从一个全新的角度考察历史，挖掘出了历史背后很多鲜为人知的秘密：

谁是真正的世界首富？谁拥有美联储？谁在“妖魔化”黄金？

为什么你不知道美联储是私有的中央银行？

为什么华尔街风险资本会选中希特勒作为“投资”对象？

为什么美国总统遇刺的比例高于美军诺曼底登陆一线部队的伤亡率？

……

该书进一步指出，一部世界金融史，实际上就是一部谋求主宰人类财富的阴谋史。自1694年英格兰银行成立以来，300年间世界历史的重大变故，每一次的背后几乎都能看到国际金融资本势力的身影。他们通过左右一国的经济命脉掌握国家的政治命运，通过煽动政治事件、诱发经济危机，控制着世界财富的流向与分配。

这本书通过描摹国际金融集团及其代言人在世界金融史上翻云覆雨的过程，揭示了对金钱的角逐如何主导着西方历史的发展与国家财富的分配，通过再现统治世界的精英俱乐部在政治与经济领域不断掀起金融战役的手段与结果，旨在告诫人们警惕潜在的金融打击，为迎接一场“不流血”的战争做好准备。

《货币战争》广受社会好评，因而一版再版，宋鸿兵先生也相继推出了《货币战争2》《货币战争3》和《货币战争4》，提出了诸如“亚元”等概念。而出版商不惜百万重金用于图书营销，足见其分量之重。读者可在阅读中品评其非凡魅力。

先睹为快

按常规分析，中国这艘巨型航母未来数十年最为险峻的航程是能否平安通过“台湾海峡”，以及在东亚相关海域能否获得制海权。但是，笔者认为，中国能否在本世纪中叶成为真正世界经济强国的最主要隐患，更有可能来自于一个看不见硝烟的战场，即潜在的“金融大战”的威胁。这种威胁的危险度，随着中国加入 WTO 五年届满、金融业将对外资的全面开放而日益加剧。

对于银行家而言，战争是天大的喜讯。因为和平时期缓慢折旧的各种昂贵设施和物品会在战争中顷刻之间灰飞烟灭，交战各方会不惜一切代价去取得胜利，到战争结束时，政府无论输赢都将深深地陷入银行的债务陷阱之中。

如果说中国的历史是围绕着政治权力斗争而展开，不理解帝王心术就无法洞察中国历史的精髓。那么西方历史则是沿着金钱角逐而进化的，不明了金钱的机谋就不能把握西方历史的脉络。

美国的南北战争，从根本上看，是国际金融势力及其代理人与美国政府激烈争夺美国国家货币发行权和货币政策的利益之争。在南北战争前后的一百多年的时间里，双方在美国中央银行系统的建立这个金融制高点上进行反复的殊死搏斗，前后共有 7 位美国总统因此被刺杀，多位国会议员丧命。直至 1913 年，美国联邦储备银行系统的成立，最终标志着国际银行家取得了决定性胜利。

多数中国政府的官员可能会想当然地认为是美国政府发行着美元，实际情况是，美国政府根本没有货币发行权！1963 年肯尼迪总统遇刺后，美国政府最终丧失了仅剩的“白银美元”的发行权。美国政府要想得到美元，就必须将美国人民的未来税收（国债），抵押给私有的美联储，由美联储来发行“美联储券”，这就是“美元”。

众所周知，谁能垄断某种商品的供应，谁就能实现超级利润。而货币乃是一种人人都需要的商品，如果谁能垄断一国的货币发行，谁就拥有无法限量的赚取超级利润的手段。这就是数百年来，为什么国际银行家要绞尽脑汁、处心积虑、无所不用其极地谋取垄断一国的货币发行权的原因。他们最高的境界就是垄断全世界的货币发行权。

请注意，国际银行家是一个“超级特殊利益集团”，他们不忠于任何一个国家和政府，相反，他们控制国家和政府。他们在一定的历史阶段内利用美元和美国的力量，但是，当他们的准备工作就绪后，就可能随时攻击美元，从而制造世界范围内1929年级别的经济危机，以严重的危机促使和胁迫各国政府放弃更多的主权，施行区域货币和区域政府。

货币是否坚挺成为一个国家盛衰交替的最早出现的征兆。当1914年英格兰银行宣布停止英镑的黄金兑换时，大英帝国的雄风就一去不复返了。当尼克松1971年单方面关闭黄金窗口时，美利坚的辉煌业已到了盛极而衰的转折点。英国的国力在第一次世界大战的硝烟中迅速地消散，而美国幸运的是在一个没有重大战争的世界里，还能够保持一段时期的繁荣。但表面上鲜花着锦烈火烹油的大宅门，里子却已逐渐被巨额债务所掏空了。

从历史上看，凡是操弄货币贬值来试图欺骗财富的国家，最终也必将被财富所抛弃。

延展阅读

《货币战争 2：金权天下》：宋鸿兵编著，中华工商联合出版社有限责任公司，2009 年。

该书是“货币战争”系列丛书的第二本。相对于《货币战争》，该书更系统、更完善、更严密，也更趋向于现实。作者回顾了 300 年的世界金融史，全面阐释了欧美主要金融势力集团的形成、发展、排挤、冲突、联合与制衡的过程。系统解析了当今世界幕后主宰力量的运作和决策机制，第一次揭开了统治世界的“国际银行家俱乐部”的神秘面纱，洞穿了席卷全球的金融海啸中隐匿的惊天阴谋，并由此作出大胆预言——世界单一货币将在 2024 年成为现实。

《资本战争：金钱游戏与投机泡沫的历史》：〔德〕马丁、霍尔纳格著，王音浩译，天津教育出版社，2008 年。

该书被称为是《货币战争》的引进版，相对于《货币战争》，该书拥有更久远的发展历史、更细节的描写。该书以欧美 2000 年来重大的资本投机活动为主线，勾勒出一条清晰生动的资本发展轨迹，以及循环递进、螺旋状的生长规律，揭示出操纵历史演进变化的是政治背景后面看不见的资本角逐和铁一般无情的经济规律。

《粮食危机》

〔美〕威廉·恩道尔　著

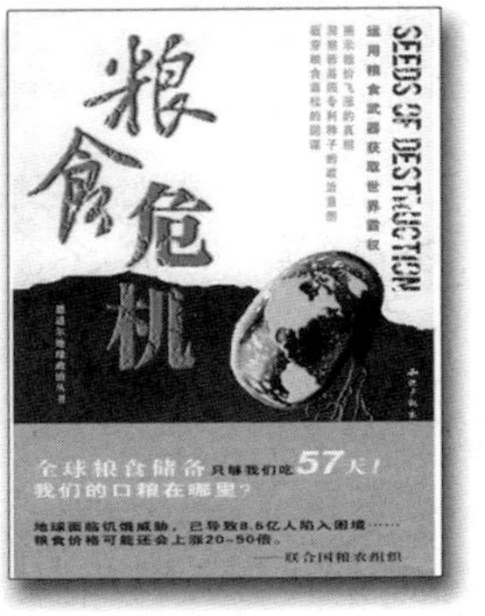

关于作者

威廉·恩道尔是美国著名经济学家、地缘政治学家和作家。他长期旅居德国，从事国际政治、经济、世界新秩序的研究已逾30年。

恩道尔1944年出生于美国中产阶级家庭，父亲是瑞典人，母亲是挪威人。他曾先后获得美国普林斯顿大学政治学学士、瑞典斯德哥尔摩大学比较经济学硕士学位。作为一个独立的经济学家和新闻调查记者，恩道尔先后在美国和欧洲工作，他的研究范围极为广泛，除金融、能源和地缘政治外，还包括世界农业问题、粮食交易垄断、关贸总协定、世界贸易组织、国际货币基金组织、世界银行、第三世界债务、对冲基金和亚洲金融危机等。威廉·恩道尔先生经常应邀在一些有关地缘政治、经济、金融、农业、能源问题的国际会议上发表演讲，定期为世界全球化中心及许多国际出版物撰写文章，还经常为欧洲主要银行和私募基金经理提供咨询。

然而，很少有人知道恩道尔自五岁起就患有小儿麻痹症。病痛的折磨非但没有消磨了他的意志，反而激发了他立志成为学者来造福弱势群体的斗志。他曾经说："因为我得了小儿麻痹症，我对其他人的痛苦和苦难特别敏感，我非常敏感于别人的痛苦，还有弱小民族的痛苦。"

因而，在恩道尔的思想中，对人的关注始终是核心，他有着一颗捍卫普通人利益的坚定的心。他不能看着善良的人们被他人控制而无动于衷。他往往挺身而出，不惜后果，与强大的权力集团作斗争。

恩道尔，就像是《皇帝的新装》里的那个小男孩，有着阿甘般的勇敢和执着，正是这份执着和勇敢，让他坚定地以独立学者的身份，向世人揭露一个又一个真相。

荐读理由

"如果你控制了石油，你就控制了所有国家；如果你控制了粮食，你就控制了所有的人。"作为人类生存基石的粮食，始终是人们关注的热点问题。然而，却很少有人能够洞悉全球粮食价格飞涨的背后那鲜为人知的秘密。

在下一轮粮食危机到来之前，恩道尔首先向世人敲响了警钟：供求失衡的背后是生物燃料的吞噬、转基因种子的肆虐，粮食武器的背后是世界霸权的争夺……在《粮食危机》一书中，恩道尔向我们揭露了世界粮食霸权的阴谋。

《粮食危机》是威廉·恩道尔继《石油战争》之后的又一部力作。全书以地缘政治的独特视角，运用无与伦比的超强思辨和无可置疑的翔实史料，分条缕析，层层剖析，为我们揭示了围绕粮食正在进行的一场不为多数人所察觉的阴谋。

作者在此书中指出：少数人正在图谋控制全世界的粮食供给，控制全世界大多数人生存的物质基础，以求从而控制世界大多数人的生存状态与生存空间，让全世界的人们成为他们猎食的对象和奴隶。

恩道尔在书中指出，这个设计巧妙的阴谋大致由三个步骤构成。

一是以科学的名义，开展转基因工程研究，获得大批专利，并控制某些重点粮食品种，如大豆、水稻等大规模农作物和鸡、奶牛等重要家禽产品。

二是寻找各种机会，如大面积的农业灾害（减产或疫情）、战争（如在伊拉克）、债务危机（如在阿根廷），借助某些国际组织（国际货币基金组织、世界银行）的庇护，以援助为名，强迫别国的农民采用由他们控制知识产权的农作物种子。

三是利用人类用于鼓励创造发明的专利制度，以保护知识产权为借口，强迫征收种子的专利使用费。

书中还列举了这些少数利益集团为了达到目的而不惜采取的恶劣手段，包括开动宣传机器，把人类流行了几千年的耕作习惯和耕作方式，诬蔑为落后的生产方式；隐瞒转基因种子严重的不良后果，大规模推广未经严格检验的转基因作物；发明不育种子，让农民播种的农作物“断子绝孙”，从而不得不年复一年地向他们“买种”耕作……

透过“食物阴谋”，恩道尔告诉世人，所谓的粮食危机，其实更是一场富国通过不合理的“国际规则”向穷国转嫁经济危机的财富掠夺。它不是流血的战争，却比流血的战争更为可怕。

正如社科院的于建嵘教授所言：“这本书清楚地告诉我们，当粮食成为国际政治中的战略武器，发展中国家反击的唯一手段，就是重视本国的农业发展，并以科技成果保卫本国的粮食安全。”

粮食生产不可忽视，粮食安全必须警钟长鸣。

先睹为快

这本书讲述了一个在二战后由少数社会政治精英发起并实施的计划，其发生的地点不是在伦敦，而是在华盛顿。这是一个关于这些身居高位的精英们如何启动该计划来“保持这种差距”（用肯南的话来说）的鲜为人知的故事。这是一个关于二战后极少数人如何主宰大量资源并玩弄权术的故事。

孟山都公司在这个“转门”游戏中表现得尤为高明。它在民主党候选人和共和党候选人之间脚踩两只船，同时担当他们的主要赞助者。在围绕是否要给孟山都公司的 rBGH 牛奶贴标签的争议中，众议院农业委员会乳制品分会的 12 个成员都曾得到孟山都公司的慷慨竞选资助。在孟山都竞选资助中他们获得了 71.1 万美元。当然这并不能证明它影响到了委员会的决策，但是很明显这笔资助在这场争论中不会伤害到孟山都。委员会封杀了为转基因产品贴标签的立法提案。

说白了，美国的新政策实际上就是“如果这些劣等人种妨碍我们获得充裕的廉价原材料，我们必须想办法除掉他们”。这就是《国家安全研究备忘录第 200 号》的真正含义，它只不过是用了冠冕堂皇的官方语言来表述而已。

在控制人口问题上，《国家安全研究备忘录第 200 号》更为露骨地宣称：

美国的战略应该支持那些在妨碍实现生育控制目标的关键问题上取得重大突破的一般行动。

这个理念源于纳尔逊·洛克菲勒。美国对全球农业技术的主导地位迅速成为美国政府（特别是对于势力强大的洛克菲勒利益集团）在冷战中的一件武器。

20 世纪 50 年代初，美国农产品出口的重要性几乎与武器和工业产品相同。美国农业部的粮食盈余也被视为美国外交政策的一件武器 。正如前面提到的，到 1954 年，《480 号公共法案》，即“粮食换和平”计划，原则上已经正式批准了这一进程。

洛克菲勒家族和洛克菲勒基金会可以毫不费力地把他们对全球粮食和人口问题的看法传达给美国国务院，他们和纽约对外关系委员会的盟友们占据着主导美国外交政策的位置。

20世纪20年代初的一项联邦贸易委员会的调查显示：这五大公司（阿摩尔、史威福特、玛里士、伟信和卡达依）通过控制主要养殖场、铁路终端、家畜信贷、市场新闻媒体和竞争对手可能用来建立加工厂的地皮主导了家畜贸易。更严重的是，他们运用自己的垄断力量将自己的竞争对手驱逐出局，非法地对市场进行垄断。他们通过占有冷藏运输工具和冷库来控制零售水平，严重地阻碍了竞争者的进入。据政府调查显示，除此之外，五大公司的肉类加工厂通过收购和控制方法同时控制了替代食品市场。

延展阅读

作者还有下列精品：

《霸权背后》

该书揭露了美国的新帝国主义政策。从地缘政治的角度详细描述了美国如何运用从秘密经济战争和人权“武器化”所演化出来的各种方法，来弱化和鼓励他国，尤其是中国。该书还阐述了美国运用原始的军事力量对付其唯一的战略核对手俄罗斯的真正性质，以及西藏、缅甸和达尔富尔在美国对中国进行地缘政治遏制战略中的作用。

《石油战争》

该书全面阐述了构成世界霸权的基础力量，揭示了石油、美元轮动席卷全球财富的秘密，描绘了世界地缘政治斗争的生动场景，解析了石油危机、不结盟运动、马岛战争、核不扩散条约、德国统一等重大历史事件背后的真正原因。这是一本了解世界经济，研究国际政治，拓展战略思维不得不读的好书。

《低碳之路：重新定义世界和我们的生活》

熊焰 著

关于作者

熊焰是北京产权交易所董事长，北京环境交易所董事长，中国技术交易所董事长，北京股权投资基金协会副会长、秘书长，全国工商联并购工会第三届轮值主席，中国产权市场创新联盟常务理事，亚杰商会常务理事。同时，他也是清华大学、中央党校、哈尔滨工业大学、中央财经大学、南京理工大学等学校的兼职教授。

熊焰是一个思想的积极践行者。身为北京产权交易所总裁的他，一直以国有资产保值为己任。由他带领的北京产权交易所团队披荆斩棘，已经占据了中国产权市场的半壁江山。

另一方面，熊焰也是一个难得的开放式学者。虽然他是一个与行政政策高度相关的行业的领导者，然而，他的身影经常出现在各大高端金融论坛。他主张国有资产公开透明交易，出版的《资本盛宴：中国产权市场解读》一书，曾在中国资本市场刮起一股“产权旋风”。

熊焰也是低碳经济的倡导者。自 2007 年起，他就为中国经济和社会结构转向低碳之路摇旗呐喊。2008 年 8 月，他创办了北京环境交易所，并力主将其打造成中国最主要的碳排放交易市场。2009 年该交易所还推出了中国目前唯一的自愿减排标准——“熊猫标准”。

熊焰对于低碳经济的前景很有信心，用他的话来说：“对未来中国而言，低碳转型不仅是生存之术，更是发展之道；既是经济发展方式转变的原因，又是转变的方向。中国弯道超车，这是最大的机会。”

荐读理由

海啸、地震、火山爆发……面对着此起彼伏的极端天气来袭，人类不得不重新审视世界和自己的生活方式。这些“自然灾害”直指人类的生产和生活活动中碳的排放。《低碳之路：重新定义世界和我们的生活》告诉我们，一场没有硝烟的革命已经在全世界悄悄进行，这场革命的重要意义不仅在于一个国家或地区的荣辱，而是关于全世界人民的命运，这就是“低碳革命”。

面对环境的不断恶化，低碳革命势在必行，并且已经悄然开始。那么，这场以新能源的开发为核心的革命，究竟将把我们带向哪里？它将如何塑造我们的生活方式？在这样的剧变面前，企业和我们个人应该如何应对？我们原有的生活方式、固有观念将出现怎样的调整？

《低碳之路：重新定义世界和我们的生活》一书运用真实鲜活的故事和浅显易懂的叙述方式向我们揭开了这些谜底。它将带你走进气候变化和新能源革命的前沿地带，为你展开低碳世界的全景式画面。

作者在一个完整统一的理论框架下，以高度的人文关怀和积极进取的市场探索精神，充分向读者展现了应对气候变化的必要性和紧迫性。另一方面，作者又运用经济、市场和金融的专业知识，向读者阐明了探索低碳之路的可行性和现实路径的选择。

例如关于减排机制。该书系统分析了“碳税”和“碳交易”等各种减排机制在不同条件下的有效性，并为我国作为一个发展中国家如何应对减排问题提供了有效的战略与措施：应该继续开展“无悔”减排，提高能源效率，改革规章制度，实施低碳经济发展制度和激励措施等。该书也提出了很多切合实际的预防全球气候变暖的措施。例如建立第三协作减排机制，呼吁落后国家的发展权要求等。

这是一本面向普通大众的通俗读物。全书语言亲切，饱含人文精神，这样的论述方式比科学论证更富有人情味，比政治宣言更具有亲和力。总之，低碳之路的实现不仅需要世界各国承担起一份责任，同时，它也意味着一种新的发展机会、新的生活时尚，以及新的更好的可能性。读完《低碳之路：重新定义世界和我们的生活》，相信每个人内心深处的良知和责任意识都会被唤醒。中国的“低碳之路”必将能够顺利行进。

先睹为快

工业革命的到来，以前所未有的规模，显著改变了自然界的碳循环。工业革命以前很长一段时间，大气中二氧化碳的浓度大致稳定在270~290ppm。但在1800年以后，现代工业和交通发展迅猛，城市化水平不断提高，煤炭和石油消耗快速增加，大气中的二氧化碳浓度不断增加，而且增加速度越来越快。碳在自然界的循环平衡被彻底打破，地球开始“发烧”了。

有学者构想，美国可以将从能源的物质资源中提升的能源量要求权作为一种金融要求权和债务凭证，赋予其流通功能，在一定范围内将其他商品连接起来，成为一种新型的信用通货。其国际转型的标志之一就是2012年美国污染方购买排放许可，由此能源量通货将包括物质资源和权力资源多层次体系，能源量通货的金融要求权、流动性来源和债务凭证功能将更加完善，能源量通货将成为一种主权生产力。在此基础上，逐步实现以能源量通货概念为基础的主权生产力、金融要求权和物质资源支付基础的整合，能源量通货将成为在商品、服务支付和债务偿还时被普遍接受的凭证。通过这几个阶段的整合，能源量通货将囊括水、土地、粮食等基本资源成分。

低碳经济将成为全球下一代经济体系的核心和基础，而由新技术推动的清洁能源和能效行业，将成为一个规模巨大的全球性产业。

联合国秘书长潘基文希望，世界各国将应对气候变化当成一个必须牢牢抓住的机遇而不是拖累，从而进行一场“哥白尼式的低碳革命”。他说：“气候变化是当今人类面临的明确无疑的挑战，同时也将在下一个世纪里成为商业领域最强有力的游戏规则改变者。”因此，无论是企业还是国家，只有在全球节能减排的大趋势下抢得先机，才能在向低碳经济转型时获得竞争优势。

“新节俭主义”的核心观点是，收入虽然不菲，支出却要精打细算。该消费时消费，该节省时节省，既要将日子过得五彩缤纷，又要摒弃过度的奢华。简而言之，就是理性消费，简约生活。“省钱而不省品质，省钱而不省品位，省钱而不省时尚，省钱而不省体面”，“新节俭主义”的理念与扩大内需、拉动消费的政策导向并不矛盾。

延展阅读

《资本盛宴：中国产权市场解读》

这是作者的另一部精品。

中国的产权市场一直因其独特性而备受关注。经过多年的探索和实践，我国的国有产权通过产权市场公开进行转让取得了理想的效果。该书为我们展示了这一产权市场的发展历程，探索了产权市场与多元资本市场的未来发展方向，有助于我们了解经济结构、国有企业改革和资本市场建设的相关知识。

《伟大的博弈：华尔街金融帝国的崛起》

〔美〕约翰·斯蒂尔·戈登　著

关于作者

约翰·斯蒂尔·戈登，美国作家和经济历史学家，1944 年生于纽约，其祖父和外祖父均在纽约股票交易所拥有席位。他 1966 年毕业于范德比尔特大学，获历史学学士学位。

在过去的 20 年，作为一个全职作家，他的文章兼具知识性和趣味性，语言又极其生动，深受读者的喜爱。

他先后著有《华尔街上的猩红女人：十九世纪六十年代的华尔街历史》《汉密尔顿的赐福：美国国债的兴衰史》。1999 年，他出版了《伟大的博弈：华尔街金融帝国的崛起》，该书引起各界广泛关注，美国全国广播电视公司（CNBC）还专门为此书制作了长达两个小时的专题报道。

除了写作，凭借其敏锐的洞察力，戈登也频频在媒体亮相。他不仅经常做客于国际广播电台的《市场》节目，还在有关美国经济史的电视纪录片中频繁亮相，其中包括以其著作改编的纪录片《商海探秘》、里克·伯恩斯主持的《当代纽约》等节目。

荐读理由

在过去的200多年中，华尔街推动美国从一个原始而单一的经济体成长为一个强大而复杂的经济体。在美国经济发展的每一个阶段中，以华尔街为代表的美国资本市场都扮演着重要的角色。华尔街为美国经济的发展提供源源不断的资金，实现社会资源的优化配置，而华尔街本身也伴随着美国经济的发展而成长为全球金融体系的中心。美国经济的成功是资本市场和实体经济之间协同发展很好的例证。

《伟大的博弈：华尔街金融帝国的崛起》是一部讲述以华尔街为代表的美国资本市场发展历史的著作。这本书以华尔街为主线展示了美国资本市场发展的全过程。它生动地讲述了华尔街从一条普普通通的小街发展成为世界金融中心的传奇般的历史，展现了以华尔街为代表的美国资本市场在美国经济发展和腾飞过程中的巨大作用。

该书引用了大量历史事实和翔实的经济数据，让读者全面而准确地认识美国资本市场从1653年到2004年的发展过程，被誉为“一部资本市场发展过程的活教材”。

在这本书中，读者将会读到华尔街充满魅力和睿智的历史故事。华尔街的历史演进过程中，出现过形形色色的人物，也经历过各种各样的曲折。它提醒今天的资本市场的建设者们所必然要面临的现实和困境，也能为今天的投资者们提供一些有益的参考和警示。

正如译者祁斌所言：“《伟大的博弈》或许可以为正在现代化道路上匆匆前行的中国提供一个历史的参照。在过去的200多年中，美国作为一个新兴国家，成功地超越了欧洲列强，而华尔街在这一过程中的核心作用，无疑是这段历史风云向世人昭示的最重要的启示之一。在近几十年里，全球高科技产业迅速崛起，成为世界经济发展的新动力，而这些高科技产业的兴起在很大程度上也得益于华尔街的发现和推动。因此，对于全世界的经济学家和历史学家，华尔街的历史是一个永远研究不尽的题目，而对于正在发展和转型中的中国，它更具有非常现实的借鉴意义。”

先睹为快

如今，金钱的威力比其在19世纪初期远为强大，而国家控制世界经济——也就是金钱——的能力却被大大削弱，所以，不要怀疑华尔街已经成为一个可与超级大国比肩而立的金融帝国。虽然，在地理上，它并不占有多大的面积，仅仅是位于“一块墓地和一条河流之间”的六个狭窄的街区，但长期以来，“华尔街”一直是纽约金融市场的代名词。当人类迈进第三个千年时，这个市场已经成为了整个资本主义世界跳动的心脏。

作为世界金融中心的纽约，发源于北美殖民地的一个小小的贸易前站，在其独一无二的地理优势和荷兰裔移民的冒险精神的催化下，它逐步成长为一个繁荣的都市。华尔街也正是从这里起步，走向世界舞台。然而在美国开国元勋杰斐逊的眼里，纽约却一直是“人类本性堕落的大阴沟”……

南北战争在给美国带来巨大灾难的同时，也带来了战争融资的巨大需求并因此推动了美国资本市场的发展，使之一跃成为仅次于伦敦的世界第二大资本市场。在一个无比繁荣的牛市中，“浮华世界不再是个梦想”……

华尔街的历史舞台上，先后登场了无数形形色色的人物，各自演绎了多姿多彩的人生。他们中有的人开创了华尔街的新时代，唤回了华尔街久已缺失的诚信和社会责任感，这些人中的杰出代表是摩根；有的人却因吝啬和爱财如命而留名青史，如海蒂格林，但是，这样一位彻头彻尾的守财奴却在股市的惊涛骇浪中游刃有余，她说："你需要做的就是低买高卖"……

第二次世界大战和随后的经济繁荣巩固了华尔街作为世界金融中心的地位，美里尔开创的美林帝国使得股票深入到千家万户，而证券分析的手段使得理性投资成为可能，这一切，都为华尔街最终的起飞奠定了基础。华尔街一向被认为是美国主体经济——主街的附属品，然而，随着华尔街在美国经济生活中起到越来越重要的作用，越来越多的人开始认为："华尔街是……主街"……

进入了二十世纪八十年代的华尔街，技术的巨大进步使得人类在短短几年之内就实现了全球化，并使得世界金融市场实现了一体化。九十年代的股市，则更是一路高歌猛进，最终，在世纪之交的前夕，道琼斯指数首次突破了一万点。

人们不禁要问，"这种趋势会不会继续下去呢?"……

延展阅读

《美国商业故事》

这是作者的另一部精品。

戈登通过一篇篇逸闻轶事的连缀，向读者展示了美国如何成长为世界上有史以来最富强的经济力量。在妙趣横生的历史故事和扣人心弦的冒险争斗中，你将领略到多姿多彩的美国商业史。

《美国大萧条》

〔美〕默里·罗斯巴德　著

关于作者

默里·罗斯巴德（1926—1995）是美国著名经济学家、历史学家、自然法理论家和奥地利经济学派的知名学者。他的著作对于现代的自由意志主义和无政府资本主义理论有着极大的贡献。

罗斯巴德出生于纽约布朗克斯的犹太人家庭，就读于哥伦比亚大学，并获得文学硕士学位和哲学博士学位。

罗斯巴德的一生与许多政治运动息息相关。1950 年，他开始向奥地利经济学派的知名学者路德维希·冯·米塞斯学习。在这期间，他曾经参与了艾茵·兰德的客观主义运动，但随后即与其分裂，大力批判艾茵·兰德的理论。20 世纪 60 年代后期，罗斯巴德开始和新左派的反越战运动合作，也是在这个时期，他开始与卡尔·海丝合作，创办了诸多鼓吹自由意志主义的杂志。

20 世纪 70 到 80 年代，罗斯巴德活跃于新成立的美国自由党，他经常参加党内的内部政治，曾参与自由党内的激进派反对当时的“低税赋自由主义”。1989 年，罗斯巴德离开自由党，试图建立冷战后的美国右派。他也曾在80年代创办保守派——自由意志的俱乐部，支持帕特·布坎南竞选共和党的总统候选人。

1995年，罗斯巴德因心脏病发作而逝世。

罗斯巴德是一个自由主义学者，他反对将学术领域特定化，他试图将包括经济学、历史、伦理学和政治学在内的多门学科融合为一个“自由的学科”。除了经济学和政治理论之外，罗斯巴德也撰写了不少经济史著作。他也是少数致力于研究亚当·斯密时期的经济学派的现代经济学家。

罗斯巴德生前主要担任内华达大学经济学讲座教授。他曾任米塞斯研究院学术事务副会长、《奥地利经济学评论》的编辑，也曾长期参与纽约大学举办的米塞斯研讨会。主要著作有：《1819年大恐慌》《人、经济与国家》《美国大萧条》《权力与市场》《金融体系的秘密》《自由的道德》《在自由中孕育》等。

荐读理由

《美国大萧条》是奥地利经济学派的重要著作。该书解读了20世纪初美国经济灾难的前因后果，探究了经济世界繁荣与衰退交相罔替的来龙去脉。

罗斯巴德根据米塞斯关于商业周期的理论，以人类的行为作为唯一的逻辑出发点，全面分析了美国20世纪20至30年代的经济状况，得出了令人惊奇的结论：1929年至1932年的大萧条不是因为政府实行了“自由放任主义”的政策引起的，而恰恰相反，正是政府过多地干预使然；对于金融领域，罗斯巴德采取了反对中央银行的立场，批评了中央银行违背金本位原则，而对金融货币领域加以干预的做法，认为这样对长期的经济发展是非常不利的。

在该书中，罗斯巴德继承了熊彼特关于创新和企业家精神的相关论点。创新诚然意味着风险，但无风险无收益，创新最重要的是提供新的选择与可能，以新的更有效的配置资源的方式来取代原有的方式。因而，面对危机，不应该退缩，而应该鼓励运用其他的创新手段，来解决目前的危机。

其次，对于政府监管的态度，罗斯巴德站在了新凯恩斯主义的对立面。新凯恩斯主义认为此次危机是政府监管不力导致，政府应该积极干预经济，运用各种手段救市，提升经济。罗斯巴德则认为，危机是由于政府不断扩张信贷，通过通货膨胀的方式来刺激经济增长，产生了虚妄的繁荣假象，一旦假象被戳破，经济就会衰退进入萧条。这并不是因为政府管制太少，恰是因为干预过多所造成的。因为政府的管制和干预扭曲了市场的价格机制，并且扩张的货币和财政政策使得经济动荡的风险加剧。

《美国大萧条》曾被美国网友恶评为“此书应立即焚毁，永不再版”。因为该书自第一版面世后，其后三次重版都与经济周期暗合。第二版时，通胀造成了1969年至1971年的经济衰退；第三版时，又是严重的通货膨胀导致了经济萧条，从1973年一直延续到1975年；第四版时，美国正在经历1981年至1983年的萧条期；1999年第五版时，美国经济处于低通胀低失业的良好状态，但随之而来2000年至2003年经济又开始下行，2004年才恢复部分元气。因而，这似乎成了一种魔咒，每当经济不景气时，罗斯巴德和他的大作就会引起人们的注意，重新被大家所提及。

该书的中译本出版后，曾由著名经济学家张维迎撰序推荐：“当我们正在经历着二战以来最为严重的世界性经济危机的时候，我建议所有经济学家、政府官员和媒体人士，甚至普通大众，都读一读罗斯巴德的《美国大萧条》，因为它有助于我们反思这次危机的真正原因，思考政府采取的政策是否恰当，也有助于未来不再犯同样的错误。”

先睹为快

在一个纯粹自由而没有干预的市场中，是不会出现一连串的错误的，因为训练有素的企业家不可能同时作出错误的判断。对市场进行货币干预造成了“繁荣—衰退”的周期模式，特别是银行对商业信贷的扩张。一些货币被花费在消费领域，剩下的被储蓄起来，也可以被用来投资到高级的资本生产和其他不同级别的生产中。消费与储蓄或者投资的比例是由人们的时间偏好决定的，时间偏好也就是人们对现在的满意程度与对将来的满意程度的比值。人们越是不喜欢现在，那么他们的时间偏好值也就越低，这样纯利率也就越低，纯利率是由社会中的所有个人的时间偏好决定的。投资与消费的比值较高可以反映出时间偏好较低，这时，生产结构以及资本结构被扩大了。另一方面，时间偏好较高，纯利率就较高，而投资与消费的比值也就降低了。

那么，什么才是萧条—恢复的本质特征呢？正如我们曾经所说，浪费的项目要么必须被弃置，要么尽可能地发挥其作用。低效的机构因为人为的经济繁荣而得益，它们必须被清算，或者缩小它们的债务，或者将借款交还给债权人。生产资料的价格必然下跌，特别是那些高级的生产领域，这里包括资本商品、土地和工资率。如果经济繁荣的标志是利率的下跌，也就是各个生产领域之间的价格差异（“自然利率”或者变动的利润率）以及贷款利率的下跌，那么萧条—恢复则包含了利率差异的上升。特别是，这个时期意味着高级生产领域的商品价格相对于消费品价格的下跌。不仅是特定的机器价格一定会下跌，资本总体的价格都会下跌，比如股票市场的缩水和房地产价值的下跌。实际上，这些价值的缩水程度远甚于这些资产的获利，这彻底地反映出利息收益率的普遍上涨。

由于生产要素会从高级的生产领域向低级的生产领域转移，萧条中“令人不快”的失业也不可避免，但比起生产领域中其他大的变动所引起的失业，它的程度不一定是最大的。实际上，由于大量的破产，重大失误被揭露出来，失业问题会加剧，但是它只是暂时的。调整的速度越快，解决失业问题的速度也就越快。如果人们将工资率保持在一个较高的水平，并阻止其下跌，那么失业将超越“令人不快”的程度而更加严重地一直持续下去。自由市场中的工资率可以满足对劳动的需求，也能将劳动全部售出，如果工资率超过自由市场的水平，劳动者将长时期地失业。实际工资率和自由市场工资率的差异程度越大，那么失业问题也越严重。

延展阅读

作者还有下列精品：

《为什么我们的钱变薄了：通货膨胀真相》

该书清晰地介绍了货币发展历史，对通货膨胀作了最通俗的解说。作者深入剖析了央行制度和固定汇率制度与通货膨胀的关系，揭示了通货膨胀的实质，以及它让少数人得益的真相。书中认为，我们的货币体系存在根本缺陷，如果不能从基本制度层面来改革国际货币体系，未来全人类的通货膨胀速度将越来越快，甚至无法收拾。

《自由的伦理》

该书将自由扎根于自然权利的观念之中，并且将其适用于大量实践问题之上。尽管作者的结论未免有些激进，但是他对自由主义原则的应用却惊人地显示出其在大量社会难题上的实用性，这些解决方案规避了传统，具有一定的创新性。

《资本主义的失败》

〔美〕理查德·波斯纳　著

关于作者

理查德·波斯纳是法律经济学的主要创建者之一。他将经济学的分析方法推广到所有法律领域，为法律经济学的发展和繁荣作出了巨大贡献。此外，波斯纳也是“法律与文学”和实用主义法学的领军人物。

波斯纳 1959 年以最优生毕业于耶鲁大学英文系，1962 年以年级第一名的成绩毕业于哈佛大学法学院。毕业后，他曾担任美国联邦最高法院大法官助理、联邦政府律师、斯坦福大学法学院副教授、芝加哥大学法学院教授和讲座教授等职。在担任大法官助理期间，他开始接触并自学经济学，并形成了自己的学术思想。

1973 年，波斯纳出版了《法律经济学分析》一书，给整个法律界带来了一场“革命”，也为他赢得了极高的荣誉。1981 年，里根总统提名他出任联邦第七上诉法院法官，这一职位他一直担任至今，并在 1993 年到 2000 年间担任首席法官，兼管法院的一些行政事务。

波斯纳的成就离不开他的辛勤努力。波斯纳每年平均撰写 80 件以上的上诉审判决意见，数量之多位居撰写司法意见最多的美国联邦上诉审法官之列。担任法官期间，他还担任芝加哥大学法学院的高级讲师，每年至少上两门课。

波斯纳学术著作的产量也很高，而且辐射广泛，被誉为是“一个人的智库”。1978 年以后出版的引证最多的 50 本法学著作中，波斯纳就占了 4 本，数量第一。

劳伦斯·莱西格曾赞扬他道：“他是著述最丰的联邦法官，前无古人。任职上诉法院，仍属最高产的法学家之列，同样前无古人。如果以引证率测度影响力，那么当仁不让，波斯纳是在世的最有影响的法学家。”

荐读理由

2008 年的金融危机至今让人记忆犹新，成为每个人挥之不去的梦魇。然而，危机究竟为何发生？为什么事先没有预测出来？面对危机为什么我们的政府束手无策？今后我们应该如何防止危机的再次发生？诸如此类的问题，我们依旧没有解决，也依旧是学术界讨论的重点。

对于金融危机的分析，法律人自然不应该缺席。波斯纳的《资本主义的失败》一书，就从法律的角度，结合经济学的相关知识，分析了 2008 年这场金融危机爆发的制度原因。

该书中，波斯纳指出了诸多与危机紧密相关的因素。例如从亚洲流入美国的过剩资本，美联储执行的低利息率，美国人的低储蓄率，由低利息率、积极的抵押贷款营销和松懈的监管共同推波助澜吹起的房地产泡沫，大型金融机构极高的负债资产比率等等。他也分析了两种基本的危机拯救方案：货币主义理论和凯恩斯主义理论的利弊。最终，波斯纳得出结论，这场金融危机的根本原因在于自由市场的风险系统存在重大漏洞。自由经济的钟摆摇动得太远了，对金融市场我们应该采取更为严密的监管。

该书的一大特色在于对经济危机的挖掘深入到了制度层面。波斯纳从一个法律经济学者的立场，深入分析了资本主义制度本身。虽然他是一个自由市场的信奉者，但是他依旧在这场经济危机中看到了资本主义制度必然要作出的妥协。这一点被美国媒体称作是经济发展不可或缺的一个新起点。

总之，本书不仅讨论经济问题，还广泛涉及政治、社会领域，也对未来的格局进行了有益的预测。该书生动形象又直言不讳，作者对涉及经济危机的问题给出了简明的、非技术化的解释，并不要求读者必须具备宏观经济学或是金融理论的知识，因而这是一本面向广大群众的书，可读性强。这些都增加了全书的趣味性，也必将引起更多读者的兴趣。该书虽然分析的都是美国经济制度问题，但对我国经济建设同样有很强借鉴意义。市场经济的发展有其普遍规律，我们也会面临诸如房地产泡沫一样的问题。通过本书，理解加强金融市场监管的重要意义，将使我们受益匪浅。

先睹为快

资产的证券化所带来的地域多样性对缓和金融危机起到了一些作用，资产的证券化将风险极大的资产注入银行的资产负债表，从而推动了金融危机的发生。这就提出了一个问题：资产的证券化对经济危机的爆发实际上起到了多大的作用？风险贷款引发了1930年代经济大萧条，但却没有带来债务证券化的好处。如果银行在其账簿上保有次级和次优抵押贷款，而不是使这些贷款证券化或者从其他券商那里购买住房抵押贷款证券，那么它们今天的境况会好一些么？如果确实好一些的话，那也应主要归功于以下两点原因：一是证券化过程从投资者那里为美国房地产业吸纳额外资本的能力，投资者不愿自寻麻烦去实际拥有某人的抵押物；二是住房抵押贷款证券的复杂性，这种复杂性使其所具有的风险难以评估。然而，如果低利息率和高信贷需求刺激了风险贷款，那么抵押贷款的形式可能就不是造成银行业崩溃的主要因素。

我已经提出，经济萧条的直接原因是高风险贷款和个人储蓄不足的并存。因此，当风险实际发生之后，造成了银行破产和人们对产品与服务的需求的下降，原因是信贷难以获得；在这种情况下，人们不能将储蓄再分配给消费，这进而使需求的下降引发了就业率和经济产出的螺旋式下降。稍微深挖一下，我们便发现了房地产泡沫，泡沫的破灭引起了使银行面临破产危机的大量债务违约行为；发现了极低的利息率，驱使银行提高其资金杠杆比例；发现了复杂的金融工具，其风险大于人们的想象；还发现了针对金融服务监管的萎缩，这使高风险贷款不受控制。如果要防止将来再发生经济萧条，并使当前的经济从萧条中尽快复苏，那么上述这些现象就需要得到解释，而不仅仅停留在假说上。

理性与非理性之间的分界线即使存在也是不清晰的，这就是不应太重视经济行为的非理性维度的一个原因。此外，一个更为重要的原因是，要解释当前的经济萧条，并不需要非理性之假定，尽管需要采纳一些随机因素（偶然事件、“坏运气”）。我们就从泡沫或者毋宁说多重泡沫（房地产泡沫、信贷泡沫）开始说吧。资产价格泡沫听起来像是某种非理性的东西。如果供给和需求的基本面没有变化，某类资产的价格飞涨之后必然暴跌。实际上，如果某一重要创新的潜在效果是未知的，那么泡沫就可能是对这种不确定性的理性回应。在1920年代，随着生产力水平的快速增长以及新型金融借贷业务的发展，人们有理由相信，这个国家进入了一个长期的经济快速、可持续增长的时代。假定投资者是适度谨慎的——他们认为国家正处在这样一个时代的开端，尽管事实上不是。而且，不确定性提高了人们对公司股票价值的预期，特别是新公司的股票。所以就这么一路涨上去——股价涨到追星赶月的高度。

延展阅读

《波斯纳：法律的经济分析》：李霞著，黑龙江大学出版社，2009 年。

该书从波斯纳的生平介绍开始，讲述他的学术成长过程。在着力介绍他的法律的经济学分析思想的同时，也探索了这一学术思想的渊源所在。书中也记录了波斯纳与同时代学者之间的思想碰撞和交锋，有助于进一步了解波斯纳的学术理念。

《休克主义：灾难资本主义的兴起》

〔加〕娜奥米·克莱恩　著

关于作者

娜奥米·克莱恩被誉为是全球最有影响力的公共知识分子与文化观察者之一，她善于深入剖析全球经济一体化下的真实世界、真实选择，揭露真实的希望。

克莱恩1970年出生于加拿大蒙特利尔，是著名的记者、畅销书作家、社会活动家、反全球化分子和电影制片人。

克莱恩因其对全球化的批判而闻名于世，她的处女作《NO LOGO：颠覆品牌全球统治》一书，曾引起全球广泛回响。她也因此被《泰晤士报》誉为“可能是三十五岁以下对世界最具影响力的人士”。《纽约时报》亦称她“隐然是北美左派运动的代表”。在大卫·赫尔曼的《全球公共知识分子排行榜》中，克莱恩排行第11位，在世界公共知识分子中占有相当重要的地位。

2007年，克莱恩所著的《休克主义：灾难资本主义的兴起》一书，对新自由主义和芝加哥学派发起最有力的挑战，并于2009年赢得了首届华威奖。该奖由英国华威大学创设，每两年颁发一次，用以表彰在智识、科学和想象方面有突出成就，且富有激情、表述清晰的作品。

荐读理由

《休克主义：灾难资本主义的兴起》一书描绘了近几十年来全球范围内兴起的一种新型灾难资本主义——私人财团与政治权力结盟，以新自由主义为思想旗帜，利用战争、政变，乃至自然灾害造成的休克状态，实行激进彻底的自由市场与私有化政策，其结果并未带来民主与繁荣，反而加剧社会断裂，置人民于悲惨处境。

贯彻全书的是这样一个概念——“最基本教义的资本主义永远需要灾难来推动”。

克莱恩最早发现这个概念，是 2004 年报道战后的巴格达时，她发现美国占领军引进大量私人资本进入伊拉克。然后她看见 2005 年南亚海啸后的斯里兰卡海岸，大量的海边高级旅馆取代了原来渔民的社区；接着是卡特琳娜风灾摧毁了美国南方美丽城市新奥尔良，而自由市场的神圣经济学家弗里德曼建议要趁机用私立学校取代公立学校。

克莱恩发现这种巨大利益和巨大灾难的结合是弗里德曼主义在 20 世纪 70 年代就遵循的。然后过去的 30 年，新自由主义“已经完善了这种策略：他们等待重大危机，把国家私有化，而当公民仍然在余震的惊吓中，他们就让把这些‘改革’制度化”。这种在灾难性事件发生后，资本力量对公共领域的占领，就是所谓的“休克主义”。

“休克主义”有三个彼此相关的层次：人民先是被战争、恐怖攻击、政变和自然灾害所震撼，然后企业和政客利用第一次震撼所造成的恐惧和困惑来推动震荡经济治疗。最后抵抗这些经济震荡治疗的人会被第三次震荡：这一次是由警察、军人和监狱的侦讯者。

这本书揭露了令人震惊的事实，它打破了“资本主义与自由相辅相成”的神话，证明自由市场制度的扩展，并非完全是自生自发的过程，而是依靠专制、暴力与灾难的强行扩张来实现的。

作为一名新闻记者，克莱恩的论证可能有欠严谨之处，但是新闻记者特有的敏感和尖锐的笔触，使得该书的每一章都是一篇精彩的报道，引人入胜。

“不受节制的资本主义的胜利是诞生于自由，而不受阻碍的自由市场是和民主一起发展的。”这一被世人广泛接受的观点在克莱恩看来无疑是一个谎言。因为，过去20年经济新自由主义的全球性扩张，很多是建立在权威统治之上的。历史从未终结于资本主义和民主的相互拥抱。相反地，正如克莱恩所言：“民主和芝加哥学派经济学并未携手共进，他们站在天安门路障的不同侧。”“休克主义”并不一定会带来经济的发展和民主的建立。相反，很多“威权主义”的制度却催生了经济的腾飞和社会的和谐发展。克莱恩向世人展示了这一真相，并引发读者思考，从这点来说，此书价值非凡，值得认真品读。

先睹为快

据《纽约时报》报道，新奥尔良现在是“美国推广特许学校绩效卓著的实验场”，而弗里德曼学派的智库——美国企业研究院（American Enterprise Institute）则热烈赞扬“卡特琳娜在一天内成就了……路易斯安那州学校改革者多年来无法办到的事”。与此同时，公立学校的教师只能眼睁睁看着救援大水灾民的经费被用来废除公立学校体系，并以私人学校取而代之，他们形容弗里德曼的计划为“教育版的强夺土地”。

这种趁着灾难对公共领域进行精心策划的掠夺，以及看待灾难有如激动人心的市场机会的观念，我称之为“灾难资本主义”（disaster capitalism）。

这就是休克主义运作的方式：最初的灾难——政变、恐怖攻击、市场崩盘、战争、海啸、飓风——使全国人口陷于集体休克之中。坠落的炸弹、迸发的恐怖、狂飙的暴风软化了整个社会，就像酷刑室里震耳欲聋的音乐和殴打软化了囚犯。就像被震慑的囚犯供出同志的名字和背弃他的信心，遭受打击的社会往往也放弃平时捍卫的东西。佩里和他在巴吞鲁日收容所的难民同伴，应该放弃他们的住宅计划和公立学校。在海啸肆虐后，斯里兰卡的渔民应该放弃他们宝贵的海滨土地，交给旅游开发商。如果一切依照计划进行，伊拉克人应该陷入震惊和畏惧而放弃他们的原油储藏、国营企业和主权，交给美国军队和国际联军。

灾难资本主义同样未能区别破坏与创造、伤害与疗愈。这是我在伊拉克紧张地扫视满目疮痍的大地、等待下一个爆炸时，经常萌生的感觉。震撼的救赎力量的狂热信仰者，以及美英侵略行动的策划者，想象他们使用的武力会如此震撼、如此难以抵挡，让伊拉克人陷入某种生命暂停的状态，就像库巴克手册所描述的那样。在稍纵即逝的机会，伊拉克的侵略者还会悄悄施加另一种经济震撼，以便在入侵后的伊拉克空白石板上，创造自由市场与政治的模范。

但空白石板并不存在，只有废墟和遭到重创的愤怒人民——当他们抗拒时，就会遭到更多震撼，其中有些震撼根据的就是许多年前在卡斯特纳身上进行的实验。“我们的确很擅长摧毁东西，但直到有一天我开始在这里花更多时间建设而非战斗时，那才是美好的一天。”美国陆军第一装甲师指挥官基亚雷利（Peter W. Chiarelli）将军，在战争正式结束一年半后说。那一天永远没到来。和卡梅伦一样，伊拉克的震撼医生懂得摧毁，但他们似乎无法重建。

延展阅读

《NO LOGO：颠覆品牌全球统治》

这是作者的另一部精品。

该书主要探讨全球化的黑暗面，揭露出跨国企业如何将品牌不断地深入消费者的私人领域，跨国企业如何剥削第三世界的人民以谋取自身利润。在剖析现象的同时，作者也提出了深刻反思，她指出面对这一全球化的浪潮，消费者应该联合起来，进行反扑，反对LOGO，向大型的跨国公司争取工资、争取工作、争取公共空间。

《日本的反省：依赖美国的罪与罚》

〔日〕野口悠纪雄　著

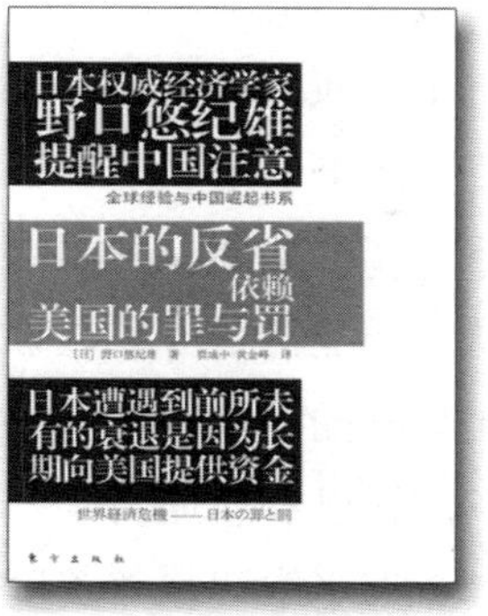

关于作者

野口悠纪雄是日本五个最顶尖的经济学家之一。

他1940年生于东京，1963年毕业于东京大学工学部，次年进入大藏省工作，并于1972年取得耶鲁大学博士学位（经济学博士）。历任一桥大学、东京大学教授，斯坦福大学客座教授，2005年4月至今，任职于早稻田大学研究生院财经研究所。专业研究领域为经济理论、日本经济论。

主要著作有《信息经济理论》（东洋经济新报社，1974年，日经经济图书文化奖）、《财政危机的构造》（东洋经济新报社，1980年，三得利学艺奖）、《土地经济学》（日本经济新闻社，1989年，不动产学会奖）、《泡沫经济学》（日本经济新闻社，1992年，吉野作造奖）、《战后日本经济史》（新潮社，2008年）等。

荐读理由

《日本的反省：依赖美国的罪与罚》一书用犀利的语言和独特的视

角分析了美国金融危机产生的原因，尖锐地批评了日本在此次金融危机中扮演的角色。

全书列举了金融危机爆发前后的一系列事件，在充足的材料支撑下，作者给予了独到的分析。前事不忘，后事之师。作者告诉我们，从金融危机中汲取教训，需要反观自身，从自己身上找原因。日本的出口立国和依赖美国的政策是存在问题的，随着金融危机的爆发，这一问题已经愈加明显。

书名中“依赖美国的罪与罚”有着深层含义。作者指出，世界经济遭受如此重大的创伤绝不能只归因于美国次贷危机和美国人的过度消费这些表面现象。美国自然是金融危机的主犯，而危机的共犯也不容忽视。这些共犯包括日本、中国和石油输出国。正是这些国家将庞大的贸易顺差回流到美国，才支撑了美国人的过度消费。

另一方面，日本也受到了金融危机的严厉惩戒。危机爆发后，日本外币迅速贬值，日本所持有的外国资产严重缩水，产生巨额损失，其规模接近因美国次贷危机造成的世界金融机构总损失额的一半。

《日本的反省：依赖美国的罪与罚》一书也给我国敲响了警钟。我国依赖外需的政策、巨大的外汇储备都与日本相类似，甚至更为严重。面对日本前所未有的大衰退，我们不禁要反躬自问，我们的发展模式是不是也应该有所调整？提倡结构升级会不会增加外需的依存度？在贫富差距如此巨大的情况下，要如何扩大内需？金融危机下，美国的高消费和欧洲的高福利都难以招架，我们应该往何处走？

“对于决策，必须以邻为鉴，好的可以吸收，不好的要引以为戒，我们的重要近邻日本，他们的今天是否是我们的明天呢？”郎咸平推荐该书时的话语一语中的，不得不引起国人深思。

全书语言通俗，深入浅出，可以让读者很容易读懂看似深奥的经济学原理，认清彼此间错综复杂的关系，是一本适合普通大众阅读的好书。

先睹为快

正是由于评级机构不能确切评价市场风险，当住宅价格滞胀时，不得不大幅度下调次级贷金融商品的级别。

也就是说，评级本身并不能全面评价次级贷等金融商品的风险，而投资者却依据评级机构的评定级别进行了投资，这才是次级贷问题的本质。

有很多人认为此次危机的导火索是“评级机构的评级问题”，其实，这种认识也未必十分准确，问题的本质在于“评级不能正确评价市场风险，评级也不能全面评定投资风险”。

所以说次级贷问题并不是“金融理论和金融工程学应用所引发的问题”，恰恰相反，“本应该利用金融理论和金融工程学对投资对象进行定价，而现实并非如此”。

现在的事情是这样的：日本人挥汗如雨地劳动，生产出了美国人需要的商品，也把这些商品以低廉的价格（因日元贬值）卖给了美国。可美国说：“请给我购物款。”于是日本就以极低的利息把购物款借给了美国。如果这笔贷款还回来也就罢了，可是人家借款不还了，并且连句“谢谢”都听不到。这就是在国际经济中，慈善的富翁没有受到应有的尊敬和感谢，反而遭受到了愚弄。

对美实施资金援助的不仅是日本，中国和欧佩克也是如此。欧佩克将自己的资产完全交由英国等国的金融机构运作，自己连投资组合和是否有损失都不知道。中国与日本一样购买了大量美国国债，所以随着美元贬值，中国的损失是不可避免的。可是，今后若成立主权财富基金（政府基金），则这种状况也许会有所改变。到那时慈善的富翁就只剩下日本自己了。

所以，我认为：前文所说的“解耦”（非连续性、分割开）的可能性很大，即便是在美国经济不景气的情况下，中国等新兴工业国家以及欧洲的经济总体来说还在继续增长，世界经济总量还在继续扩大，但这并不意味着在经济总量上实现了解耦，而其他意义上的解耦事实上正在发生。

延展阅读

《泡沫经济学》

这是作者的另一部精品。

全书结合历史上的经济泡沫事件以及 20 世纪 80 年代后期之后的日本经济，阐述了资产价格与泡沫的经济理论，分析了泡沫崩溃过程及其对金融系统的影响。全书还对泡沫后的日本经济进行了展望，论述防止泡沫再次发生的应对措施，揭示日本经济发展所面临的长期课题。

《M 型社会：中产阶级消失的危机与商机》

〔日〕大前研一　著

关于作者

大前研一是国际著名企业策略家和经济评论家，平成维新后非营利法人一新塾的创立者。

大前研一出生于北九州市若松区。在早稻田大学应用化学系毕业，随后继续深造，获得东京工业大学硕士学位，麻省理工学院博士学位。

1970 年到 1972 年，大前研一任职于日立制作所核能开发部工程师，随后任职麦肯锡公司，并荣升为日本分社社长、公司董事，成为国际著名企业顾问。

1995 年，大前研一离开麦肯锡，担任加利福尼亚大学洛杉矶分校研究生院教授、斯坦福大学商学院客座教授、一新塾校长，现任创业者商学院院长。

大前研一是著名的企业战略家，曾被英国《经济学人》杂志评选为“全球五位管理大师”之一，“日本战略之父”。日本许多非常著名的公司在制定战略时都会寻求他的帮助，而他的建议也同样深受诸多欧美跨国公司的青睐。无论是电子设备、办公室设备、摄影设备、机械设备、食品、橡胶还是化工产品领域，他都能够提出创新性的战略，并提出相应的组织观念去实现这些战略。

大前研一是一个独立张扬的学者，他口无遮拦，往往语出惊人，有着强烈的个性。然而也正是这份直率，让他的话经常能给人警示，起到防微杜渐的作用。《金融时报》曾经这样评论他："坦率无忌型名人，非常稀缺的国度里的一个名人。当绝大部分日本人还在小心翼翼不敢冒犯别人时，大前研一却是生硬率直，有时还单刀直入般地粗鲁……他还是日本仅有的一位极为成功的管理学宗师。"

他的主要著作有《战略家的思想》《没有国界的世界》《日本商业：障碍和机会》《三位一体的力量：环球竞争将要到来的形态》《超越国界》《民族国家的尽头》《看不见的新大陆》等。

荐读理由

中产阶级是维持社会稳定的核心力量，最稳定的社会结构应该是橄榄型或是倒U型，然而，通过分析，日本著名经济评论家大前研一告诉我们，现代社会中，中产阶级正在消失。

大前研一在分析日本近二十年发展历程的基础上，提出了一种社会发展的类型判断——M型社会。《M型社会：中产阶级消失的危机与商机》一书以宣言式的口吻告诉世人：中产阶级社会正在崩溃，M型社会已然到来。

所谓"M型社会"是指在全球化的趋势下，整个社会正在形成一种双峰结构：贫富差距日益扩大，收入高的一小部分人和收入低的一小部分人，各居收入群体的两端，并且彼此的距离越来越大。另一方面，原本人数最多的中等收入阶层，除了一小部分能往上挤入少数的高收入阶层，其他大多数沦为低收入或中低收入阶层，原本的中间阶层凹陷下去，变得很小；于是，社会变得像个被拉开的"M"。

那么，什么人才能被称为中产阶级呢？一个社会中有多少人是中产阶级，有多少人只是自认为是中产阶级？作者在书中给出了判断中产阶级的标准：房屋贷款有没有给你造成很大的生活压力？你打算生儿育女吗？孩子未来的教育费用让你忧心忡忡吗？作者指出，这三个问题，只要有一个问题的答案是肯定的，就算不上是中产阶级。

事实上，根据作者的统计，日本最近几年已经有八成人口沦入中低收入阶层。大前研一指出，在这个新型的社会中，如果企业与个人都不展开自救，政府又继续以错误的方式施政的话，在恶性循环下，社会的失业率和物价将年年上扬，收入永远跟不上物价，整个社会对于未来，都将失去积极性。

大前研一的话绝不是危言耸听，不仅是日本，我国社会的两极分化状况也越发令人担忧，"穷者愈穷，富者愈富"已经成为一个时代的特征和写照。在这样的情况下，我们的商业模式应该怎样调整？政治、经济又该随之产生怎样的变化？我们应该以何种姿态面对这样的社会形态？……翻开《M型社会：中产阶级消失的危机与商机》，大前研一会一一向你解答。

先睹为快

就整个社会而言，M型组织是由政府领导，政府虽然统治一切，但并不试图对每一种工业和每一家公司加以管理。换言之，政府不会试图为公司做日常的营运决策，或是颁布一大堆规定。相反，政府会设法创立一个平衡的竞争环境，使各公司一方面可以相互竞争，一方面又能发挥同舟共济的团队精神。如果M型公司的中层缺乏团队合作，各种争执就必须呈报总公司裁决。在这种情况下，总公司幕僚人员的权力会膨胀，公司会变得中央集权化，而事业部门的管理人员会抱怨公司过分官僚化，幕僚人员干涉太多，他们却不了解这完全是因为中层缺乏团队精神所造成的。一个社会也会出现这种现象。如果公司的上层以及工业界的领袖，不能以团队方式来解决彼此间的歧义，就会把问题推给政府解决。逐渐地，政府的编制和权力会扩大，变得中央集权化，整个经济也变得既没有弹性又缺乏效率。

我们现在可以清楚看出在现代的经济社会中，完全的竞争并不存在，因此只靠市场的统治方式必然会遭到失败。然而只要可能，就应该保存市场力量。我们下面要考虑最重要的一个市场，也就是资本市场。通过这个最简单的市场，我们可以看出在市场、官僚机构，以及在派阀的控制机能之间维持均衡，具有多大的重要性。我们在下一章还要看看美国资本市场的结构已经受到多严重的扭曲。

在目前，美国政府的决策过程，用“垃圾罐”来形容再恰当不过。我们把人投入里面寻求机会，把问题投入里面寻求解决方法，把解决方法（往往与手上的问题无关）投入里面寻求问题，以及投入几个“机会之窗”或是“选择点”。一个问题、一个解决方法、一个人，以及一个机会之窗，随时都会凑在一起，然后我们却采用另一个步骤来促进国家的进步。这个过程很像美国大学制定决策的过程。卡耐基委员会的1974年高等教育报告，把这种决策过程形容为“垃圾罐”，并指出：“垃圾罐的处理过程显然不能做好‘解决问题’这件事。”这不是一个讨人喜欢的比喻，但却巧妙无比。经济发展所必须有的要素，在政府和企业界全都有了，可是我们目前正当作垃圾丢掉，而不是以更有效的方式将之组合起来。当我们研究美国这些机构时，必须牢记于心的是，要从整体而不是从片面去了解。如果企业界和政府对经济发展的问题有对话，那么谁代表政府发言，谁代表企业界发言？目前每家公司都在发言，结果政府即使有心把经济弄好，也不知道应该跟哪一个企业团体交换意见。当然，我们不想把这种对话局限为跟政府某一位代表对话，或是跟某一个企业精英团体对话。相反，我们可以拟想这是一个由各方参加的对话，彼此不断进行沟通，集结一起则是有效的社会记忆网路。一旦我们知道目前所拥有的，就更能知道要替未来创造出什么。

延展阅读

《无形的大陆——新经济的四种战略法则》

这是作者的另一部精品。

该书指出随着人类文明的发展，出现了一个新大陆，这个大陆没有土地、只存在于我们的头脑中，并时刻影响着我们的生活。这就是由四个相互独立空间——有形空间、无边界空间、网络空间和高倍增空间组成的“大陆”。这四个空间决定了新经济的四种战略法则，而能在四个空间中很好运转的公司和国家则会是未来的最大成功者。

《家庭论》

〔美〕加里·斯坦利·贝克尔 著

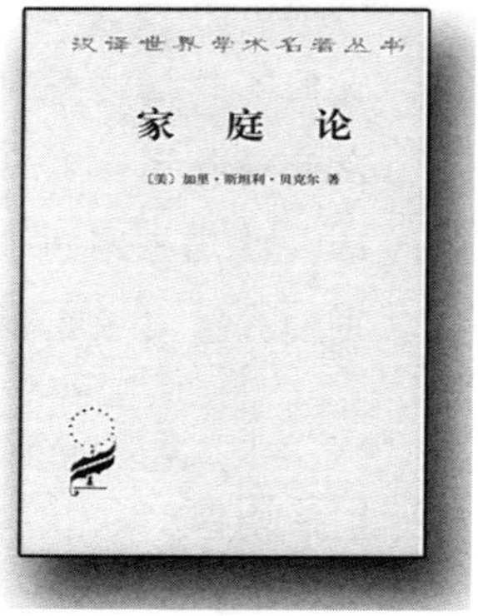

关于作者

加里·斯坦利·贝克尔是当代西方最著名的经济学家之一，他因将经济理论扩展到对人类行为的研究，获得巨大成就，而荣获 1992 年的诺贝尔经济学奖。贝克尔是现代西方经济学界最富有独创思维的人之一，他把普通人观察到的明显不相关的现象同某一原理的作用相联系，从而开拓了经济分析的新视野。

贝克尔 1930 年出生于美国宾夕法尼亚州的波茨维尔。1951 年在普林斯顿大学获得经济学学士学位，随后在芝加哥大学获得经济学硕士、博士学位。当时他的博士论文《歧视经济学》是一篇富有首创性的重要经济学论著。但因为他的研究方法过于大胆而过了两年才发表。为此，他还被迫流亡哥伦比亚大学，直到 1969 年才返回芝加哥大学一直任教至今。现在他是芝加哥大学的经济学系主任。

贝克尔是佩尔学会成员，是美国国家教育科学院的奠基人，曾在美国全国经济研究局和斯坦福大学胡佛研究所从事研究工作，还担任过 1974 年美国经济学会副会长。贝克尔曾于 1967 年荣获美国经济学会颁发的克拉克奖。

贝克尔是多产的经济学家和社会学家，著述颇丰。他的主要论著有：《歧视经济学》《生育率的经济分析》《人力资本》《人类行为的经济分析》《家庭论》等。其中，《生育率的经济分析》是当代西方人口经济学的创始之作。《人力资本》是西方人力资本的经典，也是席卷20世纪60年代经济学界的“经济思想上的人力投资革命”的起点。《家庭论》则是微观人口经济学的代表作。这三部著作被西方经济学界奉为“经典性”论著，具有深远的影响。

荐读理由

家庭是人类社会生活的最基本单位。无论千百年的社会环境如何变化，家庭始终保留了对全部制度的最大影响。美国经济学家贝克尔指出，对家庭的分析，不仅可以窥见人类历史的许多方面，还可以指导人们未来的行为。《家庭论》是贝克尔最重要的代表作。1981 年，贝克尔把他长期以来关于家庭问题的研究整理成《家庭论》一书出版。该书除了前言和导论以外，共包括 11 章内容，约 25 万字。它从单个人的居民户分析开始，不仅研究了家庭内的劳动分工和一夫多妻制现象，而且还探讨了对孩子的需求、教育和动物群体的家庭等问题。

在《家庭论》一书中，贝克尔利用自己提出的方法，将政治学、社会学、法学、教育学、人口学、生物学等不同学科领域中关于家庭问题的研究有机联系起来，对家庭生活的各个方面进行了深入而独特的分析。他指出，家庭是由多个人组成的生产单位，不同成员的商品、时间、货币和技能等生产要素的投入会产生联合效用，作用于孩子、商品、技艺、健康、声望等家庭产出。家庭行为受货币和时间两个因素的限制，决策的代价要用时间和货币来衡量。当一个家庭的时间和货币既定时，为了使家庭利益最大化，家庭成员应该在户主的组织下，对有限的资源进行最合理的配置，进行家庭生产。

关于家庭的出现，贝克尔认为家庭生产以明确细致的分工协作为基础，取决于生理、经验和人力资本投资的不同而产生的分工能够将家庭的产出最大化，因而一个完全家庭的效率比一个不完全家庭的效率要高。

另一方面，如同商品市场一样，贝克尔认为也存在一个婚姻市场。人类的婚姻是具有高度系统性和组织性的，在一个有效率的、自由竞争的婚姻市场上，每个人都能找到自己的最佳伴侣，从而实现自己效用的最大化。《家庭论》全书具有众多类似于上面提及的关于家庭问题的经济学分析。例如一夫多妻制为何越来越少、孩子的数量问题、教育问题等等。

《家庭论》第一版出版以后，在西方乃至全世界产生了巨大的影响，赞扬者称它是一本划时代的著作，批评者则认为该书内容是浅显的。贝克尔综合各方面的意见，并根据20世纪90年代家庭出现的种种新变化，于1991年出版了《家庭论》的扩大版。扩大版除了重新阐述了第一版的全部内容以外，又以四个附录的形式增加了约三分之一的文字，使其内容更加全面和系统。全书分析深入严谨，角度独特，读来必定能让你耳目一新。

先睹为快

经济学家们提出的消费者和家庭行为的传统理论，忽视了家庭成员之间的合作与冲突，它实际上是假设每个家庭只有一个成员。这种理论重点分析货币收入和货币价格变化对市场商品之间收入分配的影响，在过去20年里，从很有限的分析到具有多种用途的有效工具，单个人家庭理论都获得了很大发展。新的分析包括时间和货币收入配置，还介绍了家庭技艺、健康、自尊和其他多种“商品”

的生产。

另一方面，如果所有家庭的成本不一样，那么，偏好就能对均衡婚配产生很大的影响作用。尤其是，当夫妻消费形式更相似的时候，如果成本较低，那么，偏好相似的人就容易互相结婚。这正好和下述情况一样：当一些商品是共同消费品的时候，当较大规模生产效率更高的时候，或者，当专业化消费资本降低某些商品成本的时候，偏好相似的人就会互相结婚；相反，如果规模收益递减，则会刺激偏好不同的人相互结婚。因此，偏好更可能促成相称婚配而非不相称婚配——这和其他多数特征一样——因为共同消费或专业化消费资本都会促使偏好相似的人结婚成亲。

我们的分析表明，在对孩子投资的边际收益率降低到资产率之前，留给孩子的遗产和资产赠品不会增加太快。父母捐献的进一步增加主要是采取资产形式而非人力资本形式，因为资产的收益对积累的数量反应比较迟缓。这些结论表明，在相对比较富裕的少数家庭中，都留给孩子较多的遗产；孩子人力资本的资产率随着父母财富的增加而增加。经验证据清楚地表明，和比较贫穷的家庭相比，财产和非人力资本的收入在比较富裕的家庭中更加重要。

一个人的资产取决于父母的遗产和他本人的终身积累。我们假设，父母通过使他们的预期效用最大化的方法来选择资产，这种选择受预期收入和孩子终身资产积累的约束。为了进一步分析遗产问题，我们必须转向父母对待效用最大化的明确态度。我们仍然暂时假设每个成年人都不结婚，都没有孩子。

延展阅读

《人类行为的经济分析》

这是作者的另一部精品。

该书体现了作者贝克尔的学术思想和建树，认为人的行为都可以用经济学的效用最大化来分析。作者用经济分析建立了时间经济学和新消费者行为理论，并运用经济分析考察了传统上由法学、政治学、人口学、社会学及社会生物学等学科考察的广泛的人类行为。

《为什么不向美丽征税：经济学中的公平原则》

〔美〕史蒂文·兰兹伯格　著

关于作者

史蒂文·兰兹伯格是芝加哥大学的经济学博士，现在担任罗切斯特大学的经济学教授。兰兹伯格在美国时政漫画杂志（*Slate*）上撰写“每日经济学”专栏，用通俗直白的文字阐释经济学的生活常识，备受读者的喜爱。

兰兹伯格的经济学著作有《性越多越安全》《为什么不向美丽征税：经济学中的公平原则》《买房子还是买股票》等。他善于从日常生活的琐事中发掘经济学哲思，从而解释给非专业的读者看。

他也曾应邀在《财富》《福布斯》《纽约时报》《华盛顿邮报》《华尔街日报》等知名媒体发表文章。

荐读理由

兰兹伯格的《为什么不向美丽征税：经济学中的公平原则》是一本通俗经济学读物，《华盛顿邮报》曾评论说该书应当成为每个高中生、政治家和报纸编辑的必读书。

全书通过小故事带出大道理，针对现实生活中的累进制赋税、区域保护主义、政府债务计算、国际贸易获利率等问题，兰兹伯格指出假如换个角度思考，用曾经教导孩子的话反思一下，就会发现诸多问题都迎刃而解。因而，全书采用与孩子交流的口吻写成。该书与其说是一位父亲给女儿上的经济学启蒙课程，不如说是未经世事的女儿和身为著名经济学家的父亲两人针对现实生活中的实例，而展开的一场关于“怎样才算公平”的对话。假如你会让孩子把多余的玩具送给没有玩具而不是玩具较少的孩子，那么为什么现实生活中你会把福利金送给不那么富有的美国人而不是非洲难民呢？如果你会让孩子和同学之间自由地交换小花纸，而不是让老师去惩罚那些不愿意交换的孩子，那么你为什么就同意封锁某些国际贸易的渠道，强迫美国消费者只能买美国制造呢？

兰兹伯格是个坚定的自由市场主义者。在他看来，对所得税的“再分配”是一种偷盗行为，不仅“累进税制”是错误的，甚而“征税行为本身也是错误的”。他认为通过不公平的收税让我们无法摆脱权威，也就无法实现真正的自由。因而，他对五岁女儿的忠告是：“通过你的思想、你的行动，以及任何你的能力所及，让世界变得更加美好。并且，不要给别人增税。”

虽然兰兹伯格的观点可能有些偏激，有待商榷，但是该书精辟独到的分析和发人深思的洞见必定能够让读者折服。用兰兹伯格自己的话说，“试图在精神方面摆出一副道貌岸然的样子，虽然很令人讨厌，但这可能也是不可避免的。如果你一定要让人觉得你高人一等，那么，就要获得这种优势。你可以先从分析一个问题着手（在这种情况下要从一些简单的数字范例开始），然后用你的判断力，而不是用你的情绪，来巩固你的优越的、超人一等的地位”。兰兹伯格这样做了，并取得了非凡的成功。《为什么不向美丽征税：经济学中的公平原则》一定会让你爱不释手。

先睹为快

源于选择的收入和单纯源于机遇的收入有什么差别呢？我们再来看看你是如何对你的孩子说的吧！如果你曾经给孩子分过蛋糕，你就会听到这种口头禅："分得不公平，我的蛋糕小！"如果那时你很有耐心，你就会向孩子解释说，如果一个孩子安心享用他自己的蛋糕，而不是去考虑他妹妹盘子里的蛋糕是否比他自己的大，那么他就会从生活中得到更多的幸福，而那些总是想去比较，结果却往往被搞得心烦意乱的孩子，得到的幸福就会少得多。因为我们希望我们的孩子生活得幸福，所以我们就应该告诉孩子，如果有人给你一块蛋糕，你就有机会去享用；如果别的孩子的蛋糕比你的多，你就应该记住，这个世界上还有很多孩子，得到的蛋糕比你得到的少。如果下次你的同事得到了一次意外的升迁，你就应该记起这堂人生课。

但是，说保护主义是错误的，还有一个原因。这个原因我的女儿懂，而帕特·布坎南却不懂，而且它正是何谓一个正派人的核心。我的女儿知道，所有的人，生来都是平等的，任何人都有取得成功的平等权利，它不因某人"生错了地方"而改变，因为那条边界本来就是想象出来的。对我的女儿来说，她从来不会对底特律的汽车工人多关心一些，而对东京或者墨西哥的汽车工人少关心一些。

有人说要保全一个美国工人的工作，就要花费美国消费者多少多少钱，这都是胡说八道，把它们都忘掉吧！假如布坎南是正确的，假如他有某种神奇的方案，可以让美国消费者以零成本保全美国工人的工作，他的观点仍然是不得人心的，因为他的出发点是假定美国工人比外国工人更值得保护。这世上会有什么样的道德基础可以支持他这种对人类进行的丑恶分类呢？

抢劫酒铺是件坏事，而征收累进所得税就是件好事，至少没有抢劫酒铺坏，这就是一种成见，这里面就存在一种文化偏见。

压迫总是褊狭的结果。我们向富人们征收巨额的赋税，然后安慰自己说，没关系，因为富人和你我不一样。是，他们是不一样，有的通过非凡的产业致富，有的通过非凡的好运致富。但是，仅从这些不同我们就得出结论说，可以攫获他们的财产，这是需要某种非人性的东西来运作的，而这种东西正是褊狭的本质，我们是从来不会在学校教孩子这些的。

延展阅读

《买房子还是买股票：你不可不知的经济学常识》

作者兰兹伯格从日常经济学的角度，谈论了诸多与我们平常生活息息相关的琐事。诸如买房子还是买股票、为什么电影院里的爆米花更贵一点、我们是不是需要更多文盲之类的问题。阅读该书，你会对身边的事物有一个全新的认识。

《当代中国经济改革》

吴敬琏　著

关于作者

吴敬琏是著名经济学家，现任国务院发展研究中心研究员，中国人民政治协商会议全国委员会常务委员兼经济委员会副主任，国务院发展研究中心市场经济研究所名誉所长，国务院经济体制改革方案研讨小组办公室副主任，中国社会科学院研究生院教授等职。

吴敬琏紧跟时代的潮流，积极为中国的经济改革出谋划策，他的不同时期的理论主张和政策建议为中国改革事业的发展作出了巨大的贡献。他是媒体和公众眼中的学术明星，主张维护市场规则，保护草根阶层生计，被誉为是“中国经济学家的良心”。

吴敬琏生于1930年，1954年毕业于复旦大学经济系。随后师从后来在柯西金时期成为著名改革派经济学家的苏联专家阿·毕尔曼学习，研究企业财务和国家财政问题，并参加全国范围的体制调查和体制改革研究。

1979年开始，吴敬琏把研究的重点逐步转向关于社会主义经济制度和经济发展的历史和现实的比较研究方面。在这一研究的基础上，逐步形成了对中国经济发展战略和体制改革的目标模式的想法。

从此，在中国经济发展战略和改革的道路上，吴敬琏越走越远，成为中国经济改革的智囊和军师。即便是不被理解，甚而遭受辱骂，他也始终坚持不懈。

1990 年，是中国改革开放后最为低迷的时期。在中共中央的经济问题座谈会上，面对中央领导人对改革方向的批判，吴敬琏毫不示弱，据理力争，强调市场取向的改革方向绝不能动摇，也因此被挂上了“吴市场”的头衔。十年之后，面对越来越走样的市场经济，吴敬琏再一次为其担忧，他开始反思，我们究竟需要什么样的市场经济，最终，他找到了问题的症结——法治的薄弱，由此，他又有了另外一个名号——“吴法治”。

然而，对于外界的言论吴敬琏并不在意。作为一个独立的学者，他始终明确自己肩头的职责。他曾说过，任何一个时代总有随波逐流的人，但是一个真正的知识分子，他的生命与他所处的时代休戚与共，骨肉相连。

而他的生命，就是同中国的改革事业紧密联系在一起的。

荐读理由

对于社会主义国家向市场经济转型过程的分析，曾经有两种分析框架，一是以速度作为标准将转型战略分为激进的和渐进的两种。二是哈佛大学科尔奈提出的一个更能涉及事物本质的理论框架。他认为这一转型战略可以分为有机发展战略和加速私有化战略两种。前者把最重要的任务确定为创造有利条件，使私有部门得以从下而上地生长起来；后者把最重要的任务确定为尽可能快地通过国有企业私有化消灭国有制。

吴敬琏教授立足中国特有国情，在科尔奈原有模型的基础上，稍作变通，找到了一个真正适合分析中国改革战略演变的框架。那就是从着重非国有企业成长，还是着重国有企业改造来分析问题。

《当代中国经济改革》一书运用新的理论框架，从毛泽东的《论十大关系》开始，对中国的经济改革做了全面的回顾和总结。书中的理论分析颇为精到，无论是对计划经济和市场经济差异的比较还是对社会主义改革历程中理论论战的探索，都有精确的描述和分析。

全书共分四个部分，总论、部门专论、宏观经济和社会层面的问题以及简短的结论。在讨论专项改革的开头，都有一节内容交代中国改革依据的经济学理论，并以此作为分析问题的理论框架，思路非常清晰。而每个章节后面还附有思考题，列出参考阅读，进一步满足读者的阅读需求。

《当代中国经济改革》一书在“华语图书传媒大奖赛”上，终审评委对它评价道，“这是一本严肃认真、花了很大工夫的书”，“它可以作为文献来看，有社会意义，也是对中国经济学发展的贡献”。

总之，这是一本研究中国经济改革的必备书，是一本分析中国现代经济学的工具书，一本思考和分析中国经济改革的参考书。读完它，你将对中国经济改革的历程有一个系统的认识，在清楚了解中国经济发展的现状的基础上，对中国经济的未来发展方向有一个清晰的了解。

先睹为快

集中计划制度下的信息和激励成本过高……而市场制度是一种能够节约交易费用、有效率的资源配置方式。如果没有经济的高效率，社会主义实现社会公正和共同富裕的价值观，也会由于缺乏物质基础而成为空中楼阁。

把传统体制的弊病归结为权力过分集中，是一种肤浅的论断。

权力高度集中乃是用行政性计划配置资源的必然要求。……企图用“放权让利”来实现经济运行状况的根本改变，是决不会收到效果的。

家庭承包制在不改变土地所有权的情况下，给予农民土地的使用权。这一项土地制度的创新，使农民可以在“包”来的土地上建立自己的家庭经济，这对于促进农业生产的蓬勃发展起了决定性的作用。

人们最终发现，为了使国有企业具有效率并进而使整个国民经济迅速发展，还得走和其他民族同样的路，在大型工商业中建立现代企业制度，即现代公司。……在现代经济中，它已经成为大工业、大商业、大银行中占统治地位的企业组织形式。

国有经济应当集中于那些影响国民经济发展全局、掌握国家经济命脉的事业。……中小企业是维持经济和社会稳定的基础性力量，也是技术创新的最重要源泉。

社会保障制度的选择应当从我国的实际出发。……注意保持激励系统的有效性，使人们在获得基本安全保障的同时，还能够强化“多劳多得”的激励机制，避免吃“大锅饭”的弊端。

资本市场是市场经济的一个重要架构。……（它）降低了产权交易的交易成本，有利于资本的优化重组。……能够反映企业经营状况和未来盈利能力的证券市场能够使公司治理结构具有效率。

必须注意制度变迁的“路径依赖”性质。……通过财政承包制给地方官员以利益的确给改革减少了阻力、增加了动力，但也促成了“诸侯经济”、市场割据……而且，在此基础上形成了以既得利益为基础的压力集团，阻碍分税制一类市场取向改革的推进。

世界经济的全球化对于中国这样的发展中国家来说，既是机遇，又是挑战。（它）有利于发展中国家充分发挥自己的“后发性优势”，降低学习成本，迎头赶上。（但也）难免在自由市场的严酷竞争中受制于人。无论（如何），都不可能逆潮流而动，只能因势利导。

延展阅读

《何处寻求大智慧》

该书是吴敬琏教授的经济类杂文选集，大部分都是因时感事之作。作者紧密联系时政热点，发表自己的观点。该书与时俱进的特点，犀利直接的文风，读来畅快淋漓。书中丰富的历史资料涉及中国改革进程中的各种热点问题，恰好可以作为教材性质的《当代中国经济改革》一书的补充。

《激荡三十年》

吴晓波　著

关于作者

吴晓波被誉为是中国最出色的财经作家，曾经获选《南方人物周刊》2009 年度的“中国青年领袖”。他常年从事公司研究，尤其关注中国本土的公司财经。现在，吴晓波担任《东方早报》的浙江记者站副社长。同时，他也是哈佛大学的访问学者，并且经营自己的图书项目。

吴晓波 1968 年出生，1990 年毕业于复旦大学新闻系。毕业后，他放弃了保研的机会，进入新华社，开始了他长达 13 年的商业记者生涯。从 1994 年始，吴晓波开始为《杭州日报》撰写专栏。

记者与专栏作家的经历让吴晓波受益匪浅。新华社不计成本让记者在全国各地采访、调查，为吴晓波深入了解国内商业界的情况创造了条件，而专栏作家的经历，更是为吴晓波提供了训练文字的最好途径。吴晓波的文章老练成熟，对现实的分析入木三分，无不得益于那些年的经历。

自 30 岁起，吴晓波开始写书。到 2002 年，他已经成为了贝塔斯曼的签约作家。与此同时，他也开始经营自己的图书项目，他打造的蓝狮子财经以本土公司的财经写作作为目标，着力挖掘中国公司史和人文财经内容，受到了本土读者的喜爱。吴晓波说，我们不要“google”作家，一个公司史的写作者应该是能够接触到该公司的内部档案，并且曾经长期跟踪报道过该公司的记者或研究人员。正是靠着这样的信念，蓝狮子财经出版的书籍成为中国本土财经阅读的顶级读物。

吴晓波对于文字一直充满热情。自开始写作专书起，他就一发而不可收，以每年一部的速度书写着。2001 年出版的《大败局》一书是中国第一本写作失败案例的 MBA 教材，被评为“影响中国商业界的二十本书”之一。而 2007 年出版的《激荡三十年》一并获得了《新周刊》2008 年中国新锐榜“年度图书奖”、和讯华文财经图书大奖、《亚洲周刊》2008 年度“十大非小说类华文图书”之一。

除此之外，吴晓波还出版过《穿越玉米地》《非常营销》《被夸大的使命》等著作。

吴晓波就是这样一个传奇式的人物，他脚踏三条船，既负责报社事务，又从事出版事业，同时还坚持每周写作 6000 字以上。然而，三条船他都能驾驭得很好，稳稳当当，在他理想的人生道路上前进着。

荐读理由

1978 年到 2008 年的历史有着极为重要的意义。一个 13 亿人口的大国，如何由计划经济逐步走向社会主义市场经济，如何通过小心翼翼的试错，从一个思维封闭、生产力落后的贫穷国家，终于一步步成为今日世界上崛起的大国？这 30 年的历程值得细细品味。

《激荡三十年》被认为是描述中国改革开放 30 年最全面最真实的史诗般巨作。该书共有上下两卷，以 1992 年为界，分别记载两个阶段的企业变革状况。

该书是一部中国改革开放30年的企业发展史。作者一改传统的教科书僵硬死板的模式，从一个普通老百姓的角度，描绘了中国企业在改革开放时期走向市场、走向世界的成长、发展之路。例如对于改革开放初期的商品大潮；国企、民企、外企三者的博弈；整个社会的躁动和不安……全书都有真切体现。

全书没有宏大的叙事，也没有深刻的理论阐释，而是通过一个个细节的展现，让读者从企业的发展变迁中体会30年来整个中国在经济上的变化，让读者意识到整个社会的常态以及它将走向的目的地。

该书对改革开放30年企业发展的论述又是客观的。作者更多的是记录而不是总结，是对这个时代的回顾而不是评判。从这一方面来说，这也是一本值得信赖的好书。

该书上卷自出版以来，不断受到社会各界的关注，销售量突破30万册，被选为2007年最畅销的本土财经图书之一，《财经文摘》评其为2007年最值得期待的十本财经图书之一。同时，《激荡三十年》的出版也引起了人们对改革开放30年历史的关注。国内众多媒体纷纷以此为切入点，制作各类记述30年历史的专题报道，掀起回顾历史的浪潮。《激荡三十年》曾受到著名经济学家吴敬琏和北大、哈佛知名教授及四大财经媒体主编联袂推荐，它不仅填补了一个巨大的历史空白，更让读者以史为鉴，对中国企业未来的发展有新的思考。

先睹为快

整个20世纪80年代，在很多城市，到民营工厂上班是一件很丢脸的事情，而自己开一个小铺子做一点小生意，就会被蔑称为“个体户”，也就是一个“没有组织的人”，一个不受保护的体制外的流浪汉。这个社会印象一直要到“万元户”这个名词出现之后，由蔑视到暗暗地羡慕，再到全社会的无度的称颂。20年前的国营和集体企业都是一些可怕的庞然大物，很多大型国有工厂几乎具备一切的社会功能，“除了火葬场，什么都有”。一个工作岗位是很珍贵的，是可以“世袭”的，父亲在退休之后可以马上指定一个自己的子女顶替，企业对于一个家庭来说，重要得像“一个更大的家庭”。现在已经是富豪的宗庆后当年就是在乡下“插队落户”，为了回到城里，他恳请在一间区校办工厂上班的母亲提前退休，她把这个岗位让给了儿子。宗庆后骑着三轮车到各个学校的门口卖练习簿和铅笔，筹足了一点钱后他创办了娃哈哈儿童保健品厂，现在它已是中国最大的饮料公司。

深圳特区的创办思路渐渐明确下来，它被明确定义为“经济特区”。国家拿出3000万元贷款，专供开发深圳经济特区——这个数字的微不足道与日后开发浦东相比，真不可同日而语，由此可见，特区在当时纯属试验性质，中央政府对之并不抱战略性期望。深圳由一个县级城市一跃而升格为正地级市。这回，特区的手笔还是要比袁庚的蛇口大很多。深圳市的总面积2020平方公里，划为经济特区的总面积有327.5平方公里，东西长50余公里，南北平均宽度为6公里多。从飞机上鸟瞰特区全貌，仿佛是条狭长的海带漂浮在山脚下、大海边。其中可规划开发的有110平方公里。

如何力保国有企业，国内发生了争议。在国有企业试点效应递减这个问题上，当时经济界出现了两种应对的声音。以当时参与改革总体规划的经济学家薛暮桥为代表的推进派认为，放权让利改革有局限性，主张把改革的重点放到“物价管理体制改革”和“流通渠道的改革”方面去，逐步取消行政定价制度，建立商品市场和金融市场。他在16年后出版的回忆录中说，如果当初按他的思路推进，中国经济改革将少走很多弯路。而另一种意见则认为，国有企业的改革“必须加强集中统一”，“最后的落脚点是中央集中统一”，有人因而提出了“笼子与鸟”的理论，大意是说，企业是一只鸟，不能老是绑着它的翅膀，要让它自由地飞，但是，国有经济体系则是一个大笼子，鸟再怎么飞，也不应该飞出这个笼子。这些论述最终说服了中央决策层，“笼子与鸟”理论统治了未来整个80年代的企业改革思路，国有企业的改革成为一场“笼子里的变革”。

延展阅读

《跌荡一百年》

这是作者的另一部精品。

该书是《激荡三十年》的姐妹篇，也可以说是对《激荡三十年》的一个回溯和延伸。该书书写了中国企业100年的历史，对于了解中国百年崛起，是一部不容错过的史诗般著作。

《制度、技术与中国农业发展》

林毅夫　著

关于作者

2008 年 2 月 4 日，北京大学经济学教授林毅夫正式被世界银行行长罗伯特·佐利克任命为世界银行首席经济学家兼负责发展经济学的高级副行长。他是首位在世界银行或国际货币基金组织中获得如此高职位的中国人。

世界银行的首席经济学家在拟定研究计划和发展方向上扮演着相当重要的角色。林毅夫的入选，既表明了中国经济学界的成就得到了全世界的认可，也将进一步拉近中国与世界银行的关系，是中国人民的骄傲。

林毅夫有着传奇的人生经历。他生于台湾，曾担任台湾金门前哨马山连的陆军上尉连长。在海峡关系尤为紧张的那些岁月里，林毅夫却时时挂念着大陆，心中的“大中国思想”使他对中国大陆充满了无限向往之情。

终于，在 1979 年一个漆黑的夜晚，这位陆军上尉连长“神秘失踪”了。他悄悄地抱着两个篮球，依靠着篮球的浮力和自己强健的体魄，竟然只身泅水过了台湾海峡，来到了梦寐以求的大陆。这件事曾惊动了台湾“国防部”，也曾引起了大陆有关部门的高度重视。

投奔大陆后，林毅夫进入了北京大学经济系学习政治经济专业。一次偶然的机会，1979 年的诺贝尔奖获得者舒尔茨来北大讲学，林毅夫以一口流利的英语荣幸地当选为他的翻译。舒尔茨对他很是欣赏，随后就将他推荐到芝加哥大学攻读经济学博士。

在经济学大本营芝加哥大学学习，师从诺贝尔经济学奖得主，让林毅夫迈向了经济学的最高殿堂。

毕业后，林毅夫毅然回国，报效祖国。先后担任国务院发展研究中心发展研究所副所长、农村部副部长等职位。他是朱镕基倚重的经济决策智囊，也是“十五”计划的起草人之一，对中国的经济决策，尤其是在农村经济和国企改革方面，极具影响力。

1994 年，林毅夫联合多位海外留学归来的经济界人士，共同成立了北京大学中国经济研究中心，并担任中心主任。如今，该中心已经成为了中国经济学研究的大本营。

林毅夫学术成果颇丰。早在 1990 年，他的《集体化与中国 1959—1961 年的农业危机》一文就在国际顶级的经济学杂志《政治经济学期刊》上发表。随后的《中国的农村改革及农业增长》一度成为国际经济学界刊物上被同行引用最多的论文之一，荣获美国科学信息研究所的经典引文奖。这两篇文章奠定了他在学术界的地位。

主要著作有：《制度、技术与中国农业发展》《中国的奇迹：发展战略与经济改革》《中国农业科研优先序》《充分信息与国有企业改革》《再论制度、技术与中国农业发展》等。

荐读理由

《制度、技术与中国农业发展》是一本运用现代经济学的研究方法探讨中国农业发展的专著。出版于1992年，一出版就荣获了当年的"孙冶方经济科学奖"。

一个社会经济的发展，离不开制度和技术的变迁，因而，经济学家要研究一个产业的发展，就必须有一个关于制度和技术变迁的理论。《制度、技术与中国农业发展》一书就是以制度和技术的变迁为核心，详尽论述了新中国成立后40多年间的经济制度和科学技术的发展现状及其内在原因，进而分析了这一变动对中国农业的发展带来的深远影响。

在前言中，作者介绍了现代经济学的研究方法。现代主流经济学的理论一般都以发达资本主义国家的市场经济制度为理论前提，把技术和制度作为外生变量来考虑。而实际上，作为一个发展中国家，一个从计划经济向市场经济过渡的转型国家，用这样的前提和假设来分析我国的经济发展过程是不准确的。作者指出："一个抽象理论的适用性，以其前提的适用范围为限。因此，用现代西方经济学的观点来解释制度和技术条件不同的非市场经济或落后地区的现象时常有困难。"

林毅夫教授发现了这个问题，在他的这本专著中，将中国的经济制度和技术作为重点分析的对象，将它们纳入经济体系内部，作为内生变量来研究，而不是简单地套用主流经济理论。

全书一共收录了十篇论文，前五篇文章重点探讨中国农业制度变迁的原因，以及不同的农业制度对农业发展的影响。后四篇重点分析技术的变迁，论述了在社会主义制度下，农业技术的选择、创新和扩散过程。全书最后，作者单列一章，回顾了中国五千年的历史，综合前文，对于中国的科技在前现代社会领先于世界各国，而到了现代社会却落后于西方的这一"李约瑟之谜"发表了自己的看法。

该书严谨的论述，处处闪现着理性的光辉。它立足于我国经济发展的现实，用全新的理论来分析我国自身农业发展的脉络，不仅对我国的经济改革和发展具有指导性的意义，也可反过来大大丰富现代经济学的理论。

先睹为快

尽管诱发性机制不同，但只要技术投入的市场是有效的，希克斯—速水—拉坦—宾斯旺格假说同样也适用于一个不存在初级要素市场的经济。理由如下：尽管一个地区土地（劳动）的日益稀缺性无法由它的相对价格来反映，但稀缺性的增加会提高土地（劳动）的相对边际生产率，因此，收入最大化动机会诱使该地区的决策者去寻求那种更能替代土地（劳动）的技术类型。这样，该地区土地和劳动的相对稀缺性对技术选择模式的影响，就类似于市场经济中的情形。中国的经验证据是与这一命题相吻合的。

技术变迁是农业增长所依赖的最重要因素之一。在现代社会，农业新技术的发展主要是公共或私人研究机构的科学家主动研究的产品。研究本身需要花费资源，并生产出其他经济部门所需要的信息和物质，因此，科研是一种经济活动，可以对它进行经济分析。一般公认，在一个市场经济中，研究资源的有效分配要求将资源分配到发展以下新技术：(1) 节约变得日益稀缺的生产要素；(2) 能够用于具有更大市场需求的商品；(3) 更进一步地，一般假设，一个分散的公共研究体系能按上面的两个诱致性技术创新假说——要素稀缺性诱致的技术创新和市场需求诱致的技术创新——有效地分配科研资源。已有许多研究来分别验证在市场经济中的这三个假说。在本文中，我试图同时检验上面的两个诱致性技术创新假说，并用从中国公共农业研究机构收集的经验数据来检验一个分散研究体系的有效性。

我同意李约瑟、钱文源和其他一些学者的看法，中国没有成功地从前现代时期的科学跃升到现代科学，这或许与中国的社会政治制度有一些关系。然而，问题的根源并不像许多学者所说的那样，是由于中国的制度抑制了知识分子的创造力；实际的原因在于，中国的激励结构使知识分子无心从事科学事业，尤其是做可控实验或对有关的自然的假说进行数学化这类事情。

延展阅读

《再论制度、技术与中国农业发展》

该书是林毅夫继《制度、技术与中国农业发展》之后，又一部以规范的经济学方法来研究中国农村、农业和经济发展中的制度与技术问题的专著。中国的改革开放尤其是农村改革取得了巨大的成效，其中离不开农民的实践和经济体制的变革，该书指出，农村改革成功的关键是农民获得了自主经营的主动权。

《为什么中国人勤劳而不富有》

陈志武　著

关于作者

陈志武现任美国耶鲁大学管理学金融经济学教授，长江商学院访问教授。他被誉为是金融学和金融资产定价领域最具有创造力和最活跃的学者之一，曾获得过美国默顿·米勒（诺贝尔经济学奖得主）研究奖、芝加哥期权交易所研究奖等多项重大奖励。

在2000年一项颇得全球经济学家首肯的世界经济学家排名中，在前1000名经济学家中，有19人来自中国，陈志武教授名列第202位；2006年，陈志武教授被《华尔街电讯》评为中国十大最具影响力的经济学家之一。

陈志武1962年出生于湖南株洲茶陵县，1983年获中南矿冶学院（今中南大学前身）学士学位，1986年获国防科技大学硕士学位，1990年获耶鲁大学金融经济学博士学位，并进入威斯康星大学任助理教授，1995年获聘为俄亥俄州立大学副教授，1996年担任终身教授。1998年创办价值引擎（Value Engine）公司，2001年与两个合伙人创办了斑马（Zebra）对冲基金公司。他的主要研究方向是市场监管、资本市场、证券投资管理、公司治理、公司财务与组织战略、股票定价等问题。

在海外求学的日子里，陈志武时常关注中国的发展情况。然而《人民日报》的海外版让他看到的更多是中国的问题，这也激发了他面向中国、研究中国的热情。

从2001年开始，陈志武转向了自己的第二职业，他不再躲在象牙塔里搭建模型、建构理论，而是走向现实的中国社会，寻求自己的思想与中国社会的契合。

从证券市场到财富创造，“什么妨碍我们创业”“财富是怎样产生的”“过时的‘地大物博’财富观”“‘新重农主义’大可不必”……陈志武侃侃而谈，期望用自己的思考感染世人，防微杜渐。如今，他的思考产生了越来越大的影响，他的博客甚至成为有些年轻人解答现实困惑的金钥匙。

荐读理由

众多廉价劳动力的勤奋工作，可以在经济增长初期弥补制度资本的不足，这是中国经济近二十几年高速增长的重要原因。但是有关统计却表明，越勤劳的国家，人均 GDP（国内生产总值）反而越低。当一国的制度机制不利于市场交易时，人们的相当一部分勤劳是为了对冲制度成本。这些国家的公民不仅必须更勤奋地工作，而且只能得到更低的收入。

随着中国改革开放进入深水区，“为什么中国人勤劳而不富有”这一问题越来越凸显，也越来越引起大家的关注。那么，在今天的世界里，勤奋是否还是财富与收入的决定性因素？是否还是勤劳致富？如果不是勤劳，那又是什么呢？

陈志武教授的《为什么中国人勤劳而不富有》一书，直面这一难题，从历史、制度、产权和开放四个角度，深入探讨了中国人的财富问题。

历史是开放的角度，从时间维度上总结过去，展望未来，然而，时间的流逝，根本上依旧是制度变迁的过程。因此，全书的核心实际上还是从制度和产权这一广义的制度范畴，阐述了中国人勤劳而不富有的根本原因。

该书指出，原来“地大物博”、物资丰富只能给一个国家提供优质的先前条件，但这些并不是先决条件。经验说明，一个国家更重要的财富是其能促进财富创造的制度机制及与其相配套的自由金融创新体系，这种制度财富是无形的，但它比有形的“地大物博”更重要、更“值钱”。

金融创新之所以对个人消费者很关键，是因为这些创新可以帮助解放居民的消费潜力，调动经济增长的原动力。而同时，产权保护和其他制度机制的作用为创业者以及财富拥有者提供了正面的激励，为进一步投资增长提供了稳定的预期。足够的金融证券品种能够帮助社会大众规避风险、调配收入。

因而，虽然中国拥有世界上最多、相对很廉价的劳动力，这种劳动力优势在经济增长初期可以弥补、对冲高制度成本对中国经济的负面影响，但是要想让每个居民真正从增加的人力资本感到“富有”，就得通过金融创新来帮助老百姓把人力资本“兑现”、把他们未来的收入流进一步“证券化”。

该书以通俗的笔调，化解了经济学中的很多高深问题，受到了各方好评，被《新京报》评为2008年度最佳商业推荐图书。

先睹为快

受益于改革开放，到今天，虽然农民真实收入在过去二十几年增长了许多，但农民的生活还非常苦。不过，如果我们假设一下，设想自洋务运动开始，中国的改革开放进程没有受到诸如战乱等的被迫中断，而是一直像过去二十几年那样让资本全球化的力量主导中国，那么农民的生活条件今天会如何？那些战乱等多次中断了农民改善生活的进程，户籍制度、就业身份歧视、教育身份歧视、制度化的城乡歧视与地区歧视等制约了农民发展的机会，进一步改革开放才是解放农民的途径。

在多年的研究中，耶鲁大学经济学教授 Gustav Ranis 发现，有时候当一个国家的自然资源太丰富时，那个国家的经济反而可能理不顺，因为那里的人们反而不会有动力去做制度和金融上的创新。没有制度与金融创新，其经济的内在动力就无法被调动起来。因此，财富不是由天赋的“地大物博”所决定（“地大物博”当然好），而更重要的财富是源自于理性化的制度机制和金融创新。住房贷款对房地产业、汽车贷款对汽车业的刺激效应以及由此带动的整体内需扩张，应当给我们许多政策上的启示，值得深思。

按政治学的定义，国家是唯一可合法使用暴力的机构，是唯一可改变法律的机构，是唯一可增加各类审批权、准入权的机构，再加上国家也垄断金融，所以国家一旦持股某企业，那家企业的特权就有了。这也是为什么尽管海外基金经理知道民企管理得像“花自己的钱最心疼”，但还是愿意买中石油、中石化、中移动这些国企背景的股票。这也说明只要有“国有”股份，就不可能没有“国营”。甚至是在有了“大政府”之后，即使没有“国有”股份，也照样可以有“国营”，原因是在那时候“说你不行就不行，行也不行”。

政府应该在大的外部环境方面为企业“走出去”提供保护框架，一方面最大限度地争取外国政府、公众、媒体、企业等不同方面对中国政府和企业的认同，另一方面运用外交手段为中国企业在海外创造良好的经营空间，政府不要干涉企业在海外的事务。外交部也应该在一些方面有所转变，原来的中国外交完全服务于意识形态，但现在中国外交应该更多地服务于经济——外贸。外交部官员培训方面，应该增加经贸知识以及国际贸易和全球化历史的训练，外交人员的配置也应该强化商务法律方面的知识。如果驻外使领馆中与经济贸易有关的人员不多，那么中国企业在海外的拓展就不会容易。

延展阅读

作者还有下列精品：

《非理性亢奋》

该书从一个全新的角度分析了中国经济发展的原因。作者认为，对于一个封闭多年，人口众多的计划经济国家，当它重新走市场化道路、加入全球化秩序时，积压多年的后发潜力在初始时期必然会快速发挥，经济会迅猛发展。而这种太快、相对轻松的增长，往往容易带来非理性亢奋，让人得出错误的结论。

《金融的逻辑》

该书探讨了金融发展和一般市场发展对文化和社会带来的影响。作者将金融作为“大社会”中的一分子，从金融的角度研究社会转型问题，并借此审视中国社会的传统，展望未来的发展。

《24 堂财富课：陈志武与女儿谈商业模式》

该书以通俗的口吻，讲述商业模式的相关知识。书中收录了作者与 12 岁的女儿的谈话，在教导女儿赚钱的同时，作者也没有忘记教导女儿如何做人，强调“取之有道”，也希望一个人在拥有财富之后，能够利用财富做一些更具关怀、慈悲、自省的事情。

《多难登临录：金融危机与中国前景》

张五常 著

关于作者

一个书法家创立了合约理论，从而促成新制度经济学的发展。一个摄影家重视基础，仰慕前人，但不守常规，对光与物的看法皆与众不同。一个散文家影响了神州大地对产权及交易费用的认识，也开辟了整个中国经济学散文的新天地。他就是国际知名经济学、新制度经济学和现代产权经济学的创始人之一——张五常。

张五常，1935 年出生于香港。1959 年，在美国加州大学经济系师从现代产权经济学创始人阿尔钦。1967 年获博士学位后，在芝加哥大学与诺贝尔经济学奖获得者弗里德曼和科斯等一起工作。1969 年，任西雅图华盛顿大学教授。1982 年至 2000 年，任香港大学教授、香港大学经济金融学院院长。

张五常有着卓越的学术成就。1969 年，他以名为《佃农理论——引证于中国的农业及台湾的土地改革》的博士论文轰动西方经济学界，被认为是最有希望获得诺贝尔经济学奖的华人。他曾于 1991 年作为唯一未获诺贝尔奖的经济学学者而被邀请参加了当年的诺贝尔颁奖典礼，也曾作为第一位美国本土之外的学者当选美国西部经济学会会长。

在现代产权领域，张五常是公认的理论大师，他的朋友如科斯、弗里德曼、阿尔钦等学界泰斗说他是“百年来只此一人”。

张五常被称为经济学界的怪才，与传统的经济学家不同，他认为学术研究应该“读万里书，行万里路”。他一直信奉：“最蠢的研究，是试行解释没有发生过的事。然而，考察现象的真实性与局限的转变，是苦工，是要花上大量时间的。走这条路不可能分身在复杂的理论上打转。”

因而，一方面，张五常教授在理论上下过苦功，“由浅入深、由深转复杂，再由复杂转深、再转浅，来来回回好几次”，已把价格理论咀嚼透烂。另一方面，他又非常注重案例研究，花费了大量时间用于现实问题的实践调查。

荐读理由

《多难登临录：金融危机与中国前景》以著名经济学家张五常的手札为主要内容，实时记录了在当今全球金融危机背景下，中国国内外经济和社会发展的重要领域面临的挑战，如中国新劳动法出台、医疗改革、人民币升值、科技转型等热点话题。

该书取名为“多难登临录”是化用了杜甫的“花近高楼伤客心，万方多难此登临”的诗句。既是用以概括金融危机肆虐下暴露的种种经济问题，也形象地道出了危机下人们风雨飘摇的切身感受。

该书收录了张五常从2008年9月起至金融危机结束九个月期间发表的53篇关于经济学的文章。张五常说：“惊心动魄的九个月，紧张刺激兼而有之，我躬逢其‘盛’，观察观察、分析分析，凭着自己纵横天下数十年的价格理论，这里挥一刀，那里刺一剑。”如今，虽然金融危机的风波已经远去，但危机留下的经验与教训却是永远值得铭记。

该书主要分为两部分。

一是深入剖析了由美国次贷危机引发的金融危机的本质原因。在穿插介绍危机期间金融机构和大型企业纷纷倒闭的案例的同时，用尖锐的语言点评了美国政府当局和政要们实施的救市计划和政策。

二是揭露中国经济发展问题，展望中国经济发展的前景。书中细数了目前中国社会和经济发展面临的众多问题，包括《劳动合同法》出台、人民币处理、医疗改革的困难、金融中心的考虑等。在结合包括2008年诺贝尔经济学奖得主克鲁格曼在内的几位著名全球经济学家的观点的同时，阐述了自己对上述问题的见解。

金融危机的根源是市场还是制度？各国的金融监管当局应该如何操控？中国的经济应该朝哪个方向发展？翻开《多难登临录：金融危机与中国前景》，张五常教授的研究成果将会为关心中国未来发展前景的企业人士、政府官员、学者等提供最新的理论和实践方面的借鉴。《多难登临录：金融危机与中国前景》就是这样一本紧密结合当下现实的经济学著作。多年的历练，张教授的学术素养和对现实问题的把握已经浑然一体，再加上他又善于运用散文的笔法写经济学文章，读他的著作定能让你倍感亲切，百读不厌。

先睹为快

可以这样说吧：半个世纪以来我没有见过一个经济像中国今天那样，只几个月就变得面目全非。外来的因素存在，但从时间的先后判断，我认为主要还是中国本身的政策出现了严重的失误。见不到失业率暴升吗？那当然，因为四个月前在厂打工的开始辞工归故里，耕田去也。倒闭的工厂不是那么多吗？厂房出租随处可见，有租金切半也租不出去的实例。减产或停产所在皆是，但统计上不算是倒闭。比较偏僻的县政府不认为形势转劣吗？五个月前他们是这么说，但最近改了口，说洽商好了的投资者不知躲到哪里去。六个月前我说中国的庞大对外贸易顺差，会在一年内转为逆差，香港几位朋友在某电台作评论，说我的推断胆大包天，难以置信。可幸他们又说我的推断历来可靠，否则今天要找他们赌一手。

一个国家的经济制度是庞大的合约组织。美国的合约组织跟中国的很不相同。分析目前的困境，大致上我们可分两个层面看美国。其一是经济学课本分析的层面，是产出那方面的，包括工商业、服务业与房地产。其二是课本少注意的层面，是金融那方面的，包括银行、证券经纪行、财务机构及联邦储备局。各层有自己的合约结构，而层与层之间也有多种合约相连。金融层面要靠产出层面的融资与贸易的需求而获利；产出层面要靠金融层面的协助才能适当地运作。息息相关，一个层面出事，因为有合约的串连，对整体可以是大件事。

次贷触发出来的大灾难，不可能单由自由市场引起的。美国的金融市场有多种管制，有联储把利息率辘上辘落，而格林斯潘说过次贷是安全的。另一方面，那些所谓AAA的评级，皆由政府认可的机构话事。打死我也不相信，毫无评级灾难会搞得那么大！市场的波动，炒家的贪婪——无疑有为祸之处，但政府插手也频频。决定政府什么要做什么不要做从来不易。交易或讯息费用的衡量历来困难。我说过，人类的自私可以带来繁荣，但也可以增加交易或社会费用。二十世纪的经验告诉我们，人类的自私衍生出来的制度及行为，可以毁灭人类！

要分析及处理目前中国的经济困境，千万不要有混淆：人民币与新劳动法加起来是一回事，金融风暴是另一回事。以后者作为前者的借口是严重的错失，因为二者的性质差别大，解救或处理的策略是不同的。

延展阅读

作者还有下列精品：

《佃农理论》

该书是现代合约经济学的开山之作，主要是以现代新制度经济学的观点对分成租佃制度作出了新解释，推翻了以往的传统理论，建立了“新佃农理论”。书中深入探讨的市场经济条件下合约的本质以及交易费用的关系问题，已经渗透到经济学研究的各个领域，并成为现代经济学最热门的论题。

《经济解释》

张五常坚信，经济学必须是解释现象的科学，只有能够解释现象的经济理论才具有生命力。该书是张教授的一个洁净的学术范本，基本囊括了他的学术思想，并且融入了所有现行教科书迟迟没有载入的“新制度经济学”的相关内容，堪称经典。

《新卖桔者言》

本书收录了张五常六十余篇从观察现象开始，然后引进理论或假说进行解释的文章，秉承了《卖桔者言》的风格，用简单的经济理论与概念来解释表面复杂无比的世界。作者以独到的视角和精辟的语言，讨论了国际贸易、农民、土地使用等问题，以及打假货、炒黄牛等日常现象。文章通俗易懂，生动实用，是对实用经济学的一种完美呈现。

《郎咸平说：新帝国主义在中国》

郎咸平　著

关于作者

郎咸平是位观点鲜明、有着极高知名度的大师级学者，有中国经济的“铁榔头”、中国股市的“郎旋风”之称。他将自己称作是《皇帝的新装》里面那个说真话的孩子，勇于直面现实，剖析假象，揭露经济发展背后的阴谋。

郎咸平1956年生于台湾，毕业于宾夕法尼亚大学沃顿商学院，获财务学博士学位，曾执教于沃顿商学院、密西根州立大学、纽约大学和芝加哥大学等多所知名商学院，现任香港中文大学讲座教授。郎咸平作为世界级的公司治理和金融专家，主要致力于公司监管、项目融资、直接投资、企业重组、兼并与收购、破产等方面的研究，成就斐然。

作为一名学者，郎咸平时刻关注国内财经界，与时俱进，深入研究现实问题，提出尖锐看法，为人们敲响警钟。

郎咸平是最早公开对中国国有企业产权改革提出批评的人，并致力于对国企改革中出现的国有资产流失问题进行深入研究。

2001 年，郎咸平在国内股市极力推广“辩方举证”以及“集体诉讼”措施以保护小股民的正当权益。这一观点受到媒体、学术界以及政府的高度重视，因此被媒体尊称为“郎监管”。

2003 年 9 月，当关于人民币汇率的问题讨论进入白热化的阶段，郎咸平在广州某论坛一语“人民币应该再贬值 2% 以打击进入中国市场的游资”，惊动天下人。

2003 年以来，他把主要精力转向企业战略研究，为企业高管人士进行“公司治理与企业战略”剖析，被称为“中国民营企业教父”。

……

郎咸平就是这样一位张扬而独立的学者，他敢于直言，不仅大胆质疑种种经济怪现象，还“语不惊人死不休”，观点总能一针见血，直达要害。因而郎咸平在财经界“骂”名远播，当可直追李敖之于台湾政界。

他的著作颇丰，有《操纵》《整合》《运作》《思维》《标本》《科幻》《模式》《突围》《误区》《中国式 MBO》“本质系列丛书”“郎咸平说”系列丛书等。

最近，在金融海啸刚刚远去之际，郎咸平又推出他的新作《郎咸平说：新帝国主义在中国》，警醒国人，新一轮的帝国主义入侵早已粉墨登场。

荐读理由

1848 年，东印度公司偷走了我们的茶叶种子，从而印度茶叶迅速占领世界市场。150 年后，现代东印度公司再现江湖，他们偷走我们的大豆，从中研发新的大豆品种，从而将东北大豆挤出市场。他们趁着中国玉米及其加工品价格倒挂的良机免费向我国输入玉米种子，在广西种植了相当于中国玉米总量五分之一的玉米，从而慢慢实行他们的

“玉米北伐”计划。他们直接把棉花种子卖给我们，用我们自己的土地来进攻我们自己的棉花市场……不仅是粮食，帝国主义的外资收购汇源，并购中国产业链，甚至连水、油这些生活必需品也都为外资所掌控。一场没有硝烟的战争早已开始，而我国的人民却一直都被蒙在鼓里。

“中国这片土地的上空，盘旋着两只秃鹰，它们一直在等待，等待着啄食地上死去的尸体。这些尸体就是面临经营困难的我国企业，一旦奄奄一息，马上就会被外资所收购或者掌控。”在《郎咸平说：新帝国主义在中国》一书中，郎咸平揭开了外国资本的真相和现代帝国主义的真面目，告诉国人疯狂的掠夺行为早已在中国的大地上紧锣密鼓地进行。

郎咸平在书中大胆提出“新帝国主义”的概念。他说，不管是轮胎特保案这样的国际贸易纠纷，还是外国资本在中国的一系列并购动作，都是西方国家战略在起作用，是“新帝国主义”盘旋在我们的上空。他指出，国内的水价、油价、粮价变动的背后，是外国资本和国家机器之间娴熟而默契的配合。驱之不散的“新帝国主义”阴云笼罩的不只是我们的几个民族企业、几个典型案例，而是中国整体经济的未来之路。

房价为何一再上涨？水价为何一再上调？食用油为何贵到吃不起？加入 WTO（世界贸易组织）究竟是好是坏？市场的自由化是否需要一个成熟的体制基础？《郎咸平说：新帝国主义在中国》在揭露现实的同时促使着人们重新思考这一系列问题。

“新帝国主义”并不是危言耸听，更不是为了激起所谓的极端民族主义情绪，而是要警示国人，尤其是政府部门和民营企业：彻底丢掉幻想，认清帝国主义的新本质，在全球化的时代，我们必须主动出击，成为游戏规则的制定者！

先睹为快

新帝国主义不仅仅是一个学术和政治概念，它已经严重地影响了我们每一个人现在的生活，以及未来的生活。

帝国主义从来就没有离开过中国，而是借尸还魂，以我们不知道的面目再度出现了。

新帝国主义，其帝国主义的本性并没有变。产业资本、金融资本和国家之间配合得更加娴熟和默契。它们利用资本和军事实力，创建所谓的游戏规则，设置圈套，套牢弱势国家和民族。新帝国主义不仅仅是要自然资源，而是要牢牢控制从农业到工业到各种可能牟利的产业，最终实现从思想上控制一个国家和民族，在产业上让你完全依附宗主国。这就是我们现在看到的帝国主义的新本质。

我们的研究结果是，这么多年来某些地方政府为了政绩，大力招商引资，结果招来了几只会吃人的老虎，它们掌控了我们的供水系统。它们是谁？法国的威立雅水务集团、中法水务局，它们到了中国，掌控了我们中国的供水系统，然后要求涨价。更令人气愤的是，我们研究了它们当时签订的合同，简直是丧权辱国，这就是我的结论。某些地方政府签订了不平等的水务合同之后，现在要由我们全体老百姓买单。而我们的学者更有意思，比如某些地方涨价听证会请学者来发言，我们的学者竟然同意政府涨价，而且认为涨得还不够，应该多涨一点。你是代表老百姓吗？我们为什么不研究水价为什么涨？

根据国务院研究发展中心的报告，在中国已经开放的产业当中，每个产业排名前五位的企业都是外资企业。这意味着什么？

我相信很多读者喜欢喝青岛啤酒，你们真的以为青岛啤酒是国有企业吗？没错，至少在我讲这个话题的一刻它还是国有企业，青岛国资局控股 30%，以前的第二大股东是百威英博公司，控股 27%，他们只要在 H 股市场多收购 4% 的股份，就可以取得青啤的控制权。现在几经转手，朝日啤酒成为青岛啤酒第二大股东。你们心目中的国有品牌转眼就会变成外资企业。其实我们如果用《反垄断法》的话，很多企业都该上黑名单，但是来不及了，因为它们都被收购了。

延展阅读

作者还有下列精品：

《产业链阴谋Ⅲ：新帝国主义并购中国企业的真相》

相比《郎咸平说：新帝国主义在中国》，该书列举了更多具体的案例，通过更为具体的产业分析，对中国矿业、水泥工程机械、化工及医药、玩具、炊具等行业的外资并购过程进行了解读，为读者揭示了中国本土相关行业的企业、监管审批部门、财经媒体、官方智囊等方面滞后的生存竞争理念。

《郎咸平说：谁在拯救中国经济》

2009 年，我国股市上涨、楼市热销、车市火爆，这是否意味着我国经济已经回暖？在该书中，郎咸平教授对萧条时期的各种独特现象进行深入剖析，揭示市场回暖背后的真相与亮点，指出我国经济的真正危机并非金融危机，而是制造业危机。并最终得出结论，只有“第四驾马车”——产业链高效整合才能真正拉动中国经济。

《郎咸平说：金融超限战》

本书从金融恐怖分子制造的金融危机源头讲起，对次级债的形成、扩散，到美国经济增长放缓、泡沫破裂、金融机构资金链断裂、欧美的救市政策等整个过程做了介绍，进而指出国际金融炒家就是金融界的恐怖分子，他们是金融危机的罪魁祸首。同时，郎咸平教授又分析了世界经济衰退可能会对我国经济造成的影响，提出了中国的应对之道，以促成中国经济的良好循环。

图书在版编目（C I P）数据

一生读书计划. 经济书架 / 主编潞潞; 编著骆冰兰, 李桃. -- 太原 : 山西教育出版社, 2016.7

ISBN 978-7-5440-8272-3

Ⅰ. ①一… Ⅱ. ①潞… ②孙… Ⅲ. ①经济－推荐书目－世界 Ⅳ. ①Z835

中国版本图书馆CIP数据核字(2016)第010429号

yishengdushujihua jingjishujia

一生读书计划 · 经济书架

主　编　潞　潞　孙俊峰

编　著　骆冰兰　李　桃

出 版 人　雷俊林

选题策划　孙　铁

出版统筹　魏雪萍

责任编辑　霍　艳

排版统筹　许艳秋

装帧设计　后声 HOPESOUND Pankouyugu@163.com 小海馬·书装

出版发行　山西出版传媒集团 · 山西教育出版社

（太原市水西门街馒头巷7号　邮编　030002）

印　　装　山东临沂新华印刷物流集团有限责任公司

开　　本　787 × 960　1/16

印　　张　25.375

字　　数　271千字

版　　次　2016年7月第2版　2016年7月第1次印刷

书　　号　ISBN 978-7-5440-8272-3

定　　价　42.90元

如发现印装质量问题，影响阅读，请与印刷厂联系调换。电话：0539-2925680